高校思政教育与教学工作创新路径

廖学勇　张壁耕　段冬冬◎著

线装書局

图书在版编目（CIP）数据

高校思政教育与教学工作创新路径/廖学勇,张壁
耕,段冬冬著. --北京:线装书局,2023.7
　　ISBN 978-7-5120-5512-4

　　Ⅰ.①高… Ⅱ.①廖… ②张… ③段… Ⅲ.①高等学
校－思想政治教育－教学研究－中国 Ⅳ.①G641

中国国家版本馆 CIP 数据核字(2023)第 115352 号

高校思政教育与教学工作创新路径
GAOXIAO SIZHENG JIAOYU YU JIAOXUE GONGZUO
CHUANGXIN LUJING

作　　者：廖学勇　张壁耕　段冬冬
责任编辑：林　菲
出版发行：线装书局
　　　　　地　　址：北京市丰台区方庄日月天地大厦 B 座 17 层（100078）
　　　　　电　　话：010-58077126（发行部）010-58076938（总编室）
　　　　　网　　址：www.zgxzsj.com
经　　销：新华书店
印　　制：北京四海锦诚印刷技术有限公司
开　　本：787mm×1092mm　1/16
印　　张：13
字　　数：256 千字
版　　次：2023年7月第 1 版第 1 次印刷
定　　价：68.00 元

线装书局官方微信

前　言

　　思想政治工作是一门科学，是理论与实践相统一的科学概念和理论体系，它以客观事物发展变化的规律和人的思想及行为活动的规律为基础，协调和处理人与人、人与社会之间的关系，解决人的思想认识问题和社会政治问题的具体实践活动。按照共产主义的思想体系和社会主义精神文明的基本要求，努力把大学生的思想觉悟提高到党所要求的高度上来，使他们树立正确的世界观、人生观、价值观，并努力成为一个高尚的人，一个纯粹的人，一个有道德的人，一个脱离了低级趣味的人，一个有益于人民的人。

　　思想政治工作有其内在的规律性，其基本原理和原则具有相对的稳定性和广泛的适用性。思想政治工作队伍必须具备一定的专业知识和工作经验，需要懂得思想政治工作的规律和特点。这就需要我们去学习、钻研和掌握，不断地丰富思想政治工作的内容和方法。高校的思想政治工作既有一般思想政治工作的共性特征，也有自身的特殊性，因为高校是一个人才的汇聚地，汇集着许许多多的人才，他们是国家的栋梁，是民族的希望。因此，高校思想政治工作在任何时候只能加强，不能削弱，否则就担当不起历史赋予我们的重任。

　　本书从高校思想政治工作的原则和方法介绍入手，针对高校思想政治工作中心理教育机制的完善与对策、高校思想政治教育工作中队伍建设与提升进行了分析研究；另外对高校思想政治教育工作中载体创新、高校思想政治教育工作中理论课教学的创新做了一定的介绍；还对高校思想政治教育工作机制创新、高校思想政治教育工作中实践路径创新做了研究。本书重视知识结构的系统性和先进性；结构严谨，条理清晰，层次分明，重点突出，通俗易懂，具有较强的科学性、系统性和指导性。对从事高校思想政治教育教学工作的相关人员有一定的借鉴意义。

　　由于作者学识有限、时间仓促，本书在很多方面还需要进一步提高和改进，不足和错误之处在所难免，敬请广大读者批评指正。

目　录

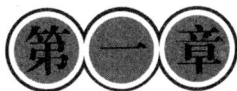

第一章 高校思想政治工作的原则和方法

第一节 高校思想政治工作的基本原则

一、坚持以马克思主义为指导

(一) 坚持马克思主义的指导地位,是抢占思想文化阵地的迫切需要

随着社会经济成分、组织形式、利益分配和就业方式的多样化,人们的价值观念、兴趣爱好、文化选择也就必然会多样化。所以,我们在提倡"百花齐放,百家争鸣"的多元文化发展过程中,必须保证指导思想的一元化,而绝不能搞指导思想的多元化,这个指导思想就是马克思主义。也就是说,我们的多元文化,必须是马克思主义指导下的多元文化。马克思主义的指导地位是这种多元文化的主心骨,有了这个主心骨,才能保证我国文化的社会主义性质,保证我国文化始终沿着进步的方向前进;有了这个主心骨,才能唱响主旋律,发挥各种不同类型的文化为我国两个文明建设服务;有了这个主心骨,即使意识观念领域出现一些与主旋律格格不入的杂音和噪声,我们照样可以"任凭风浪起,稳坐钓鱼船"。如果动摇了马克思主义的指导地位,在多元文化中缺少了主心骨,这样的多元文化只能是一种无序的、混乱的多元化,最终必将导致我国文化的变质和转向。

(二) 坚持马克思主义的指导地位,是社会主义市场经济发展的必然要求

马克思主义认为,在整个历史发展过程中,经济是基础,是历史发展的决定因素,没有一件历史事实的起源不能用社会经济来说明,同时,也没有一件历史事实不为一定的政治状况所引导,两者交互作用,共同影响和促进社会发展。事物的性质主要是由取得支配地位的矛盾的主要方面所决定的。因此,不管经济成分和经济利益如何多样化,只要坚持公有制的主体地位,中国市场经济的社会主义性质就不会改变。我们坚持马克思主义的主导地位,不仅与这种"占统治地位的物质关系"相适应,而且是巩固和发展这种物质关系

的根本要求和根本保证。那种认为既然经济成分和经济利益多样化，指导思想也应多样化的认识显然是错误的，是不利于社会主义市场经济健康发展的。

（三）坚持马克思主义的指导地位，是加强和改进高校思想政治工作的根本任务

坚持马克思主义的指导地位，既是高校思想政治工作的根本原则，又是加强和改进高校思想政治工作的根本任务。我们要做好新时期高校思想政治工作，必须从国际和国内、历史和现实的角度，深刻分析新形势下对广大高校的思想政治教育发生作用的客观环境及其基本特点，正确审视和解决那些影响高校思想政治教育的重大理论问题和实际问题，坚持唱响主旋律，打好主动仗，主动地宣传马克思主义，引导广大高校学生不断克服和抵制错误的、落后的、腐朽的思想文化的影响与侵蚀。近年来，社会上出现了一些与马克思主义、社会主义相悖的言论，需要引起我们的高度警觉，绝不能掉以轻心。在事关政治方向和根本原则的问题上，我们一定要旗帜鲜明、理直气壮、毫不含糊地进行积极的思想斗争，不能听之任之。当然，在批评和斗争中一定要摆事实，讲道理，以利于教育和团结广大高校学生。只要我们紧密结合我国社会主义改革和建设的伟大实践，紧密结合国际形势发展变化的新的实际，紧密结合高校学生的现实思想，切实加强对马克思主义的研究和宣传，就一定能进一步坚持和巩固马克思主义的指导地位，开创高校思想政治工作的新局面。

二、坚持"实事求是"原则

（一）思想政治工作是做人的工作，是研究人的思想和行为活动规律

思想政治工作作为一门研究人的思想活动的科学无疑也具有自身的规律性，它以马克思主义的辩证唯物主义为理论基础，它是理论和实践的统一，它坚持一切从实际出发，按客观规律办事。

客观事物在不断变化，人们的实践活动在不断发展，认识也会不断深化。客观规律告诉我们，思想政治工作必须遵循客观要求，不断更新、不断发展，只有顺应了时代的变化而开展思想政治工作，才有生命力，才能有实效。同时，思想政治工作必须为保证党的路线、方针、政策的大方向而服务，决不能只为顺应潮流而不顾原则，只顾眼前而不顾长远。否则，高校思想政治工作就会失去自身的作用，徒有虚名。随着改革开放的不断深入，一些新的思想甚至腐朽落后的旧思想的大量涌入，大学生的世界观、人生观、价值观都发生了很大变化。令我们感到忧虑的是实事求是的思想作风在一些人特别是高校某些领

导干部的头脑中也渐渐淡化起来，对于思想政治工作他们成了口头上的巨人，行动上的侏儒。由于这一问题的存在，有的高校思想政治工作越来越跟不上时代的节拍，漂浮而缺乏实效，空洞而缺乏道理，致使一些大学生在精神上缺乏动力，思想上空虚乏味等。由此可见，新时代必须加强高校思想政治工作，这是我们高校的立足之本。坚持解放思想、实事求是的思想路线和思想作风，是我们高校顺应时代进步潮流的根本要求。高度重视和加强高校思想政治工作，必须要坚持实事求是的思想作风。

（二）"实事求是"是马克思主义的思想基础，是辩证唯物主义的主要观点

实事求是，是高校开展思想政治工作中必须严格遵循的一条重要原则，是准确地处理思想和认识问题的重要保证。我国高校要切实地遵循"实事求是"的原则办事，关键是要对学生思想活动中暴露出来的种种问题进行调查研究。思想意识问题中有单纯的，也有复杂的；有的符合客观事实，切中时弊，有的掺杂着个人恩怨情感，或凭空捏造、节外生枝。高校要从现实的角度，深刻分析新形势下大学生思想活动发生作用的客观环境及其基本特点，正确审视和解决这些问题。

要达到实事求是地开展思想政治工作的目的，避免草率之嫌，就要紧密结合大学生在思想认识和学习、生活中的新问题，始终注重客观现实，从事物的原本出发，细致地弄清问题的真相。对已经取得的丰富的感受材料进行对比和分类，使隐藏在其中的本质和规律显现出来，然后鉴别其真伪，并去伪存真，由此及彼，由表及里。思想政治教育要有的放矢，对症下药，不能照本宣科，空喊口号。要坚持把先进性要求与广泛性要求有机结合起来，从而形成正确的思想认识和找出恰当的工作方法。当然，世界的物质统一性和物质形态的多样性，决定了客观事物的差异性。即当今社会是错综复杂的，高校学生的思想和认识问题也是千差万别，各不相同的。在思想政治工作中，也会受到自身主观条件的制约和影响，受被调查对象和客观条件的影响，导致大学生对事物的认识也带有一定的局限性。为此，我们的大学生要注重学习，以掌握唯物辩证法、知识经济、科学技术、法律、心理、自然科学、行为科学等多方面知识，以提高自身的知识水平和思考能力。同时，要注重倾听各方面的意见，克服和减少自身思想认识的局限性，从而达到学习与运用、理论与实践、主观与客观的高度统一，以确保高校思想政治工作导向正确，基调平稳，效果良好。

三、坚持以人为本原则

（一）坚持"以人为本"是马克思主义的本质要求

"人的全面发展"始终是马克思、恩格斯关注的重大问题之一。

马克思主义关于"人的全面发展"的思想涵盖了人的需要、活动能力、人性、人的社会关系等各方面的丰富和发展，以及人的价值的全面实现，可以说重视人的作用，一切为了人，是马克思主义关于"人的全面发展"思想的本质含义。

思想政治工作是以"人"为研究主体的工作，因此它必然要求广大高校遵循马克思主义关于"人的全面发展"的思想理论，也就是要重视大学生的作用。

而思想政治工作坚持"以人为本"，讲的就是要以人为根本，亦即以人为核心、为根基，以实现人的利益和价值为目的。其实质就是要重视大学生的作用，适应学生的需要，按照学生的意愿办事，要关心学生、尊重学生、理解学生。所以，坚持"以人为本"，不仅符合马克思主义关于"人的全面发展"思想，而且是马克思主义关于"人的全面发展"思想的本质要求。

（二）"以人为本"是社会不断发展进步的必然选择

"人的全面发展"是一个复杂的、艰苦的客观历史过程，是一个不断提高、不断完善的历史过程，是一个与社会政治、经济、文化发展相统一的历史过程。马克思主义认为，人的全面发展作为人自身发展的最高形态，是人类发展的必然趋势。要实现这一最高形态，绝不是一件轻而易举的事，必须经过一个长期的历史过程。因为最终实现人的全面发展有三大必备的条件：这就是要充分发展生产力；彻底消灭私有制、不合理分工和人的异化，建立起自由人的联合体；全面提高人的素质。所以，任何企图超越社会历史发展阶段，提前实现这个目标的主观设想，只能是不切实际的空想。

（三）"以人为本"是思想政治工作的现实需要

我国正处在改革开放的攻坚阶段和发展的关键时期，社会发生了复杂而深刻的变化，经济成分和经济利益多样化、社会生活方式多样化、社会组织形式多样化、就业岗位和就业方式多样化日趋明显，给思想政治工作带来大量新情况、新问题。如随着国家的全面开放和政治体制、经济体制的逐步改革，人民群众的思想观念、价值取向和行为方式发生了深刻变化。随着社会主义市场经济体制的建立健全，大学生的自我意识、独立意识、平等意识及民主意识不断加强；大学生的物质利益观念大为增强，并呈现出一种日趋强化的趋势。

面对现实，思想政治工作必须勇敢正视，必须更新观念，调整思路，改进方法，主动适应新观念，切实把思想政治工作放在改革开放的大环境中来审视和筹划，及时更新和改进与环境发展不相适应的观念、内容、方法和工作体制。而客观科学的思路之一就是要坚持"以人为本"，即从既有的历史前提出发，在尽可能广泛的范围内和能够达到的程度上努力促进人的全面发展。这里要特别注意两个方面的问题。一方面，强调高校思想政治工作要坚持"以人为本"原则，就是要立足实际努力去为大学生的全面发展创造良好的条件。要尊重学生的个性发展，努力让具有各种不同个性的学生有自己的活动天地，能充分发挥自己的积极作用。另一方面，高校思想政治工作要坚持"以人为本"，就是要防止不顾客观现实，一味讲究"学生的个性发展"，放任、迁就一些学生的错误思想和行为。

在新的历史条件下，高校思想政治工作必须坚持"与人为本"原则，更好地调动、激发广大学生的积极性和创造性，有利于增强思想政治工作的针对性和有效性，因此，它必然成为我们高校思想政治工作需要坚持的一个重要原则。

总之，人是靠利益驱动的。人有物质和精神两重利益，即生理的需求、安全的需求、社交的需求、尊重的需求、自我实现的需求。近年来，中国人在反对主观唯心主义的同时，有的人又走上了机械唯物主义道路。片面强调人的物质利益与需要，把人变成了单纯靠物质利益驱动的经济动物。这样一来，使有的人在金钱面前失去了人的本性，变得野蛮与贪婪。以人为本的思想政治工作原则，也就是尊重学生、关心学生、理解学生、服务学生的原则。

四、坚持服务原则

思想政治工作是以人为对象，解决人的思想、观点、政治立场问题，提高人的思想觉悟的工作。它是党的工作的重要组成部分，是实现党的领导的重要途径和社会主义精神文明建设的重要内容，也是搞好高校教育教学工作的有力保证。

思想政治工作是一门科学，其理论基础是辩证唯物主义和历史唯物主义，并且将马克思主义的建党学说、心理学、教育学、社会学、伦理学等融为一体，是一门综合性的应用科学。它有固有的工作规律和特点，还有经过实践反复检验的工作基本原则和科学的工作方法。思想政治工作和经济工作及其他一切业务工作的关系不是领导和指导关系，而是服务和保证关系，即为教育教学工作和其他一切业务工作服务，保证教育教学工作和其他一切业务工作的社会主义性质和方向。

五、坚持"四有"原则

在思想政治工作的目标上要坚持培养"有理想、有道德、有文化、有纪律"的四有新人原则；在思想政治工作的内容取舍上，要坚持用科学的理论武装人，用正确的舆论引导人，用高尚的精神塑造人，用优秀的作品鼓舞人的原则。这"四有""四人"原则是我们党长期思想政治工作的经验总结。在推行这些原则时，不能用单一说教方式，要在环境文化氛围建设和潜移默化教育人上多下功夫。在一个健康文化环境中，坏人进去也不敢再做坏事。今天的社会是高速流动的社会，人员在流动，思想在流动。唯有建设好学校、社区、市场文明，才能巩固发展个人文明。

"四有"公民的培育，是一个长期过程。培育"四有"公民，首先要以科学的理论武装人。理论是实践的先导，没有科学的理论武装，就没有正确的舆论导向，就没有思想教育和弘扬主旋律的明确方向。用科学理论武装人，目的就是要坚定人们建设中国特色社会主义的理想信念，坚定人们推进改革开放和现代化建设的信心；就是要帮助人们努力掌握解放思想、实事求是这个精髓，提高运用马克思主义基本原理认识客观世界、解决实际问题的能力；就是要帮助大学生认清把握大局的意义，提高把握大局的本领，在推进改革和建设过程中始终自觉维护社会政治稳定。

培育"四有"公民，要以正确的舆论引导人。舆论导向正确，是党和人民之福；舆论导向错误，是党和人民之祸。正确的舆论导向，能够凝聚人心，振奋精神，激励斗志，促进团结；错误的舆论导向，则会混淆视听，涣散人心，瓦解斗志，造成政治、经济和社会不稳定。改革开放以来正反两方面的经验教训告诉我们，舆论导向至关重要。当前为改革开放和现代化建设创造了一个良好的舆论环境，把握正确舆论导向更加重要。坚持正确舆论导向，最根本、最重要的就是要坚持党性原则，坚持实事求是，坚持团结稳定鼓劲、正面宣传为主。近年来，新闻舆论工作始终注意围绕全党全国工作大局，牢牢把握正确舆论导向。围绕建立社会主义市场经济体制，配合各项重大改革措施的出台和加强经济宏观调控等重要工作，及时宣传党的方针政策，成效很大。今后，我们高校仍然要高度重视并切实做好舆论引导工作。

培育"四有"公民，要以高尚的精神塑造人。以高尚的精神塑造人对于培育"四有"公民非常重要。中华优秀传统文化是中华民族的文化根脉，其蕴含的思想观念、人文精神、道德规范，不仅是我们中国人思想和精神的内核，对解决人类问题也有重要价值。要把优秀传统文化的精神标识提炼出来、展示出来，把优秀传统文化中具有当代价值、世界意义的文化精髓提炼出来、展示出来。中华民族的传统美德是我们建设中国特色社会主义的强大精神力量。以高尚的精神塑造人，要求我们高校加强以爱国主义、集体主义、社会主义为核心的思想道德教育，广泛开展精神文明创建活动。近年来，思想道德教育和社会主义精神文明建设大大加强。要从新的形势出发，着眼实际，充分利用当前加强和改进思想政治工作和精神文明建设的大环境，把以高尚精神塑造人的工作做好。

第二节 高校思想政治工作的基本方法

一、符合实际情况和工作对象

思想政治工作在改革开放和现代化建设的新时期，完成了从"以阶级斗争为纲"到"以经济建设为中心"的转变之后，开始并正在经历着两个新的转变；从适应计划经济体制到适应社会主义市场经济体制的转变；从单向灌输、注重号召到双向交流、注重引导的转变。这两个转变是思想政治工作的外部环境和工作对象的深刻变化所要求的。一方面，在改革开放和社会主义市场经济发展过程中，我国高新技术发展迅速，特别是信息传播技术日新月异，对社会生活的影响越来越广；对外开放的不断扩大，各种思想文化相互交融激荡。另一方面，大学生的思想观念和价值取向也发生了新的变化；学生在职业之间、地域之间出现了大范围流动；学生在一定的利益和需求基础上形成多种多样的利益群体和社会组织；学生的思想活动也呈现出自主独立、活跃易变、复杂多样的特点。高校思想政治工作者在推进两个转变的进程中，适应新形势新变化，研究新情况新问题，不断探索新途径新办法，开创新局面。总结生动实践和新鲜经验，新时期高校思想政治工作具有以下几个新的特点：

一是明确的政治性。思想政治教育，是团结全党进行伟大政治斗争的中心环节。改善党的领导，其中最主要的就是加强思想政治工作。现阶段思想领域的矛盾和斗争非常错综复杂，有时还表现得相当激烈。我们高校一定要坚持讲政治、讲学习、讲正气，旗帜鲜明地同各种错误思潮进行斗争，绝不能任其自由泛滥。必须从巩固党的执政地位、完成党的历史任务的高度，充分认识和高度重视高校思想政治工作，充分调动大学生的学习积极性。

二是突出的服务性。一方面，高校思想政治工作紧紧围绕经济建设中心，为全党全国工作大局服务。通过深入细致、扎实有效的工作，统一思想，凝聚力量，鼓舞士气，促进改革发展，维护社会稳定，为我国社会主义现代化建设提供强有力的精神动力和思想保证。另一方面，高校思想政治工作应全心全意为学生服务。在新形势下，特别是在改革攻坚阶段和发展关键时期，学生的内部矛盾也呈现比较复杂的情况。思想政治工作已经成为解决新时代学生内部矛盾的重要手段和途径，并发挥着积极的作用。

三是鲜明的针对性。在社会主义市场经济条件下，东西部之间、城乡之间不同行业职业之间经济发展和生活状况不平衡；各种各样的社会经济组织和社会群体不断涌现；学生的思想状况、价值观念也千差万别，不同的对象在不同环境中物质文化需求也各不相同。高校思想政治工作切忌"一刀切""一锅煮""上下一般粗"，必须区分层次，有的放矢。根据不同高校情况、不同专业特点以及不同学生的思想状况，确定不同的教育内容，采取不同的工作方式，努力增强针对性和实效性。

四是广泛的民主性。随着社会主义民主政治的发展，大学生的自主意识、竞争意识、民主意识、法治意识逐步增强。思想政治工作要适应广大学生行为方式和思维方式的积极变化，坚持以学生为本，贯彻民主和疏导的方针，倡导平等、互助、和谐的人际关系。思想政治问题要用说服、疏导的方式去解决，也就要平等待人，真诚待人，以情感人，以理服人，使高校思想政治工作由"说教式""号召式"向"引导式""启发式"转变，向"参与互动式"转变，使广大学生入脑入心，口服心服。

五是显著的群众性。在高校，学生既是思想政治工作的对象，又是思想政治工作的主角。要充分认识学生的创造力，尊重学生的首创精神，用学生在实践中创造的新经验、新业绩，充实丰富思想政治工作的内容，改进方式方法。在高校，要相信和依靠学生，采取多种形式，运用多种载体，吸引大学生广泛参与，启发学生自我教育、自我提高，以及相互教育、共同提高。

六是方式的多样性。随着现代化建设的发展及现代高新技术的进步，思想政治工作可选择的方式、手段日益增多，加之学生学习条件和生活环境的不断变化，也要求高校思想政治工作采取多种多样的方式。现在既有一些好的传统的方式，又有适应形势要求应运而生的新方式；既有运用现代传媒和高科技手段的方式，又有利用其他各种手段的方式；既有普遍性教育方式，又有大学生的自我教育方式；既有针对高校学生的教育方式，又有针对不同学生的教育方式，形成了新时代丰富多彩的方式方法。

七是内容的丰富性。现代化建设的伟大实践源源不断地为思想政治工作提供生动丰富的新内容。我们高校要充分运用这些内容，在实践中不断充实、拓展。既要坚持不懈地进行正确的理想信念教育，又要针对新形势下大学生的精神渴望和心理需求，以科学和知识开启心智，培养大学生的良好品质，提高他们的意志能力；既要加强政治理论和革命传统教育，又要吸收时代内容，引导大学生树立适应社会主义市场经济发展的新思想、新观念；既要加强理论路线、方针政策和法律法规的正面教育，又要有力鞭挞和批判各种错误思潮和腐朽愚昧思想，倡导健康文明的生活方式。只有不断丰富高校思想政治工作的内容，才能适应不断变化了的形势和要求。

二、讲究效果与注重创新相结合

(一) 认清形势，明确任务

正确分析和认识新形势下高校学生思想行为状况及其存在的问题，既是有的放矢、增强思想政治工作针对性和实效性的前提条件，也是从实际出发、积极探索高校思想政治工作新路子的重要依据。因此，我们必须清楚地认识到当代高校学生除了在思想政治方面表现出对党和政府高度信任、对国家政治经济发展前景充满信心、爱国主义热情持续高涨等积极向上的良好态势外，还有以下影响高校思想政治工作的趋势需要引起足够重视。

高校学生面临前所未有的心理压力。随着高校教育体制改革的不断深化，就业压力和平常的考核已把高校学生推向了竞争日趋激烈的社会。对高校来说，一方面，学生为了发展自己、彰显实践能力而欢呼雀跃，这使得他们更加努力学习，注重个人能力的培养和素质的全面提高；另一方面，有的大学生担心考核机制会受到"暗箱操作"影响。他们渴望实现人生价值，但又怀有程度不同的茫然与失落，因而当代高校学生面临着前所未有的心理压力。

当代高校学生正经历着知识经济的变革。为了迎接知识经济时代的到来，应对知识经济的挑战，高校不断更新观念，改革机体体制，完善相关管理模式，不断引进和培养适应性强、具有创新精神的全面发展的高水平教学人才。当代高校学生正在经受这场改革浪潮的洗礼，经历着从学习观念、学习方法、专业学习到学习手段等各方面的深刻变革。这也为高校创造性地开展思想政治工作推出了新课题。

(二) 创新方法，注重针对性

知识经济是以知识为基础的经济，是建立在知识和信息的生产、分配和使用之上的经济。高校要认真研究知识经济迅速崛起和社会主义市场经济条件下出现的新情况新问题，不断创新思想政治工作的方式方法，开辟新途径，总结新经验。要把高校思想政治工作做好做实，增强思想政治工作的亲和力；要经常与高校学生保持心与心的沟通，让他们感觉到是朋友关系；要注意观察，广泛了解高校学生的心理动向，同时不放过每一个学生遇到的困难，不管是心理方面、生活方面还是其他方面，特别要重视高校学生中存在的各种思想问题。

首先，从组织机构来讲，要成立诸如心理咨询中心来统一管理大学生心理咨询的各项事务。高校政工干部、思想政治工作专家应是该中心的主要成员，还可以聘请心理学和教育学专家作为该中心的兼职人员。其次，要把思想政治工作寓于心理咨询之中。要鼓励高校学生打好基础，拓宽专业知识视野，走出"书斋"，为今后走上工作岗位奠定基础。要结合高校学生在学习和工作过程中出现的各种心理问题，积极开展各种心理咨询活动，帮助高校学生了解国家政策，鼓励他们积极主动而又身心愉快地走向社会，为社会主义现代化建设服务。

总之，作为一个思想政治工作者，要做好自己的本职工作，要本着对高校学生负责的态度，立足本职、扎实工作、不断创新，带好每一个学生，使大学生在生活上无忧、学习上努力，使他们在今后的道路上充满信心。因此，高校要始终不渝地全面贯彻党的教育方针，坚持讲学习、讲政治、讲正气、讲文明，充分发挥高校思想政治教育阵地、主渠道的作用，多方面促进高校学生全面发展。要坚持思想政治教育与自我教育相结合，既充分发挥思想政治教育引导作用，又充分调动大学生的积极性、主动性。要坚持政治理论研究与社会实践相结合，注重引导高校学生深入社会、了解社会、服务社会。要坚持教育与管理相结合，把思想政治教育融入教学管理之中，建立自律与他律、激励与约束有机结合的长效工作机制。要坚持继承优良传统与改进创新相结合，积极探索新形势下高校思想政治教育工作的新途径新办法。

三、思想政治工作方法的具体选择

（一）突出思想政治工作的重点和难点

加强和改进思想政治工作，是办好中国特色社会主义大学的重要保证，是培养又红又专、德才兼备、全面发展的中国特色社会主义合格建设者和可靠接班人的重要保证，是学校深化综合改革、建设高水平研究应用型大学的重要保证。对此，我们需要把握以下几个重点。

要重视高校学生的自我教育。当代大学生思维活跃，创新意识和自主意识强，因此要重视高校学生自我教育、自我管理、自我发展、自我约束、自我提高的作用，形成一套有效的办法和措施。要充分发挥高校党员的先锋模范作用，配合政工干部做好思想政治工作。要加强高校团总支、团支部和社团建设，充分发挥他们在思想政治教育中的积极作用。要支持和引导高校学生积极参与民主管理，维护高校学生的正当权益。要通过组织开展各种生动有效的思想政治教育活动，给高校学生更多认识自我、表现自我的机会，培养高校学生独立、自主、自治的精神，提高大学生的自我教育能力。

要建立平等沟通渠道。与大学生进行思想交流是做好高校思想政治工作的基本前提。据调查，很多高校学生有了思想问题不愿告诉政工干部或辅导员，对政工干部敬而远之，甚至视而不见。基于此，高校思想政治工作者很难掌握第一手信息，很多问题的发生不能控制在萌芽中。同时，要积极探索更多的思想沟通的方法和途径，与大学生之间架起一座"心桥"，使高校思想政治教育顺利"抵达"高校学生的头脑和心灵。

要主动为大学生排忧解难。每解决一个问题就是一次思想工作，解决问题的过程就是思想政治工作的过程。要讲道理、办实事，做到春风化雨，润物无声。

要把理想信念教育作为思想政治工作的核心，充分发挥高校思想政治工作的渗透性和实效性。

（二）深入开展心理健康教育

在高校思想政治教育中，大学生心理健康教育作为高等教育的一个重要方面，对开展心理健康教育，培养大学生健康、积极的心理品质有着重要意义。当今高校学生身上所暴露的主要问题往往不在政治上、道德上，而是在心理上。根据调查发现，在高校学生中心理问题或多或少，或轻或重都有，特别需要帮助和化解心理问题。一要强化心理健康教育服务功能。由于心理问题的隐秘特征，当高校学生表现出某种需求时，要及时提供心理帮助。二要解决心理健康教育师资问题，聘请一批心理教育专职人员，根据要求开设心理健康辅导。三要采取多种形式帮助高校学生释放心理能量。继续完善心理咨询室的软硬件建设，充分发挥心理咨询室开展心理咨询、心理检查、心理辅导的作用，重点开展对家庭困难的学生心理辅导，帮助他们克服困难，经受考验，提高承受挫折的能力。四要加大对心理健康教育的投入，使心理健康教育基本满足高校学生的需求。

（三）办好思想政治理论课

以教与学模式改革为载体，积极推进高校思想政治理论课教学方法改革。推行思想政治理论课特聘教授制度，邀请有较高理论素养和丰富实践经验的党政干部、社科理论界研究人员等参与思想政治理论课教学。学校党委书记、校长每学期至少为学生讲一次思想政治理论课。不断丰富教学内容，创新教学手段，特别是推动思想政治理论课同信息技术高度融合，更加贴近学生的专业特点、思想实际、社会现实，着力提高高校思想政治课教学的亲和力。

四、构筑思想政治工作的有效载体

（一）构建高校思想政治工作载体意义重大

高校思想政治工作的主要任务，首先是把学生培养成为有理想、有道德、有文化、有纪律的社会主义事业的建设者；其次是让高校学生掌握马克思主义的立场、观点和方法，学会用辩证唯物主义和历史唯物主义认识问题、分析问题和解决问题；最后是培养高校学生的创新精神、思维能力和健康心理。

要实现这样的任务，就要建设思想政治工作的载体。实践告诉我们，一切思想观念，都必须有一定的物质依附，或者说有一定的物质承载。要进行爱国主义教育，就必须有相应的事例和场馆作为载体；要进行优良传统教育，就必须有相应的历史文献和历史文物；要进行艺术教育，就必须有相应的艺术作品，等等。每一种载体，都必须有相应的情感注入其中，而且还包括某种道德伦理、思想内容和政治内容。如果承载这些情感和思想政治内容的载体比较适宜，那这些情感和思想政治内容等就会得到广泛传播。由此可见，载体建设之于高校思想政治工作的重要性，就在于它实质上是一定思想观念的物质化、外化和直接现实。就本质而言，高校思想政治工作必须通过一定的载体才能实现。例如，对高校学生进行中国特色社会主义理论教育必须达到这几个目的：一是要使学生坚定指导思想；二是要使学生坚定走中国特色社会主义的道路自信；三是要使学生增强走建设中国特色社会主义的理论自信；四是要使学生对党中央领导集体充满信心；五是要使学生掌握中国特色社会主义理论的科学体系和基本精髓，掌握马克思主义的立场、观点和方法，提高分析问题和解决实际问题的能力。要实现这些目的，必须利用好、设计好相关载体。可见，载体的建设过程，实质上就是高校思想政治工作的推进过程、加强过程、改进过程和落实过程。在一些人眼中认为高校思想政治工作是很"虚"的工作，这种观点是十分错误的，也是站不住脚的。其实，高校思想政治工作是非常实的，实就实在它在对象和载体两方面能够直接体现，因而其存在、作用和效果都是看得见、摸得着的。加强和改进高校思想政治工作，落实是关键；而能否真正落实的关键，很大程度上在于是否能够建设起各类载体。

（二）高校思想政治工作载体的类型与建设

首先，把握高校思想政治工作的载体类型。高校思想政治工作的载体，可以粗略地分为信息工具类、活动场所类、教育基地类、创建活动类和社团组织类等载体。新闻、出版、书籍、报刊、互联网等可看作是信息工具类载体；影剧院、博物馆、纪念馆及各种活动中心等可看作是活动场所类载体；社会实践基地、爱国主义教育基地、军民共建基地等可看作是教育基地类载体；各种精神文明创建、校园文化活动等可以看作是创建活动类载体；党校、团校、双学小组、高校社团等可看作是社团组织类载体。以上各类载体，各有所长，各司其职，共同构成高校思想政治工作的载体体系。这在健全的思想政治教育体系中，它们互为补充、相互促进，形成一种良好互动的机制，共同为加强和改进高校思想政治工作发挥作用。

其次，以求真务实促载体建设。加强高校思想政治工作载体，必须坚持求真务实的态度。这包括两个方面，一是坚持真理，坚信科学。例如，讲授中国特色社会主义理论，高校学生要坚信它是科学、是真理。二是要按思想政治教育的规律进行教学。例如，我们高校为什么要进行思想政治工作？道理很简单，因为思想政治工作是保障、是灵魂、是搞好一切工作的生命线。如果我们能说得更具体一些，操作得更容易一些，那就是通过思想政治工作这个载体可以达到三个目的：第一，使受教育者在精神财富或知识拥有上更加富有。第二，通过思想政治工作这一载体使高校学生变得更加聪明、更加理性。因为通过思想政治工作，使我们高校学生掌握了马克思主义的立场、观点和方法，掌握了实事求是这一马克思主义的精髓。第三，通过思想政治工作使我们高校学生无论在情感、价值观方面还是社会理想和信仰方面都会变得更为高尚。

最后，信息工具类的载体建设。信息类载体。从哲学上讲，世界可以分为两类：一类是物质客观世界，即自然界；第二类是精神世界，即意识领域。作为信息类载体，就是物化了的精神世界，如书籍、报纸、杂志等。在各种信息工具类的载体建设中，当前尤其要重视互联网这个全新的工具类载体。互联网日益深入大学生的学习生活当中，在改变学生的学习习惯、思维习惯以及生活习惯的同时，也在深深地改变着学生的思想观念、政治态度、道德风貌和价值取向。

从科学的角度来讲，互联网可以承载任何内容，即可以为任何人所用。互联网具有开放性、及时性、隐蔽性、虚拟性、随意性、互动性等优势和特性，一方面展现了丰富多彩的外部世界；另一方面网上反动、迷信、黄色的内容，也面临种种"陷阱"。由于互联网的隐蔽性和互动性，人们可以更方便、更"安全"地在网络上发布自己要想发布的东西，表达自己所想表达的思想和情感。如此一来，互联网上的信息就良莠不齐、真假难辨。因为互联网具有互动性的特性，学生可以与信息的发布者完全同步交流。这样，我们从网上获得的信息，就会比在其他地方获得的信息更加直接、深刻。从当前情况看，互联网发展迅速为高校思想政治工作提供了新的载体和渠道，同时也给高校思想政治工作带来了严峻挑战。互联网新闻传播集各媒体之长，领各媒体之先，不仅具有报纸新闻详尽、深入的特点，而且具有广播电视传播迅速广泛、声形兼备的特点，互联网新闻具有独特的传播优势和潜在的发展前景，要研究互联网这一高科技含量的新的传播方式，一是要加强对网民的教育和引导；二是必须"扫盲"，"扫"网络知识之"盲"，努力使每一个学生掌握网络时代的思想政治工作"本钱"；三是加强对网络管理，努力做到管而不死，活而不乱，因势利导，为我所用，使互联网成为新时期高校思想政治工作的有力武器。

创建活动类的载体。要通过各种精神文明创建、文化活动等加强高校学生的思想政治教育。如理论联系实际的政治学习、丰富多彩的文化娱乐活动、卓有成效的精神文明建设等，都是应当建设好的思想政治工作载体。运用创建活动类的载体，还要努力搞好典型宣传。要正确地认识和把握典型宣传的社会功能，通过深入采访，精心组织，精心选择，精心策划，精心写作，精心抓好一些独具特色的典型宣传，对一些重大典型的宣传在统筹安排、形成合力的基础上，进一步发挥主动性和创造性，力争把重大典型的宣传搞得更加生动活泼，更有成效，做到可信、可亲、可敬。要坚持实事求是，注重理论与实践的统一，宣传高校思想政治工作的成功经验和先进做法，使这些载体真正发挥典型和示范作用。这样，组织活动类载体运用得好，高校思想政治工作就能收到事半功倍的效果。

（三）高校思想政治工作载体建设应把握的几个重点

树立创新意识。应树立"阵地意识"，在思想政治领域必须采取"攻事战略"，唱响主旋律，打好主动仗，用马克思主义占领思想文化阵地。应树立"科学意识"，载体应符合科学性的要求，彰显先进性。应树立"整体意识"，综合运用各种载体。

明确创新载体。适应社会主义市场经济发展的需要，积极探索和借鉴新载体。凡是能够准确、有效地体现高校思想政治工作目的和内容的有效手段、形式，都可以大胆拿来使用。要根据形势发展的变化，对高校思想政治工作现有载体进行改进，增强其吸引力、感染力。广播、电视、报刊等传统媒体要在唱响主旋律、强化宏观引导的同时，从单向灌输向双向交流转变，从我讲你听（看）向共同参与转变，努力把文化活动变成广大高校学生积极参与和展示自身形象的大舞台。精神文明创建活动要将普及和提高紧密结合起来，多为高校学生创造喜闻乐见的活动，吸引大学生参与进来。同时，精心设计活动内容，逐步提高活动的档次和水平，不断深化活动内涵，推动各项活动向更高层次发展。要提高高校思想政治工作的科技含量，大胆借鉴和吸收现代科技成果和最新的管理方法。现代科学技术对社会生活的影响和作用越来越突出，既给高校思想政治工作带来了新的挑战，也提供了新的手段。例如，通过前面提到的网络，加大引导和管理的力度，进一步增强网上宣传的主动性、针对性和时效性。利用互联网尤其是大数据加强社会心理和社会舆论的动态分析，运用社会学、心理学、行为学等最新研究成果，增强高校思想政治工作的吸引力、说服力和感染力。高校思想政治工作要采用先进的科技手段，与各种文化活动结合起来，在轻松愉快的环境和气氛中陶冶情操、提高觉悟。

一是高校思想政治工作离不开载体，要高度重视；二是高校思想政治工作的载体要精心选择、精心设计，充分运用；三是高校思想政治工作的载体要不断地加强，不断创新，发挥更大的作用。

第三节　高校思想政治工作的原则方法

一、高校思想政治工作需做好"五个结合"

思想政治工作是高等教育事业繁荣发展的重要保证。从整体上看，当代高校学生思想政治状况的主流是积极健康的、向上的。但我们也要清醒地看到，随着人们物质利益观念普遍增强，高校这片净土也未能幸免。因此，我们应该坚持"五个结合"，即主客体结合、虚实结合、内外结合、走出去与请进来结合、惩戒管教与思想政治工作相结合。

一是主客体结合。即思想政治工作者与思想政治工作的对象相结合。这里有两层含义，第一层含义是做思想政治工作的人要了解工作对象的情况，要懂得他们想什么、爱什么、恨什么、喜欢什么、厌恶什么，这样做工作才会有的放矢。第二层含义是讲全员思想政治工作，人人是主体，个个是对象。

二是虚实结合。即讲道理与办实事相结合。道理不讲不行。青年学生处在世界观、人生观、价值观的形成和发展阶段。我们不用马克思主义的理论去武装、灌输、教育、启迪他们，资产阶级的东西便会乘虚而入，对他们进行腐蚀和影响。为了占领和巩固这个重要阵地，大道理必须不断地讲，用正确的理论和思想武装青年学生。光讲道理行不行？如果说 20 世纪五六十年代还行得通的话，现在就不行了，特别是在社会主义市场经济条件下更不行了。讲道理要与实例相结合，讲道理的同时要办些实事，讲道理的人要以身作则、率先垂范。这样讲道理的效果才会好，才容易被大学生接受。现在的问题是大道理讲得太少了，因而一些年轻学生的脑子里是空空的。

三是内外结合。即校内教育与校外教育相结合。让高校学生接触实践和社会，这才是有效的思想政治工作。

四是走出去与请进来结合。高校都要有自己的德育基地，像井冈山、红旗渠、军史展览馆、红色教育基地、爱国主义教育基地等。要不定期地组织高校学生到这些基地参观、学习、感受和领悟。请进来就是请一些劳模、先进人物、离退休干部做高校的顾问，不定期来学校为大学生做报告。

五是把惩戒管教与思想政治工作相结合。从某种意义上说，惩戒也是一种必要的教育。对于那些严重违反党的规章制度的行为，没有惩戒就不能有效地解决问题。关键是不能"一惩了之"，而是在惩戒的同时仍然热情地做好转化工作。把刚、柔两个方面的力量结合起来，才能促成问题的解决。但关键是要面对现实，因势利导，使高校学生学会独立思考、自主判断，形成开放、兼容、思辨的思维方式，在纷繁复杂的社会中，既求同又存异，在存异中求同。

二、高校思想政治工作需把握的基本方法

很多传统的思想政治工作方法是科学有效的，首先要继承优良传统，其次才是创造和发展。结合实际，讲究科学方法。

第一，调研法。调研法是调查研法。这里有两层意思，一是主体调研，二是客体调研。主体调研的目的是掌握新情况、了解新问题、寻找新方法，通过调查研究使高校思想政治工作更具有针对性、时效性。客体调研是为了打消疑虑，解决现实问题。我们应该向高校学生调研、向教职工调研、向社区居民调研。调研可以个别谈话，可以开座谈会，可以走出去，也可以请进来，可以通信、可以问卷、可以抽样。只要调研的目的明确，方法可以灵活多样。

第二，示范法。示范法是靠榜样来启迪、激励、带领高校学生的方法。这里也有两层含义：一是学校领导要率先垂范，要求学生做到的自己必先做到，要求学生不做的自己必先不做，这样学生才服气，学校才有正气。如有的高校采用的"约法五章"和"四个一"就是这个意思，就是要求学校党委班子率先垂范。"约法五章"中其中一条是讲团结，要求领导班子不搞亲疏、不搞内耗、团结一致。其他四条都是廉政建设的内容，例如给学生办事不允许收一分钱财礼、不允许吃一分钱回扣、领导不允许占学生便宜、不允许用公款吃喝等。示范法的第二层含义是专兼职党务工作者和其他思想政治工作者要率先垂范、以身作则，不能讲一套，行一套。

第三，说理法。说理法就是以理服人，不能靠以势压人。压制只能奏效于一时，不能彻底解决问题，只能治人于口而无法治人于心，而思想政治工作的功能是攻于心而见于行的，必须靠说理。因此，高校可采用演讲赛、辩论赛等说理法的好形式。

第四，关爱法。关爱就是关心、爱护。关爱法是靠关心、爱护学生，促使学生对党、对国家、对社会主义、对集体热爱并逐步增加这种感情，使之愿意为之献身的方法。有些高校叫感情投入法。关爱比感情投入面更广，意思更确切。感情投入法好像局限于人与人的关系。你今天在这个位置上感情投入，与工作对象建立友谊和感情，然后你做思想政治工作的对象就容易听得进去，那么明天换人了他还得去感情投入，投入的目的仅仅是拉近主客体之间的关系，为做思想政治工作进行铺垫。可见，关爱法是关心爱护法，它不是高校思想政治工作的手段，而是内容。作为大学生，学校本来就应互相关心爱护，特别是学校领导对学生、老师对学生的关心爱护。所以，关心爱护是学校领导及广大老师的责任与义务，目的是让广大学生感受到学校大家庭的温暖。

第五，对话法。对话法是通过学校党委与学生对话来增强学生的主人翁意识的方法。对话是交流的好办法，因为对话双方是平起平坐的，没有领导与被领导之别，没有高低贵贱之分。对话能创造一种融洽的气氛，使学生畅所欲言。对话时，高校学生提出的问题如果能够解决的，学校领导当场表态并拿出解决办法，当场不好表态的也要表示会后研究解决。

第六，参与法。参与法是有意识组织高校学生参与决策、参与改革与建设的方法，这种方法是增强学生主人翁意识的好方法。主人翁意识淡薄是现象，根源在于缺乏凝聚力，缺乏统一思想、凝聚意志的发展规划。

第七，引导法。引导法是典型引路、循循善诱、逐步深入的思想政治工作方法。例如"三观教育"，什么是无产阶级和资产阶级的世界观、人生观、价值观，我们不是首先摆出答案，告诉学生应该做什么，不应该做什么。因为那种直截了当的说理往往是空对空的，不易被当代大学生接受。当代大学生不仅要知其然，还要知其所以然，引导法是让他们从知其然中渐渐知其所以然。

第八，激励法。激励法是对高校学生实施全方位的激励以便调动积极性、创造性的方法。从发展规划、软件建设、硬件建设等方面来激发大学生的上进心、积极性，形成一套激励工程。激励是新时期高校思想政治工作的新特色、新方法，它容易被学生接受，能够产生较好的效果。

思想政治工作是一门学问，需要学习、钻研和掌握；思想政治工作是一门科学，需要丰富它的内容、把握它的规律、研究它的方法。高校思想政治工作既有一般思想政治工作的共性特征，也有大学生自身的不同特点。高校的职责要求思想政治工作在这里只能成功，不能失败，只能加强，不允许削弱与疏忽，否则就担当不起历史赋予的重任。

总之，社会主义市场经济给高校教育事业发展带来了难得的机遇，也给高校思想政治工作带来了前所未有的挑战。为了抓住机遇、迎接挑战，高校不得不在教学模式、教学内容、教学方法、教育机制、人员结构、内部管理等方面不断创新。高校的变化首先来源于学生的变化，学生的变化首先表现在思想、观念的变化上。那么把学生当作教育对象，高校思想政治工作也必须随之改变。

第二章 高校思想政治工作中心理教育机制的完善与对策

第一节 高校学生心理教育机制的建构与整合

一、高校心理教育机制构建的内容

（一）以大学生心理健康知识教育为中心，增强大学生自我心理调适能力

大学生心理素质的提高，一方面需要学生具备一定的心理健康知识，能够对自己的心理状况有一定程度的了解，形成正确的自我表现意识，掌握心理调适的方法。因此，心理健康知识教育应该是高校正规教育的内容。可通过开设必修或选修课程，并给予相应的考核和学分使其学科化。科学化心理教育课的教学中，可主要讲授三个方面的内容：一是大学生的心理特点和发展规律，使大学生对自身的心理特点有明确的认识；二是大学生心理健康知识，增进学生对心理健康知识的了解和把握；三是大学生心理调适的常用方法，使学生能够学以致用。应注意的是，心理教育课程教学并非等同于心理学课程教学，教学的目的不是单纯地传授心理学知识，关键是让学生逐步形成心理健康的观念并掌握自我心理调适的方法，增强心理调适能力的同时，应注意发挥学生骨干的作用。根据听课学生的人数成立相应的学生心理互助小组或相应的机构以增大心理健康教育的辐射面，以此延伸和扩大心理教育课程教学的效果和影响。另一方面还应注意发挥学生的团体辅导作用，做到教学与咨询相结合。针对目前学生对心理咨询认识不足的实际情况，可通过多种形式的心理测量和集体测试，开展有针对性的集体辅导。

（二）以心理咨询为重点提高学生心理健康水平

心理咨询是大学生心理教育中最具体和最直接的工作，它对解决个别学生的心理问题具有特殊作用，其效果是心理教育课无法替代的。心理咨询作为一门特殊的专业技术，对从事此项工作的人员的素质有较高要求，因此，对上岗前咨询人员进行系统的培训和指导，帮助咨询人员熟悉和掌握心理咨询的基本原理和技术至关重要；严格遵守和坚持心理咨询实事求是、理解尊重和保密、交友等基本原则对于确保心理咨询健康活动的开展及树立心理咨询的良好信誉有十分重要的意义。高校心理健康教育中，应对低年级学生及时地进行心理普测并进行跟踪测试，建立相应的学生心理档案，从整体和个体上把握学生的身心健康状况，有针对性地开展心理教育。心理普查和测试的结果，可及时反馈给学生本人，增强学生的心理卫生保健意识，对学生中带有普遍性的问题进行集体心理辅导；对少数心理问题突出的学生，应做好深入细致的宣传工作，把握好时机，策略性地鼓励他们咨询和接受辅导；对有心理障碍和心理疾病的学生，可请专家或更高级别的咨询机构帮助他们解决问题。

(三) 以科研为指导，提高心理咨询和心理健康教学的水平

科学理论的正确指导，对于卓有成效地开展心理健康教育有十分重要的意义。应注意发现心理健康教育过程中的特殊问题和疑难问题，尤其要注意加强心理健康教育相关问题的分析和研究。可定期举办学生心理健康教育研讨会或经验交流会，多参加一些学术团体举办的各种心理健康教育学术研讨会、成果交流会及相关的学术活动，对于开阔心理教育工作者的视野、加强心理教育工作者的业务素养有着极其重要的意义。除积极承担或参与一些课题的研究外还应设立校专项基金，采取相应的倾斜政策鼓励心理教育教师或热心此项工作的教师开展学生心理教育的研究，开展一系列的小型科研活动，如通过校内立项、独立选题、合作立题、专题研究等形式推动心理教育向着科学化、专业化的方向发展，同时培养和造就一支素质高、业务精，具有较强综合能力的复合型学生心理教育教师队伍。

(四) 积极发挥学生在心理教育中的自我服务和自我教育作用

教师在学生心理教育中的主导作用固然重要，但是，广大学生的主动参与和支持配合同样重要。在学校心理教育方面，欧美国家许多高校为发挥学生作用所采取的做法给人们提供了许多经验和启示。针对我国的实际情况，各高校可建立诸如"大学生心理健康自助小组""大学生心理健康研究会"和"大学生心理健康俱乐部"等多种形式的学生心理健康自我教育组织，通过"大学生恳谈会""心灵教室"等多种形式的主题活动开展学生心理健康教育活动；应注意培养学生骨干，努力发挥学生骨干在学生心理健康教育活动中的特殊作用。学生自己组织开展的心理健康教育活动，往往会因特殊的场合及学生相互间的交流和启发，而使学生消除或削弱防范和戒备心理，打消顾虑达到共同探讨、相互启迪、互帮互助的促进作用；应尽可能多地把学生吸收到心理健康教育中，让学生承担或参加有

关的工作，使他们在实践中接受锻炼、积累经验。他们往往能够更具体地提供和反映学生在身心健康方面存在的各种问题，使学校全面掌握学生的身心健康情况，并有针对性地实施咨询和辅导。

（五）针对学生的心理特点，不断创造符合学生心理需要的教育形式

现实生活中，缺乏自信、抑郁、焦虑、人际关系紧张等是大学生存在的共性问题，通过学生相互间的交流在一定程度上可以克服教师与学生在年龄和经验等方面的差异带来的障碍，增进心理教育的效果。通过学生心理健康协会、心理健康互助组织或学生会成员，以心理辅导教师为理论，指导有共同心理问题的学生参加"心理沙龙""心理互助角""心理之声"等活动，这些往往会受到学生的欢迎。高校心理教育过程中，书信咨询、热线电话咨询、专栏咨询等也都是适合学生的咨询形式，同时，心理教育教师应与专兼职学生工作教师有机地配合起来，把共同设计并策划的、有利于学生身心健康发展的活动与学生群众组织开展的活动紧密结合起来，对学生党团组织和群众组织开展的各种活动给予热情和积极的指导，如开展一些交往能力和自信心、个性及耐挫折力培养的主题活动，使大学生在活动中受到熏陶和锻炼。

随着心理教育的普及开展，其模式的建立也应随着高等教育改革的不断深入和发展而不断地丰富，这是一项复杂的系统工程，还有待于广大教育工作者做进一步的探索和实践，努力创造出适合我国高校特点的学生心理教育模式。

二、实践化的心理教育整合模式

（一）教师中心取向的教学模式

1. 直接教学

直接教学是以学习成绩为中心、在教师指导下使用结构化的有序材料的课堂教学模式。在直接教学中，教师向学生清楚地说明教学目标；在充足而连续的教学时间里给学生呈现教学内容；监控学生的表现；及时向学生提供学习方面的反馈。由于在这种教学模式中，由教师设置教学目标，选择教学材料，控制教学进度，设计师生之间的交互作用，因此这是一种以教师为中心的教学模式。直接教学尤其适用于教授那些学生必须掌握的、有良好结构的信息或技能，当教学的主要目标是深层次的概念转变、探究、发现，或者是开放的教学目标时，直接教学就不太适用了。

2. 接受学习

接受学习模式是奥苏贝尔所倡导的，在他提出的认知结构同化理论的基础上提出来的

教学模式，也是通常所提的"讲授式教学模式"。当其他教育理论家及社会舆论抨击这种模式的时候，奥苏贝尔却大声疾呼要改进这种模式，他毫不掩饰地拥护讲授教学的主张。这种模式显然也是以教师为中心的，与直接教学所不同的是，直接教学可能更适合于教授程序性的知识与技能，如算术、体育等，而对于陈述性知识，如历史、文学等，接受学习模式则更加合适。下面先介绍接受学习中最为重要的概念——先行组织者，然后阐述接受学习的教学过程。

接受学习并不一定就是机械的、被动的，接受学习也可以是有意义的、主动的。教师要想帮助学生进行主动的、有意义的接受学习，需要尽可能有效而有意义地组织和传递大量信息。他主张，教师应负责将学习内容加以组织，并通过讲课、布置任务、让学生阅读以及综合所学知识等形式，传递这些内容。其中，他特别强调了"先行组织者"的概念，即先于学习任务本身呈现的引导性材料，它要比学习任务本身有较高的抽象、概括和综合水平，并且能清晰地与认知结构中原有的观念和新的学习任务关联。

3. 个别化学习

个别化学习指让学生以自己的水平和速度进行学习的一种教学模式。个别化学习大致包括这样几个环节：①诊断每个学生的初始学业水平或学习不足；②在教师与学生或机器与学生之间构成一一对应关系；③引入有序的和结构化的教学材料，随之操练和练习；④容许学生以自己的速度学习。个别化学习的模式大都结合了行为主义和认知心理学。其中，行为主义的成分更为明显。

4. 程序教学

程序教学是一种能让学生以自己的速度和水平自学以特定顺序和小步子安排材料的个别化教学方法。其始创者通常被认为是教学机器的发明人普莱西，但对程序教学贡献最大的是斯金纳。程序教学以精心设计的顺序呈现主题，要求学习者通过填空、选择答案或解决问题，对问题或表述做出反应，在每一个反应之后及时反馈，使学生能以自己的速度进行学习。这种程序能够融入书、教学机器（即一种融入程序学习形式的机器设备）或计算机。

后来，美国科学家克劳德在斯金纳直线式程序的基础上发展出了分支式程序，即程序的材料以各项可选的路径呈现，学生的反应决定了后面学习的路径。

可选的路径，即所谓的"分支"，是学生在完成程序中可能出现问题的预测。这些分支允许回答问题不正确的学生返回并复习有关概念的信息，并且发现为什么反应不正确。不犯错误的学生永远看不到这些框面，能跳到程序中的后一个框面中。分支式程序和直线式程序相比，每个框面将呈现更多的信息：每个框面包含 2~3 个段，而不是 1~2 个句子。

而且分支式程序一般使用多项选择问题作为引发学生反应的方法，学生选择确认正确答案，而不是像在直线式程序中那样构建一个反应。对一个答案的每一个反应，都将引向程序中不同的页面或框面。

直线式教程和分支式教程都能促进学生学习，程序教学能产生和传统的课堂教学一样的效果。采用程序教学还是传统教学，在某种程度上取决于先有的教程是否覆盖了所希望覆盖的范围及教学的安排。程序教学似乎特别适合于有技能缺陷的学生，整个教程提供了补课的内容和练习。学生可以自己学完整个课程，因此程序教学也利于对某个主题的自学。

5. 计算机辅助教学

计算机辅助教学指计算机作为一个辅导者，呈现信息，给学生提供练习机会，评价学生的成绩以及提供额外的教学。有时人们也把它称为"以计算机为基础的教育"。在欧洲，计算机辅助教学也被称为"计算机辅助学习"。目前，随着多媒体技术、通信网络技术的发展，人们把以计算机为核心的所有个别化教学技术都称为信息技术在教育中的应用。与传统的教学相比，CAI 具有这样几个优越性：第一是交互性，即人机对话，学生可以根据自己的学习情况选择学习路径、学习内容等。第二是即时反馈。第三是以生动形象的手段呈现信息。第四是自定步调等。

在许多方面，CAI 和程序教学一样，应用的是行为主义的原理，随着 CAI 的发展，尤其是多媒体的发展，人们越来越认识到认知心理学对 CAI 的重要性，逐渐开始强调知识结构、认知学习、自我调控的学习、元认知控制、知识的非线性关系等因素在 CAI 中的应用。CAI 在教学中的模式有操练与练习、个别辅导、对话、模拟、游戏、问题解决等六种。

（二）学习共同体取向的教学模式

学习共同体指一个由学习者及其助学者（包括教师、专家、辅导者等）共同构成的团体，他们彼此之间经常在学习过程中进行沟通、交流，分享各种学习资源，共同完成一定的学习任务，因而在成员之间形成了相互影响、相互促进的人际联系。在合作学习、情境性学习、基于问题学习以及支架性教学中，都强调学生之间组成合作小组，教师等其他助学者为合作小组提供支持和帮助。

合作学习是一种越来越流行的教学模式。合作学习是指 2~6 名能力各异的学生组成一个小组，以合作和互助方式从事学习活动，共同完成小组学习目标，在提高每个人学习水平的前提下，提高整体成绩，获取小组奖励。合作学习的目的不仅是培养学生主动求知的能力，还是发展学生合作过程中的人际交流能力。

但是教师要意识到，小组的划分是至关重要的。如果某个学生认为其他学生并不能帮助自己，他是不会需要他们的帮助，也不会帮助他们的，甚至不会与他们一起合作学习。有人指出，合作学习必须满足这样两个条件，才能获得比传统教学更好的教学效果。第一，必须给学生提供承认和奖励，如证书或小组特权等。第二，小组的成功必须依赖小组成员的个人学习，不是整个组的结果，这就是说，各组成员必须一起学习，确保他们的成员都在学习，而不是强调最佳成员的最高成绩。如果这两个条件满足了，合作学习就能对任何年级、任何课题和任何学校有效。

（三）走向实践的心理教育整合模式

1. 心理教育协同发展模式

这一模式的目标建构着重围绕"六个学会"进行，即学会生活、学会学习、学会创造、学会关心、学会做人、学会自我教育。在此基础上，设计符合时代需要和学生心理发展规律的心理教育文本。文本的内在精神体现了协同教育论思想，在横向维度上体现知、情、意、行的协同发展，遵循整体性的心理培育方略，在纵向维度上则体现不同年龄段心理教育设计的协同性与连贯性。这一模式体现了深层次的心理教育理念，为整合论心理教育的设计与运作提供了有影响力的实践例证。

2. 生理—心理—社会—教育协调作用模式

该模式以促进学生积极适应和主动发展为目标，根据教育对象已有心理素质水平和发展需要，以指导学生学会学习、生活、交往、做人，促进智能、个性、社会性和创造性发展为基本教育内容，运用专题训练、学科渗透、咨询辅导等基本方式，从自我认识—动情晓理—策略反思—内化形成品质等主体心理素质形成过程的基本环节，创设适宜的教育干预情境，设计有效的教育策略，最终达到培养健全心理素质、保持心理健康发展的根本目的。

3. 心理辅导模式

这一模式可以用六句话来概括：以了解每个学生为前提，以创设良好氛围为基础，以班级为管理单位，以小组为基本活动形式，以帮助、互助、自助为基本原则，以每个学生参与并发展为基本目标。同时制定了心理辅导工作的五大原则，即心理发展与心理问题防治相结合，个别咨询和全体教育相结合，帮助和自助相结合，尊重和理解相结合，聆听和疏导相结合。

4. 心理教育"四结合"模式

这一模式体现了心理教育环境整体优化的精神。"四结合"是指学校的全员投入和心理教育教师的专门教育相结合；专门心理教育与学校现有课程教学、环境潜在教育相结合；集体心理教育、分组心理辅导与个别心理教育相结合；学校教育、家庭教育和社会教育相结合。通过这四个结合，最终形成一股心理教育的合力，确保心理教育能够产生良好的效果。

5. "群星拱月"的心理教育"三全"模式

所谓"三全"，即全员、全程、全方位。全员是指全校师生员工、社会力量和学生家长都有责任、有义务对每个学生实施发展性心理健康教育；全程是指教育、教学各个领域的每个过程都要把心理健康教育落到实处；全方位是指心理教育要由校内扩展到校外，包括学生参加社会公益活动并深入社会、投身实践等。所谓"群星拱月"，即"三全"活动的方方面面都以"培养学生健康的心理品质"为核心。如果将这个核心喻为"月"，则方方面面开展的各项活动即可视为"群星"。这一模式的全员运作、全程运作与全方位运作，优化了整个教育教学过程。进行开放式的心理教育，符合学校教育的客观需求，符合教育发展的客观规律。

6. 渗透式心理教育模式

主要做法包括充分重视心理教育本身的特殊功能，开设心理教育课，开展心理讲座、心理辅导、心理咨询等活动。充分重视心理教育与德育的紧密联系，设计一系列有利于学生身心健康发展的心理教育活动。例如，"五情四感"系统教育活动，"五情"即亲子情、同学情、师生情、家乡情和祖国情；"四感"即是非感、责任感、友谊感、集体感。把心理教育与各科教学紧密结合起来，开展学习心理教育；把心理教育与体育、青春期生理心理卫生教育和校园文化建设等紧密结合起来。通过一系列相互渗透、相互融合、相互促进的教育活动，深化了教育改革，促进了"三理"（即生理、心理与伦理）整合，改善了学生的心理健康状况，提高了学生的整体心理素质。

7. "四结合"全方位、立体式心理教育模式

这一模式充分发挥"学校教育"的特点，有组织、有系统、有计划地对学生进行心理健康教育，以促成其心理健康发展，而不是零散的、片面的、非系统的、不完整的心理健康教育。其目的不仅在于治疗，更注重预防与发展。具体就是心理教育与心理测量相结合，心理教育与心理咨询相结合，心理辅导和心理行为矫正相结合，心理教育与班主任管理工作相结合。这一模式在目标上具有发展性、预防性和治疗性；在内容上具有实践性与针对性；在实施途径上有面向全体学生的心理教育途径、面向个体学生的心理咨询途径、

潜在的心理健康教育途径。

上述对教育实践中心理教育整合模式的归纳，反映了心理教育实践对整合论心理教育思想的呼唤，也为整合论心理教育找到了实践的依据。当然，以上所介绍的心理教育实践探索有些还不能看作已经构建了成熟的模式，或者说只能是心理教育的准模式。若撇开观点表述和主张上存在的差异，我们还是可以抽取其中共同的心理教育理念，即通过教育系统各要素的相互联系、渗透、互补、重组、综合、协调等过程，形成合理的心理教育结构体系，实现心理教育的整体优化，促进青少年心理素质全面和谐发展。这也是心理教育整合模式的基本特征。

随着心理教育的发展，对思想政治过程的影响也会越来越显著，其教育作用、发展作用、调整作用、分配作用以及促进政治态度转变等方面均可在思想政治教育中有极大的价值。对我们正确思想信念的形成、积极情绪情感激发体验、道德行为的养成等方面都有极大的促进作用。在现阶段我国的思想政治教育过程中忽视学生的个体差异性，不尊重学生的主体性，致使思想政治教育的效果不明显，实效性差。因此，将国外已经发展比较成熟的心理教育与我国当前的思想政治教育和受教育者的实际特点相结合，是我们当前思想政治教育发展的需要，也是改进我国思想政治教育过程的一剂良方。只要我们坚持下来，运用我们的身心力量，充分尊重每个主体的差异性，允许每个个体进行自主选择，充分开发学生的创造力，一定会使我们从传统思想政治教育的樊篱中走出来。同时，思想政治教育的不断改进，也为心理教育的发展提供了广阔前景。

第二节　高校思想政治工作中心理学服务机构的建设

一、加强高校心理健康教育机构的建设

依据我国国情，建立面向 21 世纪的高校心理健康教育机构，不应局限于学校层次的零散型机构建设，而应着眼于三个层次立体网络型机构建设：首先是校级心理健康教育机构的建设。当前，我国高校以心理咨询室为基本机构，建议心理咨询室配备专门的编制，其工作要真正纳入高校教育系统和工作计划之中。学校要成立心理健康教育委员会，由主管学生思想政治工作的党委副书记或副校长任组长，相关部处和二级学院学生工作的主管领导、学校心理学家、教育评估专家等为成员负责全校心理健康教育的协调督导工作。其次是地区性学校心理健康教育机构的建设。由高校心理健康教育工作者参加，成立地区性学校心理健康教育机构，进行经常性的学术交流、合作和研究，是对高校心理健康教育机

构的进一步完善。国外心理学工作者最初正是通过校际联合，组成了职业性的协会，推进了学校心理健康教育的发展。最后是全国性心理健康教育机构的建设。由地区性发展为全国性的心理健康教育机构，有利于对全国的心理健康教育进行规划、引导和信息交流。

二、美国高校心理咨询机构的发展对我国大学生心理健康教育的启示

（一）美国高校心理咨询机构的发展模式

美国高校心理咨询机构的国家级学会组织是美国心理协会第 17 分会咨询心理协会高校心理咨询中心部，除此之外，高校咨询中心主任协会以及国际心理咨询服务协会（IACS）（同时也是高校心理咨询服务认证协会）也是规范和推动行业发展的重要组织机构。IACS 提供的认证标准最早始于 20 世纪 70 年代加拿大心理咨询协会的一项草案，心理咨询中心由专业人员和支持人员组成，所有员工必须持有州专业资格证书。咨询中心是合法咨询的场所，所有人员要对法律问题有非常清晰的了解，严格遵守美国心理学会等国家级学会的伦理守则。

美国高校心理咨询机构的发展是系统性的，按照专业标准化进行的，主要在美国国内及加拿大部分高校开始推广，形成全国统一标准并进行垂直建设，继而向其他国家和地区的心理咨询机构发展。这一模式有利于专业化发展及同行协作，有利于对运行模式进行不断完善，有利于整合行业资源并扩大影响力，目前仍是美国高校心理咨询机构发展的主要模式。

（二）对我国大学生心理健康教育的启示

1. 认证与评估促进心理咨询机构发展

美国通过对高校心理咨询机构的认证促进大学生心理健康服务的发展模式值得借鉴。与非 IACS 认证机构（如韦伯斯特大学）相比，通过认证的心理咨询机构（如西密歇根大学）在各方面都更胜一筹，以更为充足的专业人员提供更为全面的服务。

2. 从工作评估到专业认证发展

美国高校心理咨询机构认证主要是在全国开展的、专业发展驱动的认证，认证机构是专业领域内全国最高学术机构，不受行政干预。IACS 认证标准包括心理咨询中心与高校社区的关系、心理咨询服务的角色与功能、伦理学标准、心理咨询服务从业人员、其他标准、特别说明六个部分。这种专业认证模式，是学术定位、围绕心理咨询服务开展的。

北京评估标准包括领导重视、教育教学、咨询服务、危机与防御干预、条件保障、特

色工作、工作效果七个部分。

美国的专业认证模式与中国的工作评估模式有所不同，这也为我国大学生心理健康教育从工作评估模式向专业认证模式转化提供了发展思路。

第三节　高校心理教育专业人员的培养

一、高等学校教师的社会角色

(一) 教师是人类文化科学知识的传授者

教师这一职业有别于其他各种职业的最显著的标志，乃是知识、原理和技能的传授者，培养解决问题能力的辅助者，并成为某一学科的专家。作为高校教师，既然要成为某一学科指导的专家，就要在该学科的内容方面具有较深的造诣，同时还要求认真钻研自己的传授方法。当教师的知识达到某一关键水平之后，决定教学效果的更重要的因素是教师对教材的清晰表达和组织。所谓"传道、授业、解惑"正是体现了这一重要意义。

人类的经验和知识离不开教育，在今天知识激增的时代，尤其不能没有教育，更不能没有教师。著名的教育家乌申斯基说："教师是克服人类无知和恶习的大机构中的一个活跃而积极的成员，是人类历史上一切优美和崇高事物与新生一代之间的桥梁。"教师就是要按照一定的教育目的，根据一定的教学计划，有组织、有系统地将现代的科学文化知识传授给年轻一代，使他们在较短的时间内掌握前人长期积累起来的科学文化知识。

(二) 教师是年轻一代个性的塑造者

一个人如何发展，朝着什么方向发展，在很大程度上取决于教师的引导和培养。教师不仅要传授知识，开发智力，而且还要根据学生自身的特点，分析、引导和培养学生向哪方面发展。帮助大学生形成正确的思想观点，培养高尚的品德和良好的个性特征，这是一项十分复杂细致的工作。它要求教师应有关心、爱护学生的满腔热忱，具备多种教育能力和技巧，善于创设良好的教育情境，善于掌握学生的思想脉络，发现大学生身上正在成长的积极因素，适时给予引导。

当然，成才的道路并不平坦，人的发展也不是一帆风顺的。大学生在成长的过程中也会遇到坎坷和挫折。我国目前正处在社会主义的初级阶段，各种思想无时无刻不在影响年轻一代，一些不正确、不健康的东西，也必然会像病毒一样侵蚀年轻一代。这正需要教师的帮助和指导，使他们成为有理想、有道德、有文化、有纪律的有用人才。

塑造年轻一代的个性，可以有多种渠道，如通过理论学习、思想品德教育课、社会调查、个别谈心等都可以收到一定的教育效果。许多优秀教师的经验表明，结合专业课教学进行思想教育，既教书，又教人，不但朴实自然，也易为学生所接受。

（三）教师是学生集体的管理者

教师要充当的另一个角色是学生集体的管理者。这个角色主要表现在两个方面：第一个是学生集体的领导者，第二个是纪律的执行者。班级是学校中主要的基层组织。教师受学校的委托，在班级内施加有权威性的影响，承担着领导行为。作为纪律的执行者，教师不但要传递社会的价值系统，而且还要依此评价学生的行为正确与否。教师必须使每个学生都能遵守学校的规章制度，遵守学生守则，帮助学生形成"律己"的习惯和控制能力。教师要善于和学生共同安排学习活动，并在各项活动中通过有效的管理来培养学生的思想品德，发展他们的能力，完善他们的个性。

教师作为班级的管理者，应有计划地去培养班集体，要创造一种和谐、民主、进取的集体环境，形成良好的班风，使学生自觉地接受管理，加强自我管理，并积极参与班级管理。教师作为管理者还应该促进学生彼此的了解和信任，调节学生之间、学生与其他任课教师之间的人际关系。

作为管理者的教师具有一定的权力。例如，奖励与惩罚的权力，维护教学秩序的权力，安排活动的权力等。权力是一种带有强制性的影响力，教师对权力使用得当，才能发挥正常的管理作用。教师使用权力时，要切忌"以权压人""命令主义""独裁高压"等不当的管理倾向。从更重要的意义上说，教师的领导方式必然会对学生的人格特征和行为方式产生直接的影响，所以权力也是一种教育。

（四）教师是学生心目中的楷模

教师担负着传递社会和文化价值观与准则的任务，被学生看作是代表或具有这种价值观的人。因此，在学生的心目中，教师是一个楷模，是一个值得仿效的榜样。这就是说，教师对于学生不仅应是社会道德准则的传递者，更重要的是社会道德准则的体现者。如果说社会性的学习是通过模仿来进行的，那么，教师在这方面的行为表现对学生道德与情感的发展就显得十分重要，教师必须有比较高尚的品格。

教师是处于社会与学生之间的中介人物，教师要通过自己的言传身教向学生传递社会的道德行为准则，在调适学生与社会的关系中发挥一定的作用。这就要求教师在国家观念、法纪观念、公民权利与义务方面，都应按社会期待的标准去调节和控制自己的言谈举止。因为教师是学生认同与模仿的对象，学生对教师有一种特殊的信任感，他们往往把自己尊敬与爱戴的教师视为模仿的楷模，这是学生的一种心理特征。在整个高校的教育情境中，教师的仪表体态、言行举止、容貌服饰等都是学生耳濡目染的对象。教师的一言一行、一举一动都会对学生起到很大的示范作用，并对学生的心灵产生深刻而久远的影响。

在教学过程中，教师对所教的学科和对学习的态度，也时常成为学生的榜样。如果教师对所教的学科持积极与热情的态度，表现出对学科的热爱、对疑难问题的钻研与探索，对真理的追求与维护，对偏见与谬误的鄙弃和厌恶等，那么，就会形成和加强学生对学科的兴趣和学习热情，养成学生严肃认真的工作态度。如果教师对所教的学科马虎从事，毫无热情与生气，那么学生也很少会去积极热情地学习这门学科。

（五）教师是学生的朋友和知己

生活在现代社会的大学生，不仅希望教师成为他们步入科学殿堂的引路人，也非常希望教师成为他们真诚、坦率、无话不说的挚友。教师如果对学生热爱、同情、平等相待，坚持做耐心细致的思想教育工作，他带领的班集体就可能成为团结友爱的集体，他也就可能成为学生的朋友和知己，学生也就可能把自己的心里话告诉他。

教师要成功地承担学生的朋友和知己的角色，必须注意以下几个方面：首先，教师有时需要淡化他的地位角色，应该更多地考虑到教师与学生在人格上是平等的，教师应该是值得学生信赖的朋友；其次，教师必须尊重学生，尊重是一种信赖，教师要把学生当作一个具有独立人格的人来对待；最后，教师要坚持平等待人，认真虚心地听取学生的意见和建议，并能理解和认可学生的不同意见与分歧，以十分真诚的态度与学生友好相处。

教师在扮演学生的朋友和知己这一角色时，应该认识到，师生关系不能完全由情感支配，更不能为了取得学生或学生干部的支持，而毫无原则地迁就学生。教师作为学生的知己和朋友时，决不能忘了自己的教师身份。一个与学生建立表面友好，但实际上是低级庸俗关系的教师，是决不能公正地完成他作为纪律执行人的责任的。

（六）教师是学生的"心理调节者"

世界组织认为，"健康不单是指没有疾病，而且还要有良好的生理、心理状态以及正常的社会适应"。从生理学上来说，有健康的人与病人；从心理学上来说，也同样有健康与病态之分。严重的精神疾病是精神大夫的事，教师无能为力。但是，在校学生的心理情绪状态，教师应做细心观察。因为学习不仅是一个把握未知的过程，而且还会产生种种个人体验。从心理健康的观点来考虑，教师应当把学生从惧怕权威、缺乏自信或自卑中解放出来，鼓励学生表达自己的思想，理解并认可不同意见的分歧；教师要创造一种谅解和宽容的气氛，不仅允许而且鼓励学生自我提高、自我约束和进行创造性的努力。

二、教师应具备的人格特点

（一）正确的动机

献身于培养人的教育工作，忠诚于人民的教育事业，乃是教师从事教育活动的最高尚的动机。教师只有热爱自己的工作，热爱学生，对教育工作产生极大的热情，对学生产生强烈的义务感，才能发挥教师的巨大潜力。所以说，职业动机是教师搞好工作的基本动力。

（二）浓厚的兴趣

对教育工作的浓厚兴趣，是教师创造性地完成教育工作的重要动力。

1. 教师的兴趣要广泛科学的发展

人类的进步，给教育带来了许多新的东西，这就要求教师关心并了解这些有关的新知识。

2. 教师要有中心兴趣

教师的中心兴趣是指对学生的身心发展，对所授学科的研究兴趣。这种兴趣不仅促使教师接近和了解学生，也促使他们积极地钻研教材，研究教育方法，进行创造性的工作。

3. 中心兴趣与多方兴趣相结合

将中心兴趣与多方兴趣结合起来，是教师创造性地完成教育工作的重要心理条件。

（三）热烈的情感

热烈的情感不仅能推动教师积极地工作，而且能直接感染学生，影响教育过程。教师热烈的情感主要表现在对教育事业的热爱，对学生的热爱，对所教学科的热爱以及高尚的情操。一个具有深刻的道德感、强烈的理智感和正确的审美感的教师，就会在任何场合下，诱导出学生相应的情感。这对于学生高尚情操的形成，将会产生重大的影响。

（四）坚强的意志

教师坚强的意志品质，是顺利而有效地进行教育工作的保证，也是学生学习的榜样，其主要表现如下：

1. 目的明确

它能使教师在任何情况下，都坚守教育岗位，做到矢志不渝。

2. 坚韧不拔

教师具有这一意志品质，就能在教育实践中保持旺盛的精力，克服内部和外部的各种困难，并以自身的行为陶冶学生的情操，培养学生大无畏的精神。

3. 沉着自制

慎重地对待自己的言行，善于支配和自我控制，这是教师有效地影响学生的重要心理因素。在教育过程中，教师要理智地对待学生，以诚恳的态度向学生提出要求，坚持教育工作的一贯性、系统性和连续性。

4. 坚决果断

教师具备了这一品质，就能在出现问题时，明辨是非，及时做出反应，果断地做出处理；而当发现自己的决定有错误时，又能及时改变或停止执行这一决定。

（五）良好的性格

在教师的人格特点中，性格是最核心的因素。它主要包括以下几点：

1. 公正无私

在教育过程中，教师必须公平地对待每一个学生，关心爱护全体学生，尤其是对那些学习有困难、品德行为较差的学生。

2. 谦虚诚实

教师一方面要正确地分析自己，老老实实地做学问，对自己身上的缺点和错误勇于改正；另一方面又应虚心地向别人求教，甚至不耻下问，向学生学习。

3. 活泼开朗

活泼开朗是精力充沛、心胸豁达、充满活力的一种表现。教师应保持乐观开朗的态度，以积极饱满的情绪去从事教育工作。同时，教师活泼开朗的性格又会感染学生，通过无言的教育收到潜移默化的效果。

4. 独立的性格

不偏听偏信，不人云亦云，独立地发现问题和解决问题，这是教师进行创造劳动必须具备的品质。

三、高校心理教育专业人员的工作开展

（一）认真分析，根据受教育者的特点，因材施教，有效实施心理教育

在对学生进行心理教育时，要有足够的耐心，认真分析教育对象的思想特点和个性特征，采用因材施教的教育方法，是预防和消除心理阻抗现象的重要途径。

心理教育的因材施教，就是要根据学生的不同气质类型、能力的强弱、千变万化的性格、思想的差异，做到因势利导，对症下药。比如，对于"胆汁质"气质类型的人，要采取心平气和的交流方式和委婉的批评方式，切不可给火爆脾气"火上加油"；对于"多血质"气质类型的人，可以开诚布公，坦率直言，开设主题讲座，多用启发的形式；对于"黏液质"气质类型的人，要循循善诱，指明利害，把理说透，不可急于求成，要给其留有思考的空间；对于"抑郁质"气质类型的人，要给予更多的关心、理解和耐心，采取面对面的单独交流或是通过网络平台交流，消除他们内心的疑虑和误解，提高他们的自信心和克服困难的勇气。语气要轻柔委婉，不要给他们造成"二次"心理压力，语言运用要准确、恰当、防止产生误解。

（二）正确进行诊断，调动学生的主动性积极面对阻抗

作为教育者要善于弄清学生的不信任与心理阻抗的区别，还要善于弄清学生暴躁退缩等人格特征与心理阻抗的区别，进行正确的阻抗诊断。应对阻抗的主要目的在于解释阻抗，了解阻抗产生的原因，以便最终超越破解阻抗，使心理教育取得实质性进展。关键还要调动受教育者的积极性，使之能与教育者一同寻找阻抗的来源，抓住有利时机向学生指出产生阻抗的原因并加以疏导，间接的阻抗常以移情的方式表现，阻抗的解除还必须与移情的处理结合起来进行。只有在妥善地处理好移情以后，才能最后破除阻抗。总之，需要教育者和受教育者积极面对阻抗，不再回避，最终消除阻抗。

（三）尊重学生

在对大学生心理教育过程中要充分尊重学生的现状以及他们目前的价值观、人生观和权益，积极引导他们认同、肯定和喜欢自己，建立自信和确立成就动机，树立正确的道德观、人生观和勤奋感。给予他们足够的爱护、关注，建立健康、和谐、融洽的师生关系，消除阻抗，达到教育目的。

（四）提高教育者的综合素质

提高心理教育工作者的综合素质，不断完善教育者的人格品质。要求心理教育工作者

不仅要有广博的学科知识，丰富的人生阅历，健康的生活情趣，广泛的兴趣爱好，还应具有亲和力，公平公正、以身作则，有着独特的人格魅力。这样才能增强学生对教育者的认可和信任感，形成教育同盟关系，从而降低阻抗。

（五）加大宣传力度，让学生对心理教育有正确的认识

高校可通过各种宣传媒介，引导大学生对心理教育有正确的认识，特别是刚进入大学校园的新生，既不片面夸大心理教育的作用，也不否认其对大学生的重要影响。让大学生在遇到发展问题或处于人生低谷时能迅速寻求正确的途径，从中得到有益的帮助。

（六）心理教育形式的多样化

在对学生进行心理教育时不再是枯燥单调的理论，力求内容形式多样化，不仅可以进行传统的面对面讲授、团体辅导，也可以以专题讲座、沙龙的形式进行情绪体验，还可通过书信、电话、网络给学生答疑解惑。手段也要更加丰富，通过真实的案例分析让学生感同身受，更有说服力和启发性，采用游戏、心理剧等形式也能让学生在轻松的氛围中加深印象，认真思考，从中获得启示。

四、高校心理咨询教师心理枯竭的成因

（一）心理咨询的职业特点

心理咨询是一项需要大量情感投入的工作。情感投入具有单向性、经常性的特点，经常会设身处地地体验对方的内心情感世界，常会体验到焦虑、紧张的情绪。这种对情感的经常性要求，以及设身处地地体验来访者所经历的种种强烈的紧张情绪，是造成咨询人员心理枯竭的一个重要原因。

在与来访者相互作用的过程中，矛盾、冲突也不可避免，不良情绪体验时常伴随而生。此外，对于职业咨询人员来说，来访者负性情绪（焦虑、愤怒、痛苦等）影响的日积月累也在一定程度上损害他们的身心健康。

心理咨询需要付出足够的智慧、技能技巧和精力，需要承受多方面压力。心理咨询教师面对的是来访者形形色色的心理问题，有些甚至是扭曲的心理活动，这就要求咨询人员用自己的智慧去发现错综复杂的心理问题背后的根源，咨询过程又主要靠咨询人员精熟的专业技能技巧来驾驭。所以，有效的心理咨询需要咨询人员足够的精力投入，有时甚至是殚精竭虑。如果心理咨询教师无法有效地帮助来访者解决其所面临的问题，排除其心理困扰和障碍，使他们的心理社会功能恢复到正常水平，则容易造成来访者中断咨询。在这种

情况下，心理咨询教师常常会感到来自自己本人、来访者及家属、同事和咨询机构等多方面的强大压力。久而久之，心理咨询教师的自信心会在一定程度上动摇，心理咨询教师对自己的能力和技术会产生怀疑，个人成就动机受损。

（二）成就动机高和不客观的自我评价

心理咨询教师大都具有帮助来访者的强烈愿望，希望通过自己的工作使来访者更健康、更愉快地成长。学校心理咨询教师容易出现成就期望过高的现象。认为自己应该而且可以解决所有来访者的问题，却往往发现结果与期望相距甚远。于是满怀的热情与期望逐渐被失落、疲惫、冷漠、逃避所代替。成就期望过高的心理咨询人员往往会经历四个必然的阶段：追求完美的狂热阶段。咨询员精力充沛，倾尽全部资源，力求完美；停滞阶段。咨询员开始体验到由于工作效率和满意程度的降低而带来的焦虑与疲惫，倦怠开始萌芽；受挫阶段。咨询员已经明显感受到来自躯体的各种症状，并伴有心理上的无能感和力不从心感；淡漠、抑郁阶段。咨询员已经完全疲倦怠感控制，变得淡漠、敌意、易激惹，甚至与家庭和社会脱离，以致影响到日常工作与生活。

每个心理咨询教师在知识、技能等方面都有着一定的局限性，但有些缺乏客观自我评价的心理咨询教师却认识不到这一点。他们盲目地追求在一切咨询活动中的成功，盲目地要求自己对失败承担全部责任。不客观的自我评价与现实咨询效果之间的巨大落差，会给他们带来强烈的挫折感、失败感。

（三）高校来访者数量多与心理咨询教师数量少之间的矛盾

目前大学生心理问题越来越多，加之大学生对心理问题认识的提高，出现了来访者越来越多的趋势。来访者人数的增多、咨询工作量的加大，自然需要有足够的心理咨询教师来从事这项工作。可目前高校从事心理咨询工作的人员少得可怜，根本无力接待数目繁多的来访者。

（四）心理咨询教师自身的人格特征和行为方式的影响

咨询教师自身的某些人格特征及行为方式也对心理枯竭的产生有一定的影响。有具有外向型人格特征的心理咨询教师发生枯竭的可能性高于内向型人格特征的心理咨询教师，这是由于前者对职业成就往往有过高的期待，因此也容易产生挫折感。另有资料显示，具有助人情结和救星原型人格特征的咨询员，也同样是心理枯竭的高发人群。

五、高校心理咨询教师心理枯竭的对策

(一) 确定现实可行的职业理想和咨询目标

有关工作和职业紧张的研究发现，控制感、自我效能感等个体认知变量，不但对工作和职业紧张有直接的作用，而且还有显著的调节作用。因此，心理咨询教师要根据咨询工作的特点、自己的专业条件（包括知识、技能、经验、个性心理特征）、来访者的具体问题以及外部环境条件等建立现实可行的理想与目标，这样才能保持良好的自我效能感和一定的成就感。心理咨询教师要正视自己的局限性，克服完美主义倾向，对咨询工作不要抱有不切实际的"幻想"，包括来访者的问题应能迅速地被自己解决，自己可以为任何类型的来访者提供有效的咨询和治疗，自己所做的工作肯定能够有效地改变来访者的生活等。心理咨询教师的工作的确能解决很多问题，但却不是全部的问题。对此心理咨询教师要有清醒的认识。当心理咨询教师带着不切实际的想法并在工作中遇到困难、挫折时，幻想就会迅速地破灭，恶劣的情绪就会伴随而来。

(二) 正视心理咨询的职业特点，丰富自己的生活内容

全面、丰富的个人生活内容会有助于咨询人员培养良好的心理状态和积极的工作理念。咨询人员要丰富自己的生活内容和生活方式，应该拥有足够的工作以外的私人空间和自由，从事有意义的活动，包括培养和发展人际关系，发展自己的兴趣爱好、参加休闲娱乐活动等。心理学家曾指出："当你的全部世界仅仅是你的工作而无其他时，那么当你的工作出现问题时，你的整个世界就会彻底地陷落，那么它们就会是动荡、不牢固的。"只有在个人生活和专业工作两个方面都是丰富的、全面发展的，才有助于保持心理健康，达到个人的自我实现。

(三) 学会合理宣泄

精神分析理论认为，个体遭到挫折就会产生紧张、焦虑的情绪，这种情绪一定要通过种种形式宣泄出来，心理才能保持平衡。如果心理枯竭的情绪得不到宣泄的机会，随着心理枯竭的增加，消极情绪积累起来，往往会导致精神失常。所以，当心理咨询教师受到一些消极情绪，如愤怒、恐惧、挫折影响时，不妨向亲友、同事及时倾吐，以得到宣泄，关心你的亲友会给你一些恳切的建议，这对舒缓压力和紧张的情绪是非常必要的。

锻炼和放松是一个比较有效的方法。当压力事件不断出现时，进行适度的、有节奏的锻炼，或持续数分钟的放松，就能够换来舒畅而平缓的心情。在一个安静的环境中，按一

定的要求完成某种特定的动作程序，经过反复练习学会有意识地控制自身的心理生理活动，可以降低机体唤醒水平，增强适应能力，调节因紧张反应而紊乱的心理生理功能。由于这种松弛是持久、有益的，是由自身努力形成的，所以容易形成对环境的控制感，而这种控制感对减少环境压力所造成的紧张是非常重要的。

（四）建立有效的社会支持系统

对待心理枯竭，除了个人的努力之外，学校、社会的作用至关重要。已有许多有力的社会支持，包括工作中良好的人际关系对于保持个体心理健康十分重要。高校需要制定完善的管理程序和规章制度，严格照章执行，还要确立严格的督导体系，同时要保证心理咨询教师的数量。心理咨询教师要合理地安排单位工作量，建立工作中良好的人际关系，寻求来自同业人员在专业知识、技术、情感以及价值观等方面的认同与支持，寻求心理督导的帮助，对心理咨询教师排解压力，保持良好的情绪体验和对工作的掌控感大有益处。"从已有的国际经验来看，心理咨询工作需要团队建设，因为已有大量研究证明，治疗师之间在专业知识和情感上强大有力的相互支持是减少心理枯竭的重要因素。"咨询人员需要的不仅是来自同事、督导和机构的支持，来自家人、亲友、邻居和其他人所提供的情绪、心理、资讯等方面的社会援助系统也不容忽视。拥有广泛而有效的社会支持系统的人，才能身心健康，不易倦怠。

第四节　高校心理教育课程建设与思想政治工作的融合

一、我国大学生心理健康教育发展方向

我国大学生心理健康教育的工作评估刚刚起步，以北京高校心理素质教育为蓝本建立全国标准并向全国其他地区推广，这一阶段主要由党政部门组织推进。经过一段时期的建设，我国大学生心理健康教育水平将实现整体提升，从工作评估向专业认证的方向进一步发展，这一阶段应该是专业发展驱动的，由全国最高专业学术机构制定认证标准，推进伦理守则、行业规范和相关法律法案的制定与实施。事实上，我国的心理咨询师、心理督导师资格的专业认定工作已经开始，中国心理学会临床与咨询心理学专业委员会成立专门工作小组建立中国心理学会临床与咨询心理学专业机构与专业人员注册系统，高校心理咨询人员将逐步纳入该注册系统。

"以人为本"是核心、"以评促建"是目的，这是美国专业认证模式和中国工作评估

模式的共通之处。美国高校心理咨询机构发展的根本保障是具备高标准专业资质的从业人员，对我国高校心理健康教育的启示是切实加大专业人员的队伍建设，在专业人员数量、专业人员培训以及专业人员认证等方面进行制度保障。立足我国国情和我国心理健康教育发展的现实，推动大学生心理健康教育向专门化、专业化、本土化方向发展。

认真研究 IACS 认证标准与北京市现行评估标准，结合我国高校心理咨询机构的实际情况，在尊重学科专业发展规律的前提下，发挥我国高校行政管理的优势，以评促建，切实提高高校心理健康教育工作的服务水平。在评估工作的基础上，未来再由国家专业学术机构进行资格认证，进一步提高我国大学生心理健康教育的服务水平，探索适合我国大学生心理需求的发展模式。另外，还需要研究在目前社会变革的背景下我国高校心理健康教育的服务内容，不拘泥于美国模式，以我国大学生为本，对能够满足学校与学生需求的服务内容进行积极探索。

二、高校思想政治教师的心理素质

（一）教师的教育机智

所谓教育机智，是指教师对学生活动的敏感性以及能根据新的、意外的情况快速做出反应，果断地采取恰当的教育措施的一种独特的心理素质。它是观察的敏锐性、思维的灵活性以及意志的果断性的独特结合。

教师的教育机智并非天生的，而是教师在学习教育理论、总结教育经验、努力参加教育实践的过程中逐步形成和发展起来的。

教师的教育机智主要表现在以下四个方面。循循善诱，因势利导。在教育过程中，教师应充分调动学生的积极性，消除其消极因素的影响，把学生的兴趣爱好引向学习活动，引向正确的轨道。灵活果断，随机应变。由于学生的千差万别和教育情境的错综复杂，教育过程中随时会发生一些意想不到的事情。教师的机智表现为能根据当时的情况，灵活果断地处理突发事件，及时地调节和消除矛盾行为，从而有效地组织教学活动。方式多样，对症下药。学生中发生的问题，其原因是多种多样的，情况也各不相同，而学生的个性也存在着差异。教师的教育机智表现为能正确分析问题的起因，考虑学生的个性特点，采取灵活多样的方式和方法，有的放矢地进行教育。实事求是，掌握分寸。要使教育工作达到预期的效果，教师在教育学生时，应掌握分寸，把握好一个"度"。因此，教师的机智还表现为讲究教育工作的科学性，在教育学生和处理问题时实事求是、说话有度、分析中肯、判断准确、结论合理、要求恰当、方式适宜，以最小的代价取得最佳的教育效果。

（二）教师的教育能力

教育能力是指教师为成功地进行教育活动所必须具备的能力。教师的教育能力与教育效果有较高的相关，它可以概括为以下几种主要的能力。

1. 组织教学的能力

教师的主要职能是通过教学活动向学生传授知识和技能，因此，组织教学的能力就成为教师必须具备的一种特殊能力。它主要包括制订教学计划和组织课堂教学两个方面。

在制订教学计划时，教师要考虑的是：教学内容的系统性、科学性和思想性；学生的自身特点；讲授知识的容量适中。在课堂教学中，教师要考虑的是：要根据不同的教学目的和内容以及不同学生的特点，选择不同的教学方法；要创设一种情境和气氛，充分调动全体学生的学习积极性，使他们的全部心理活动都能处于一种积极状态之中；要善于在学科知识与学生原有心理水平之间建立联系，使新知识在学生原有的认知结构中找到联系点，从而内化为一种新的认知结构；要灵活妥善地处理好课堂教学过程中的突发事件，使课堂教学能顺利进行。

2. 言语表达的能力

教师的教育活动主要是通过言语来进行的，因此，教育效果的好坏，在很大程度上取决于教师言语的表达能力。同时，教师的言语表达能力，对于陶冶学生的情操、发展学生的言语都有很大的作用。

在教育过程中，教师的言语表达能力主要表现在两个方面。第一，在内容方面：要有新的思想和观念，要富于哲理，给人以新鲜感。要言之有情，言语要反映真挚的情感，以此打动学生的心灵，激发他们的情感。干瘪的言语，使人听而乏味；感情充沛的话语，使人学而忘倦。要言之有物，在言语中要反映出切合事物本质特点的东西，只有抓住了事物的本质特点，在用字遣词时，方能恰如其分。第二，在形式方面：准确精练。能确切地使用概念，科学地做出判断，合乎逻辑地做出推理，表述简洁清楚，干净利落，既不拖泥带水，也不节外生枝。通俗明白。说话要明白，深入浅出，善于把复杂的东西讲得简单，把抽象的东西讲得具体。生动形象。言语要有趣味性，能引人入胜，并符合形象思维的规律和形式，用学生熟悉的形象去加深他们对概念、公式、法则、定理的理解。夸美纽斯指出："一个能够动听地、明晰地教学的教师，他的声音应该像油一样浸入学生的心里，把知识一道带进去。"严密含蓄。言语要具有逻辑性，结构严密，思路清晰，善于不直接讲出要表达的意思，使学生思而得之，具有启发性。有经验的教师在教学中，不仅善于解疑，而且善于设疑、激疑。所谓设疑，就是向学生提出问题，埋下伏笔。所谓激疑，就是创设问题情境，激发学生提问的意识和解决疑难问题的积极性。

3. 了解学生的能力

学生是教育的对象，作为教师应具备了解学生的能力。因为了解学生是教师发现人才的关键，是因材施教的依据，了解学生的能力，与教师的观察力和注意分配力有关。

（1）观察力

教师要具有了解学生个性和学习情况的敏锐而精细的观察力，既能找出某类学生共同具有的典型特点，又能发现每个学生的个性特点；既能从学生的听课、提问、回答问题中发现他们掌握了哪些知识，又能从学生的作业、考试中找出他们学习上的薄弱环节。

具有观察力的教师应有以下特点：观察细致而深入；观察迅速而准确；观察全面而客观。

（2）注意分配能力

有能力的教师，在讲述教材的同时，还能够通过学生的外部表现，正确知觉学生的内心世界。在同一时间里，能把注意分配到两种和两种以上的不同对象和活动上面，这是有理想的教师必须具备的基本能力。他必须既能高度集中注意于自己的讲授，同时也能注意到班级情况：哪些学生精力集中，全神贯注；哪些学生貌似听课，实则神离；哪些学生搞小动作，破坏纪律；哪些学生已经理解，哪些学生还有疑惑等。一个成功的教师是能紧紧抓住学生的脉搏，调节自己的工作的。而缺乏注意分配能力的教师，则往往顾此失彼，不是讲课内容丢三落四，就是对学生的纪律不能顾及。

4. 独立创造的能力

教师的劳动是一种创造性的劳动。教育改革需要教师具有独立创造的能力。科学的发展，人类的进步，要求教育不断地进行改革。教师只有在教育思想、教育内容、教育形式、教育方法上不断创造，才能跟上教育的发展。教育情境需要教师具有独立创造的能力。对于教师来说，完全相同的教育情境是没有的，普遍适用的最佳教育模式也是不存在的。在教育过程中，教师不可能完全照搬别人的经验，也不可能全部套用自己以往的经验，而需要寻求一种新的方法和途径。教育对象需要教师具有独立创造的能力。教育的对象是一个个富有个性的学生，没有一条教育原理和方法对任何学生都适用。这就要求教师根据不同的对象，采用不同的方式，因材施教，不断地创造出新的东西。

5. 实际操作的能力

教师的实际操作能力是多方面的：在学生集体形成的过程中，教师能组织学生的力量，运用多种形式，开展多种活动，加强对学生的管理；在教学过程中，教师能自己制作教具、使用教具，进行实验演示；在课外活动中，教师能对学生做具体指导。因此，实际操作的能力，乃是教师必须具备的能力之一。

6. 教育科研能力

在当前不断变革的社会背景下，对教师提出了新的、更高的要求。教师要由原来的"教书匠"转变为创造者、研究者，要从"经验型"的人才转变为"科研型"的人才。因此，高校教师还必须具有一定的教育科研能力。

教师要达到教育学生的目的，就必须了解和熟悉学生的身心特点，研究学生各方面的成长规律，懂得采用什么样的教育、教学方法，才能取得较好的效果，这就要求教师必须善于汲取国内外教育科研的新成果、新思想，并用以指导教育实践，进行深入的研究和探索，把教学经验上升到理论高度，从而摸索新的规律。在教育教学改革的过程中，教师身在第一线，要善于发现问题、提出问题、分析问题与解决问题。教师还要熟悉科学研究的原理与方法，以便确定研究课题，设计和制订研究计划，搜集有关材料，统计和分析有关数据，从而更好地进行研究。教师边教学边研究，不仅有利于提高教育教学质量，而且也有利于提高教师自身的素质。

三、高校思政工作要激发学生的学习动机

（一）动机与学习动机

1. 动机

所谓动机，是指引起和维持个体的活动、并使活动朝向某一目标的内部心理过程或内部动力。人的各种活动都是在动机的指引下，指向某一目标而进行的。动机具有以下功能：第一，激活功能。动机是人们从事某种活动的原因，是推动人们进行某种活动的内部动力。大学生来校上学，也是由求知的动机激发起来的。没有这种动机，就不会产生相应的行为和活动。第二，指向功能。在动机的支配下，人的行为总是指向一定的目标或对象。例如在学习动机的支配下，学生可能去图书馆借书，或者去书店买书；在休息动机的支配下，人们可能去看电影或者去公园。可见，动机不一样，人们活动的方向以及所追求的目标也不一样。第三，强化功能。当活动产生以后，动机可以维持和调整活动。当活动指向既定目标时，个体相应的动机便获得强化，因此某种活动就会持续下去。

2. 学习动机

所谓学习动机，是指推动、引导和维持人们进行学习活动的一种内部心理过程或内部动力。学习动机之所以重要，对教师来说，是因为它既可以作为教育的目标，又可以作为教育的手段。增强学生的学习动机是教育目的之一。我们要培养学生有一种强烈的求知欲

和为建设祖国而不断提高自己的愿望，学而不止，奉献人类。作为手段，我们可以通过激发学生的学习动机来提高他们的学习成绩，也可以通过强化学生的学习动机来巩固其良好的学习效果。对学生来说，首先，学习动机决定着学习方向。它要求学生懂得为什么学，朝着什么方向努力。其次，学习动机决定着学习进程。在学习过程中，学生的学习是认真还是马虎，是勤奋还是懒惰，是持之以恒，还是半途而废，这些差异将取决于学习动机。

（二）学习动机的基本结构

在实际学习过程中，学习的动力因素虽是多种多样的，但促使主体从事学习活动的直接作用成分只有两个：一是作为主体学习愿望的学习需要；二是作为对主体的学习活动具有吸引作用的学习期待。因此，学习动机的两个基本成分就是学习需要和学习期待，两者相互作用，形成学习的动机系统。

1. 学习需要与内驱力

学习需要是指个体在学习活动中感到某种欠缺而力求获得满足的心理状态。它的主观体验形式是学习者的学习愿望或学习意向。这种愿望或意向是驱使个体进行学习的根本动力，它包括学习的兴趣、爱好和学习的信念等。从需要的作用上看，学习需要即为学习的内驱力。所以，学习需要对学习的作用，就称为"学习驱力"。

（1）认知的内驱力

一种要求理解事物、掌握知识，系统地阐述并解决问题的需要。它以求知作为目标，从知识的获得中得到满足。这种内驱力主要是从人类原始的好奇心和探究欲中派生出来的。

（2）自我提高的内驱力

个体由自己的学业成就而获得相应的地位和威望的需要。它可以使学生把学习行为指向在当前学校学习中可能取得的成就并在此基础上将自己的行为指向未来学术和职业方面的成就和地位。但它不直接指向知识和学习任务本身，而是把学业成就看作是赢得地位和自尊的根源。成就的大小决定所赢得地位的高低，同时又决定着自尊需要的满足与否。所以，它是一种间接的学习需要，属于外部动机。在学习过程中，认知的内驱力即内部动机固然重要，但自我提高的内驱力即外部动机也是必不可少的。这是因为学生不可能始终坚持以掌握知识为学习目标。

（3）附属的内驱力

个体为了获得长者（如教师、家长等）的赞许而表现出来的把工作、学习搞好的一种需要。它既不直接指向学习任务本身，也不把学业成就看作是赢得地位的手段，而是为了从长者那里获得赞许和接纳。这说明学生对长者在感情上具有依赖性。

不过，成就动机的三个组成部分在动机结构中所占的比重并非一成不变，通常随着年龄、个性特征、社会地位和文化背景等因素的变化而变化。在儿童早期，附属的内驱力最为突出，他们努力学习、获得成就，主要是为了实现家长的期待，并得到家长的赞许。到了儿童后期和少年期，附属内驱力的强度有所减弱，而来自同伴、集体的赞许和认可逐渐替代了对长者的依附。在这期间，为了赢得同伴的赞许就成为一个强有力的动机因素。而到了青年期，认知内驱力和自我提高内驱力成为学生学习的主要动机，学生学习的主要目的在于满足自己的求知需要，并从中获得相应的地位和威望。

2. 学习期待与诱因

学习期待是个体对学习活动所要达到目标的主观估计，它是另一个构成学习动机结构的基本要素。学习期待与学习目标密切相关，但两者不能等同。学习目标是个体通过学习活动想要达到的预期结果。而在个体完成学习活动之前，这个预想结果是以观念的形式存在于头脑之中的。因此，学习期待就是学习目标在个体头脑中的反映。

诱因是指能够激起有机体的定向行为，并能满足某种需要的外部条件或刺激物。诱因可以是简单的物体，如食物、水等，也可以是复杂的事件和情境，如名誉、地位等。凡是人们希望接近的外部刺激物称为正诱因或积极诱因，如金钱、名誉等。凡是人们试图回避的外部刺激称为负诱因或消极诱因，如批评、体罚等。学习期待是静态的，而诱因是动态的，它将静态的期待转换成为目标。所以，学习期待就其作用来说就是学习的诱因。诱因与期待一样，都可以诱使有机体产生目标定向行为，因此，可以把二者看作是动机结构中起拉力作用的成分。

3. 学习需要与学习期待的关系

学习需要和学习期待是学习动机的两个基本成分，两者密切相关。学习需要是个体从事学习活动的最根本动力，如果没有这种自身产生的动力，个体的学习活动就不可能发生。所以说，学习需要在学习动机结构中占主导地位。另外，学习需要是产生学习期待的前提之一，因为正是那些能够满足个体的学习需要，与那些使个体感到可以达到的目标的相互作用，而形成了学习期待。学习期待指向学习需要的满足，促使主体去达到学习目标。因此，学习期待也是学习动机结构必不可少的成分。

（三）学习动机的种类

1. 正确的动机与错误的动机

根据学习动机内容的社会意义，可以分为正确的动机与错误的动机，或者高尚的动机与低级的动机。高尚的、正确的学习动机的核心是利他主义，学生把当前的学习同国家和社会的利益联系在一起。例如，大学生勤奋学习，是因为他们意识到自己肩负着将来建设国家的重任。低级的、错误的学习动机的核心是利己的、自我中心的，学习动机只源于自己眼前的利益。例如，有的大学生努力学习只是为了个人的名利与出路。

2. 近景性动机与远景性动机

根据学习动机的作用与学习活动的关系，可以分为近景的直接性动机与远景的间接性动机。近景的直接性动机是与学习活动直接相连的，来源于对学习内容或学习结果的兴趣。例如，学生的求知欲望、成功的愿望、对学科的浓厚兴趣、教师生动形象的讲授以及教学内容的新颖等，都直接影响到学生的学习动机。这类动机作用的效果比较明显，但稳定性较差，容易受到环境或一些偶然因素的影响。

远景的间接性动机是与学习的社会意义和个人的前途相连的。例如，大学生意识到自己的历史使命，为了不辜负父母的期望，或争取自己在班集体中的地位和荣誉等都属于间接性动机。那些高尚的、正确的远景性动机的作用较为稳定和持久，能激励学生努力学习并取得好成绩。而那些只是为了自己的名利、地位的近景性动机作用的稳定性和持久性相对较差，容易受到情境因素的冲击。

3. 内部动机与外部动机

根据学习动机的动力来源，可以分为内部动机和外部动机。内部动机是指由个体内在的需要引起的动机。例如，学生的求知欲、学习兴趣等内部动机因素，会促使学生积极主动地学习。外部动机是指个体由外部诱因引起的动机。例如，某些学生为了得到老师或父母的奖励，或者避免受到老师或父母的惩罚而努力学习。他们从事学习活动的动机不在学习任务本身，而在学习活动之外。一般说来，内部动机比较持久，使学习者有较大的主动性，外部动机起作用的时间比较短暂，使学生的学习比较被动。

当然，内部动机和外部动机的划分不是绝对的。由于学习动机是推动个体从事学习活动的内部心理动力。因此，任何外界的要求，外在的力量都必须转化为个体内在的需要，才能成为学习的推动力。在外在学习动机发生作用时，个体的学习活动较多地依赖于责任感、义务感或希望得到奖赏和避免受到惩罚的意念。因此，从这个意义上说，外部动机的实质仍然是一种学习的内部动力。所以，我们在教育过程中强调内部动机的同时，也不能忽视外部动机的作用。教师一方面应逐渐使外部动机转化成为内部动机，另一方面又应利用外部动机使学生已经形成的内部动机处于持续的激起状态。

4. 一般动机与具体动机

根据学习动机起作用的范围不同，可将学习动机分为一般动机与具体动机，或性格动机与情境动机。一般动机是在许多学习活动中表现出来的，较稳定、持久地努力掌握知识经验的动机。该类动机贯穿于学校生活的始终，甚至在以后的工作中或毕生都具有这类动机。另外，该类动机广泛存在于许多活动中，表现在对不同科目，不同课题，不同内容的学习都具有强烈的动机。一般动机主要产生于学习者自身，与其价值观念和性格特征密切相连，因而也称为性格动机。具有这种学习动机的学生，具有较高的稳定性，即使遇到教学能力低、教学责任感差的教师，也仍能认真努力学习。具体动机是在某一具体学习活动中表现出来的动机。由这种动机支配的学生，常常只对某一门或某几门学科感兴趣，而对其他学习内容则不予注意。这类学习动机多半是在学习过程中因学业的成败或师生关系的影响而逐渐养成的。由于这类动机主要是受到外界情境因素的影响，因而也称为情境动机，其作用是暂时的、不稳定的。

（四）激发高校学生学习动机的方法

学习动机的激发，是指在一定教学情境下，利用一定的诱因，使已形成的学习需要由潜在状态变为活动状态，形成学习的积极性。那么，在实际教学中，教师应如何激发学生的学习动机，使他们那种潜在的学习愿望变成实际的主动学习行为呢？

1. 创设问题情境启发学生积极思维

所谓问题情境，是指具有一定难度，需要学生努力克服，而又是力所能及的学习情境。简而言之，问题情境就是一种适度的疑难情境。在教学过程中，提出有一定难度的问题，使学生既感到熟悉，又不能单纯利用已有的知识和习惯的方法去解决，这时就激起了学生思维的积极性和求知的欲望，使学生进入"心求通而未通，口欲言而未能"的境界。《论语》中的"不愤不启，不悱不发"就是这种状态的概括。所谓"愤"是指在学习中遇到了问题，正在头脑里积极思考，但还未能想通的心理状态。所谓"悱"是对某一问题已有所领会，但还不能把它准确地表达出来，正在积极地使思想条理化。当学生的心理活动正处于"愤"和"悱"的阶段时，对他们进行启发、诱导，就能提高学生学习的积极性，激发起他们求知的需要。

要创设问题情境，首先要求教师熟悉教材，掌握教材的结构，了解知识之间的内在联系；此外，还要求教师充分了解学生已有的认知结构状态，使新的学习内容与学生已有发展水平构成一个适当的跨度。这样才能创设问题情境。

2. 从内部动机入手培养学习兴趣

学生的学习行为可源于内部动机，也可源于外部动机。所谓内部动机是指学习是出于对学习过程本身感兴趣，学习内容本身已具有足够的内在诱因价值，它无须再借助于其他外在强化物便足以引起学生的学习行为，就是内在动机驱动学习。所谓外部动机则是出于对学习过程的结果感兴趣，他们学习是为了在考试中获得好分数，是为了赢得教师和家长的赞扬和认可等。总之，学习内容以外的东西吸引他们去学习，就是外在学习动机。

依靠外部动机来维持学生的学习，具有以下三个潜在的危险：第一，学生会感到自己是被别人操纵的。为了获得他人的赞扬和奖励，自己必须付出努力。第二，学生会把学习看成是达到某一目标的暂时性工具。一旦学期终结，考试结束，外在目标达到以后，学生就会将所学内容抛到九霄云外，这种学习很难发生迁移，因而也不可能使学生终身受益。第三，学生会过于依赖教师，学习缺乏自觉性和独立性。

3. 激发学生的学习兴趣

成功的教学始于良好的开端。教师在导入新课以前，重要的是先使学生对新课内容感兴趣，这就要求教师在讲解新内容以前，先将新内容与学生原有的兴趣联系起来，讲清新内容在日常生活中的重要性与实际应用意义，会有助于学生把当前的学习和自己的理想与社会事业联系起来，唤醒学生的求知兴趣，由此增强学生学习新知识的内部动机。

教师在教学中越能生动、明确地阐明知识的意义，就越能使学生产生获取知识的愿望。

4. 保持学生的好奇心

有经验的教师在讲授新课的过程中，常常运用各种方法来进一步唤醒并维持学生的好奇心。新异的、奇怪的、复杂的、不协调的或模棱两可的刺激，常常能产生一种观念唤醒，心理学家伯莱恩称之为"认识性好奇"。这是一种目的在于获得知识以掌握和理解环境的行为。伯莱恩认为，认识性好奇来自观念性冲突，即新的信息与已有观念的冲突。有意地运用惊奇、怀疑、复杂、困惑与矛盾的方法，能唤起学生的认识性好奇，从而使学生处于动机激起状态，这种状态促使学生寻求解决冲突的办法。

5. 将教学目标转化成可达到的学习目标

依据成就动机理论，中等难度的任务对个体具有最大的诱因价值，任务太难或太易，都不利于激发个体的成就动机。因此，教学应该将教学目标分成不同的等级和层次，建立一个教学目标系统，使不同能力、不同程度的学生，都在此目标系统中找到切合自己情况的、可达到的学习目标，从而使每个学生的成就动机都有机会获得满足。这样，通过循序渐进，学生便可逐步达到教学目标。心理学的研究发现，让学生自己去选择目标要比教师为学生设立目标更能激发学生刻苦学习的动机。

6. 充分利用反馈信息给予恰当的评定

来自学习结果的种种反馈信息，对学习效果有明显的影响。这是因为，一方面，学习者可以根据反馈信息调整学习活动，改进学习策略；另一方面，学习者为了取得更好的成绩或避免再犯错误而增强学习动机，从而保持了学习的主动性和积极性。如果在提供定量的信息反馈的基础上，加上定性的评价，效果会更明显，这就是给予恰当的评定的作用。

此外，反馈信息要明确、具体、及时而且具有经常性，评定要恰当。

心理学的研究还表明，表扬与奖励比批评与指责能更有效地激发学生的学习动机，因为前者能使学生获得成就感，增强自信心，而后者恰恰起到相反的作用。

7. 根据作业难度恰当控制动机水平

前面已经谈到，学习动机和学习效果之间有着相互制约的关系。因此，在一般情况下，动机水平增加，学习效果也会提高。但是，动机水平也并不是越高越好，动机水平超过一定限度，学习效果反而变差。中等程度的动机激起水平最有利于学习效果的提高。同时，他们还发现，最佳动机激起水平与作业难度密切相关：任务较容易，最佳动机激起水平较高；任务难度中等，最佳动机激起水平适中；任务越困难，最佳动机激起水平越低。这便是著名的耶克斯——多德森定律，简称"倒 U 曲线"。由此可知，教师在教学时，要根据学习任务的不同难度，恰当控制学生学习动机的激起程度。在学习较容易、较简单的课题时，应尽量使学生集中注意力，使学生尽量紧张一点，而在学习较复杂、较困难的课题时，则应尽量创造轻松自由的课堂气氛，在学生遇到困难或出现问题时，要尽量心平气和地慢慢引导，以免学生过度紧张和焦虑。

8. 正确指导结果归因促使学生继续努力

不同的归因方式将导致个体不同的认知、情感与行为反应。具体表现在以下四个方面。

（1）对成功与失败的情感反应

当学生成功时会感到高兴，但只有将成功归因于内部因素时，个体才会感到自豪与满意。如果认为成功是源于他人或外部力量，则学生的情感反应是感激而不是自豪。相反，如果将失败归因于内部因素，如不努力或无能，则会感到自责、内疚或羞愧。如果归因于外部因素，则会感到生气或愤怒。

（2）对成功与失败的期望

学生将成败归因于稳定因素时，对未来结果的期待是与目前的结果一致的，也就是说，成功者预期着以后的成功，失败者预期着以后的失败。例如，把失败的原因看作是自己能力差，那么个体就会担心下一次还会失败，因为能力是比较稳定的，很难在短时间内得到改变。相反，若将成败归因于不稳定因素，则对以后成败的预期影响较小。

（3）所投入的努力

若学生认为失败是由于不努力造成的，如果自己努力学习，并且确实有能力取得成功，则他们在以后有可能更加努力，遇到困难也能坚持。若将失败归因于缺少能力，也就是说，即使努力也不能成功，则他们很容易放弃，尽管有些任务是他们以前成功地完成过的。后一类学生很容易产生习得无助感。

（4）自我概念

随着学生年龄的增长，他们越来越坚信能力是一个相对稳定的、不可控制的心理特性。如果不断地成功，则他们的自我概念中就会包含着较高的自我效能，否则，自我效能感就会较低。

既然不同的归因方式会影响到主体今后的行为，也就可以通过改变主体的归因方式来改变主体今后的行为。这对于学校教育工作是有实际意义的。在学生完成某一学习任务后，教师应指导学生进行成败归因。一方面，要引导学生找出成败的真正原因；另一方面，教师也应根据每个学生过去一贯的成绩差异，从有利于今后学习的角度进行归因。一般而言，无论对优等生还是差等生，归因于主观努力的方面均是有利的。因为归因于努力，可以使优等生不至于过分自傲，能继续努力，以便今后能继续成功；可以使差等生不至于过于自卑，也能进一步努力学习，以争取今后的成功。

总之，激发学生学习动机的方法和手段多种多样。只要教师有效地利用上述手段来调动学生学习的积极性，学生就有可能学得积极主动，并学有成效。

第三章 高校思想政治教育工作中队伍建设与提升

第一节 高校思想政治教育队伍建设的理论指导

一、高校思想政治教育教师的职业特点

(一) 学术性和专业性

学术职业是以专门知识为中介的一种特殊类型的职业，从事的是专门的教学、研究和知识服务工作。专门化的知识是学术职业的基础。学术性的主要特点是高校思想政治教育教师对高校思想政治教育学科领域从事独立研究，有个人独立见解，教师可以充分发表个人的研究成果，而不受干扰和约束。专业性有两层含义，一是指教师是专门的职业，就像律师、会计、医生等一样，别人不可以替代；二是指从事某一专业的教学和研究。高校思想政治教育教师有自己的专业课，他们更是要成为这一方面的专家。他们要熟悉专业知识并能传授给学生，而且要有与该专业相关的知识，要及时掌握该专业领域的最新发展。教师为了搞好教学工作，不能仅依靠课本知识，照本宣科，还必须要进行研究、探索，把自己研究的成果，内化为自己的知识，传授给学生。教师要把教学与科研结合起来，要研究自己所教的专业知识，并积极开展科研活动，接受和承担科研项目。教师还要带领学生一起开展研究。总之，教师不能光做教书匠，还要做学问家、科学家。

(二) 独立性和自由性

教师职业是教师独立完成的，如独立研究、独立教学、对学生负有独立的责任，同时每个教师还具有独立人格。教师职业的独立性，体现在研究独立、责任独立、教学独立。

教师在教学过程中，尽管有教学计划、教学大纲，有规定课程、教材，但都要通过教师独立思考、独立操作，内化为个人的独立行为。所谓自由性，是指教师的学术职业是一种自由的职业，教师的研究和教学是自由的，教师可以自由流动，从而促进学术的交流。教师要更好地从事教学和学术研究，充分发挥其才能，必须有一个宽松自由的环境。因此，独立性和自由性是教师职业的特殊性质所决定的。但教师职业的独立性和自由性是建立在教师遵循教育方针、敬业爱生、自觉地遵守民主与法制、为人师表的基础上的，而不是随心所欲，我行我素。

(三) 创造性和灵活性

教师从事的是创造性的个体劳动，他们要向学生传授课本知识、专业知识，对学生进行思想道德教育。要把书本上的知识变成生动有趣的、学生容易接受和吸收的知识，必须有创造性和灵活性。教师在教学中要旁征博引、举一反三、幽默风趣、引人入胜，要能够理论联系实际，善于应用现实生活中的材料。高等学校既是知识传播、应用和创新的主要基地，又是培育创新人才的重要摇篮。高校思想政治教育的创新主要依赖教师的创新精神和创造性的工作。教师不仅要在传授知识的过程中有创新和创造，而且要引导学生去创新和创造。比如，教师引导学生独立思考，独创性地解决问题，引导学生探索未知领域，尊重学生的独立见解，鼓励学生超过自己。

(四) 脑力劳动的复杂性和艰苦性

教师的劳动是塑造人的劳动，是从事劳动力再生产、科学知识再生产和社会成员再生产的一种特殊劳动。高校思想政治教育教师每天面对的是学生，学生的复杂性、多样性、多变性决定了教师劳动的复杂性和艰苦性。要使每个学生都能受到教育，都能有提高、有进步、有发展，这是一件很难的事情。教师向学生传授知识，要让不同的学生接受知识，也不是一件轻而易举的事情。知识的无穷性、交叉性、复合性也决定了脑力劳动的复杂性和艰苦性。脑力劳动不像在工厂里那样按一定的程序、规划、图纸、模型进行操作即可，而是要靠自己不断地再思考、再加工、再创造。教师要上好课，不可能靠一个教学大纲、一个教案就能解决所有问题。教师要有广博的知识，高超的思维能力、应变能力，才能及时处理好在教学过程、育人过程中遇到的各种不同问题。

(五) 为人师表的示范性和榜样性

高校思想政治教育教师是直面学生进行"传道、授业、解惑"的，要让学生接受教育、增强接受度，教师除了要有丰富的知识和教学技能外，还要有人格魅力。孔子说过，"其身正，不令而行；其身不正，虽令不从"，"不能正其身，如正人何？"教师要用自己的行为为学生做示范、做榜样，才能起到好的教育效果。学生不仅要听教师是怎么说的，也要看教师是怎么做的，无声的语言，有时比有声的语言效果更好。教师的仪表、风度、言行、气质都对学生有很大的影响，具有潜移默化的作用。因此，教师必须时时处处严于律己，以自己的高尚品德、健康心灵、治学精神感染学生、教育学生。

二、高校思想政治教育教师的作用

高校思想政治教育教师在社会发展中的作用，是和教育这一活动在人类社会发展中的作用密切相关的。人类要把历代长期积累的社会精神财富，包括文化科学知识、文学、艺术、社会思想等一代一代地传下去，不能没有教育，不能没有教师。高校思想政治教育教师是社会道德准则、行为规范的传播者，在人类社会的继承和发展中起着承前启后的桥梁作用。

高校思想政治教育教师在发展社会主义教育事业，贯彻落实社会主义的教育方针中起的主导作用至关重要。他们不仅决定着高校思想政治教育的质量，而且把握着教学的政治方向。在现代化进程中，教师是培养合格人才，提高民族素质的关键力量。高校教师作为教师中的一个特殊群体，除具有一般教师的重要作用外，还具有特殊的作用。

首先，高校思想政治教育教师的基本任务是培养高级专门人才，而高级专门人才在科学技术和社会的发展中起着骨干的作用。现代科学技术的发展，生产力水平的提高，国民经济的发展，文化教育卫生事业的昌盛，综合国力的增强，社会的整体进步，很大程度上都取决于高等教育所培养的人才的数量与质量，也就是所谓的"科教兴国"，而高级专门人才的质量，又取决于高等学校教师作用的发挥。高校思想政治教育教师在培养高级专门人才的过程中，不仅要传授知识，而且要帮助引导学生树立正确的世界观和人生观，培养学生高尚的道德品质和情操，塑造美好的心灵。

其次，高校思想政治教育教师，既是科学文化的传递者，又是科学文化的创造者。历来对人类社会有伟大贡献的科学家、思想家、活动家，不少是汇集于高等学校的教师或曾经当过高校思想政治教育教师。人们往往把大学教师这一职业同科学昌盛、政治民主、文化发达、人类进步紧密联系在一起，用"学者""专家"来称呼大学教师，把大学教师的声望作为一个国家学术水平的标志，把大学教师的社会地位作为一面文明建设的镜子。

最后，高校思想政治教育教师通过社会服务，直接推动社会物质文明和精神文明的建设。他们利用自身的丰富知识和科研优势，参与国家和地方的科研项目，为社会提供科技服务，创造科研产品，直接参与社会物质财富的生产、创造；通过社会活动，传播精神文明成果，促进社会精神文明的发展。

三、高校思想政治教育教师的职能

（一）教学职能

传授知识，培养和发展学生的智力和能力，引导学生掌握学科专业的基础理论、基本技能与技巧，是高校思想政治教育教师的基本职能。高等学校是以培养在科学技术和社会发展中起骨干作用的高级专门人才为基本任务的，这就需要高校教师研究高深学问，不断把人类文明的成果引进教学内容，并以培养具有创造性人才为己任。几乎每一位高校教师在其职业生涯中，教学工作都占有最重要的地位。当然，随着社会的发展，高校思想政治教育教师的教学职能也在随之不断发生变化。

1. 从课堂"独奏者"向"伴奏者"转变

教师在传统教育中以知识的独占者和传授者的身份被看作知识权威。失去了教师的知识传授，学生就没有办法学到知识，教师首要的和基本的职能就是将自己拥有的知识传授给学生。但随着信息社会的到来，"教师在学生的学习经验中渐渐失去了唯一主角的地位"。教师不再是独一无二的知识占有者和传播者。学生不经教师即可知道有关领域的各种最新知识。现代教育论认为，学生是教学的主体，课堂上，教师应把学生作为中心，围绕学生特点和需要开展教育教学活动。

2. 从"知识传播者"向"智能开发者"转变

在以前教学主要以教师传授已有的事实知识为主，即教师将人类积累起来的文化传递给下一代。但在当今社会，随着社会发展速度的加快，人类面临的挑战日益复杂化，科技发展一日千里，"百科全书比人老得快"，知识信息呈指数增长，已难以解决"吾生有涯，而知无涯"的矛盾。所以，以开发智力、培养能力为主的新型教学模式正在取代传统的教学模式。智能开发成为现代教师的重要职能之一。教师不能仅仅传授知识，还要唤醒学生未被知晓的潜在能力，使每个人都能享受到能够发挥自己才能的幸福。

3. 从单纯"指导者"向"指导与合作者"转变

当前信息时代，教师和学生面临着一个重要的共同的变化迅速的世界，因而也面临着共同的不断学习的任务，"弟子不必不如师，师不必贤于弟子"。面对不断更新的教育技术，"教学相长"越发显现出它的生命力。因此，大学教育出现了由"教"向"学"，由"重复过去"向"挑战未来"的转变。这就要求教师从知识的传授者、单纯的"指导者"转变为平等地参与学生商讨和解决问题的指导与合作者，而且只有师生之间建立起平等的合作关系，教师鼓励和允许学生标新立异，并对其做出正确评价，为学生提供一个展示个性的良好空间，才有利于其智力的开发。

4. 教内容，但更重要的是要教方法

在现代社会中，百科全书式的人才可以说是不存在的，谁也不可能做到方方面面的知识都懂。作为教师，虽然应当尽可能地多了解一些知识，但一般来说不可能通晓一切，但教师应当知道什么是必须精通的知识，何处去获得，还要懂得如何去获取信息、处理信息，掌握基本的信息技术，懂得如何帮助他人，正所谓"授人以渔"的教师，自己应先掌握"捕鱼"的方法。

（二）育人职能

大学生正处在人生的重要转折时期，他们在思想上存在着相当程度的盲目性和迷惑性。尤其当前我国正处于社会迅猛发展、多元文化猛烈碰撞的时刻，他们更有诸多的疑问与困惑。他们对社会上的不正之风和各种诱惑，不仅有好奇心，也存在着盲从和效仿。高校教育是人生教育中的一个独特阶段和独特场所。我们应当充分利用这一阶段和场所，让青年学生"学知""学做""学会做人""学会共同生活"。这四个方面的学习被"国际21世纪教育委员会"称作"教育的四个支柱"。其中两个支柱（学会共同生活，学会做人）都和教书育人有着紧密的联系。"学会共同生活"就是要首先教会学生有爱心，要爱自己的国家，爱所在的集体，爱父母，爱教师，爱同学；然后教会学生和同学和睦相处，乐于助人，关心他人。尽管未来社会的竞争是异常激烈的，但在成就事业的过程中，善于与人合作，营造和谐向上的人际关系，显得尤为重要。"学会做人"重要的是要有健全的人格，人格体现在方方面面。人格的核心是有骨气、诚实、守信。有人把学生比作工厂的产品，但这是一种极特殊的"产品"。他们有生命，有思维，有大脑，更有几乎不为人知的复杂的内心世界。因此，这是一种活生生的"产品"，而要把他们培养成受社会欢迎的、利国利民的"产品"，就需要高校思想政治教育教育者付出比工人师傅多十倍甚至几十倍的心血和劳动。因此，如何对学生进行正确引导，使他们增强辨别是非的能力，增强抵制各种诱惑的自觉性，培育他们的高尚品德，就是高校思想政治教育教师责无旁贷、义不容辞的职责。知识永远是一把双刃剑，它既可以造福社会，又能殃及人民。试想，如果我们培养出来的大学生，学经济的帮助外商坑害国家，学法律的知法犯法，学财会的成了贪污犯，学电脑的成为高科技犯罪者……那么我们的教育就是失败的。"书师易得，人师难求。"学生是教师的一面镜子，他们日后是事业的接班人，还是事业的掘墓人，实则是教师工作成败的最清晰的折射。

（三）科研职能

科研是指教师综合运用已知，探索和开发未知，有所发现、有所发明、有所创造的过程。随着科学技术的发展突飞猛进，知识经济时代的来临，在现代大学传统的教书匠式的教师已不能适应社会经济的发展以及教育自身的需要，专家型、学者型的教师将成为未来教师的重要角色之一。正因为这样，高校思想政治教育教师不能一味地满足于向学生传授现成的、已有的知识，而要积极探索和研究教学与学习中出现的问题，成为一名科学研究者。

（四）服务社会职能

高等学校的现代化和开放性，使得其与社会经济发展、科技进步的联系日益密切。教育，尤其是高等教育作为一项产业，应该充分发挥对社会的服务功能。因此，高校思想政治教育教师不仅要在校园里组织教学、参与科研，而且要以"专家""学者"的身份参与社会活动，直接服务于社会。

四、思想政治教育队伍师德师风要求的理论

（一）坚持教书和育人相统一

教书和育人是"四个相统一"的基础，是高校教师职业的基本使命。作为事物的一体两面，教书与育人是一个密切联系的有机体。教书是育人的基础，育人是教书目的的实现，一个偏重知识传授，一个偏重思想形成，二者相辅相成，统一于教书育人的整体过程。育人和知识的传授密不可分，离开了"教"的"育"只能表达为"生养和养活"，不能发挥答疑解惑的作用；离开了"育"的"教"，就是没有灵魂的知识的传递，没有方向的文字积累，教育"塑造灵魂、塑造生命、塑造人"的使命将无法实现。

教书要"授之书而习其句读"。也就是说，高校教师要给学生讲授书本知识并帮助他们学习书中的文字，做"精于业""传真知"的"句读之师"。"句读之师"不能照搬书本，更不能唯书本论，而是能够将书本知识融会贯通，讲通讲透，让学生知其一并知其二。教师更要"传真知"。真知是发展的、变化的，是被实践所证明的，是顺应历史发展规律的事物和观念。虽然，当今社会，知识体系冗杂、流派众多，但要求教师必须能够做出正确判断并迅速反应，给学生传授科学的、先进的思想，做真理之师。

育人的目的是使教育对象全面发展，使其成长为社会需要的身心健康的人才。育人是教书的最高层次，是"育智""育体""育美""育德""育心"的综合体现。育人的手段

是多元的、多维的和多层次的。课堂教学是育人的主渠道，教师日常交往和社会交往也会对学生产生重大影响。就育人的效果而言，教书是授之以鱼，而育人则是授之以渔，教书培养的是具有专业知识的人，而育人则是要引导学生独立思考，培养学生创新的能力、学会做人做事的道理。

知识的记忆是暂时的阶段性的，而创造知识的方法是永久的可再生的，教书所传递的信息是可以被遗忘的，而引导学生养成的品格却是和其一生相随的。因此，育人的效果更长远，也更深刻。

（二）坚持言传和身教相统一

言传和身教是教书育人的重要形式，坚持言传和身教相统一是育人手段的具体要求。言传和身教相统一，不仅是实践论还是方法论，体现着知行合一的认知规律。言传和身教是相互独立又相互联系的统一体，共同构成了教师育人方式的两个主体。言传和身教还是一种互为补充的关系，言传回答应该怎么样、不能够怎么样，而身教则用实际行动表达自己言传的观点，更强化受教育者的认同。言传是身教的一个重要方面，是直接用语言表达自己的喜怒、哀乐、好恶、赞同什么、抵制什么。身教是言传的起点和落脚点，通过其行为来判断一个人的观念。

言传是一种显性表达。教师应该立场鲜明地告诉学生哪些是对的，哪些是错的，要坚定自己的道德认知，绝不能模棱两可、似是而非。假如一个教师自己的立场和观点都不坚定、不鲜明，那他就不可能有理、有据、有节地表达自己的观点，更无法让学生心悦诚服、心服口服。言传是一个内化外在知识为自己的认知，并将认知转化为对问题的分析，表达给受众的过程。内化过程需要正确的世界观、人生观、价值观支撑，外化过程需要教师具备良好的语言表达和生动的叙事能力，因此言传需要教师不断提升自身的综合能力，用学生认可的语言和方式教育学生。

身教是一种潜移默化的影响方式。"其身不正，虽令不行；以身教者从，以言教者讼。"教育者自身不正，即使是再三教授，别人也不会听从。而以自己的实际行动教育别人，大家就会真心接受。所以，最好的教育就是"率先垂范"。广大教师"必须率先垂范、以身作则，引导和帮助学生把握好人生方向"，担当起立德树人的历史使命。教师在大是大非面前，面对善恶曲直、义利得失必须自己有正确的道德评价和正确的政治选择，并且要用自己的行动告诉学生自己的选择，用自己的立场引导学生做出正确的选择。在日常生活中也是如此，如果教师在课堂上教育学生遵从规则，而在现实生活中排队加塞，过马路闯红灯；在课堂上教育学生见义勇为、尊老爱幼，而在现实生活中容忍小偷行为，公交车上不让座位给老人、儿童，这样言行不一致的教师，教育学生的效果就会大打折扣，学生会听其言、观其行，反观而验证其言，教师再说，学生就不会再信，甚至会培养出说一套、做一套的"双面人"。

教师要具备"自育"的能力，以培养学生的目标为培养自己的目标，想把学生培养成为什么样的人，就先把自己培养成什么样的人，以先进的言论引导学生，以高尚的人格感染学生，以真善美的作风教导学生。

（三）坚持潜心问道和关注社会相统一

"潜心问道"和"关注社会"是教师职业发展中密切相关的联系体。教师既要"潜心问道"，也要"关注社会"。"潜心问道"的目标是服务社会，基础是关注社会，因此"社会"是潜心问道的起点和终点。潜心问道是服务社会的手段，通过全面、系统的研究，以解决普遍关注的社会问题，实现服务社会的功能。潜心问道与关注社会是一种明确而具体的言传身教，教师潜心从事学术研究，也会带动学生向着相同的方向发展。

教师应该充分利用高校优越的科研环境，潜心问道做好科学研究工作。但是学术研究是一份清苦的工作，要忍得住诱惑、耐得住寂寞、受得了清苦。经济改革的浪潮冲击了高校，在追求"钱途"和"前途"的道路上，有的人下海经商一夜暴富，有的人为了评定职称开展"素食式"和"快餐式"研究，如此种种必将对潜心问道的高校教师带来一定的冲击。"宝剑锋从磨砺出，梅花香自苦寒来"，高校教师必须要沉下心、俯下身，以"打铁还需自身硬"的精神激励自身，潜心问道，修好内功，提升自身的学术能力和业务水平。

高校教师不能将自己禁锢于象牙塔内，而应在深入社会中丰富阅历，在实践中汲取养分。科学研究不应该是和社会相脱离的，而应该不断地关注社会问题、融入社会之中、服务社会发展。"实践是检验真理的唯一标准"，科学研究更要以社会实践作为检验成果的唯一标准。"意识来源于实践，服务于实践"，用丰富的社会实践为先进思想的产生奠定基础。

（四）坚持学术自由和学术规范相统一

学术自由和学术规范是对教师教学科研工作提出的具体要求。学术自由和学术规范是对立统一的矛盾体，学术自由只有在学术规范的大环境下才能产生，而学术规范也只有在学术自由的基础上才能建立。没有自由的学术是没有规范可言的，而脱离了规范的学术也是没有办法长长久久自由自在的。高校教师从事学术研究是自由的和开放的，可以设定假设、论证结果，也可以自由畅想某一学术理论的发展方向，提出自己的独到见解。这些的前提是都必须建立在遵守学术规范基础之上。

自由和不自由是一个问题的两个方面，没有绝对的自由，也没有绝对的不自由，任何事物都应该受到一定规范和限制，这样才能保持长久的自由。

学术研究需要有宽松自由的环境，教师有自由选择做什么研究，如何开展研究的自由，对学术成果具有知识产权，在法律允许的范围内有权利决定成果应用的自由。社会最好也要为学术发展营造一种百花齐发、百家争鸣的氛围。学术问题的解决是探索性的过程，是允许有争议、有不同声音存在的，在众多思想的交织、碰撞中才能产出真知。但对于立场问题、价值取向问题，对于事关国家安定和社会团结的原则问题，是不能够存在杂音的。在这一点上高校教师必须有清醒的认识和准确的把握。

教师"四个相统一"是两点论和重点论的有机结合。做好高校教师思想政治工作，不仅仅要抓好全面还要抓住重点。教师"四个相统一"八个要素两两之间形成对立统一的关系，"教书"与"育人"、"言传"与"身教"、"潜心问道"和"关注社会"、"学术自由"和"学术规范"是互相促进、互为条件、互相依存、互为目的的，共同构成教师育人育才的有机统一体。同时，教师"四个相统一"的四个统一之间存在着相互贯通、相互渗透的关系，包含着渗透对方的关系和属性，会在一定条件下相互转化。正因为教师"四个统一"是运动的、斗争的，并在斗争中得以转化，才在实践中得以新的升华。解决教师"四个相统一"中矛盾的主要方面，就要求教育行政主管部门和高校紧紧围绕"育人""身教""关注社会""学术规范"四个方面有关键、有重点地制定政策、选择方法、解决问题。在抓住矛盾的主要方面的同时，也必须要解决好矛盾的次要方面。在教师"四个相统一"中，如果书教不好，必然影响育人的效果；言传做不好，身教的效用就会减弱；不能潜心问道，就没办法好好服务社会；不能享受学术自由，学术规范就会出现偏差。因此，在高校教师思想政治工作中，我们既要抓住主要矛盾和矛盾的主要方面，又不能忽略次要矛盾和矛盾的次要方面。坚持重点论和两点论相结合的方法，是做好高校教师思想政治工作的关键所在。

第二节 高校思想政治教育队伍素质能力构成

一、高校思想政治教育队伍的素质要求

(一) 现代教育观念

1. 新型人才观

思想政治教育实际上是一门围绕"人"的培养的教育，"育人"是其根本任务，因此

思想政治教育工作者必须更新人才观。新媒体环境下的人才观对传统人才观有所补充，它十分重视大学生具备的个体精神的开放性与包容性、自主学习与自我建构的能力，以及自律自觉和扬善避恶的个性品德。

随着新媒体的发展和普及应用，人们开始能够及时地掌握世界范围内发生的各种事情，在网络平台上人们可以获取内容丰富、形式多样的信息资源。想要全面、理性地看待和利用这些网络信息资源，就要求人们具备开放的胸襟与理性的包容。同时，我国不断发展，当前正从经济强国逐渐转变为文化强国，正处于文化自省自觉到文化自信自强的转变过程，不再单纯地被动吸收各种文化而是主动地向世界展示属于自己的文化，这就要求我国必须有一批具有开放、包容品质的青年。

在新媒体环境下，人们在一定程度上可以实现信息资源的平等共享，在网络的海量信息中，人们必须具备信息辨别和利用能力，对于高校思想政治教育工作者来说更是如此。教师应该具备新人才观，将这些能力作为人才养成的必备能力，应该重视学生的自主学习与自我建构能力，引导学生了解自己的实际需求，帮助他们掌握利用新兴媒介满足自身需求的相应媒介能力。

新媒体环境具有虚拟性与互动性特征，人们在这样的环境中思想理念一定会在一定程度上受到影响，多元文化、多维价值等均会对人们的价值观念产生作用。同时，处于新媒体环境中的个体，可以成为信息的生产者，用自己的认识主张影响他人。因此，对于新媒体环境下的人才培养，必须增强个体自律意识，培育明辨是非的能力，注重个人品德塑造，以此保证客观地看待新媒体，并以此为基础维护新媒体生态环境的良好运行。

思想政治教育工作者应该以新人才观为基础，在新媒体环境中探索新问题，寻找新媒体环境下的教育规律，并在教育实践中实现人才观念的更新。

2. 新型教学观念

在传统教育模式中，教育者是教学的中心，受教育者只需要被动地接受教育信息。在新媒体背景下，高校思想政治教育工作者一方面，需要转变自己的教学观，转变教学模式，教师不应该向学生单向地灌输理论，教育者应该善于利用新媒体技术图文并茂、声情交融的特点，以此优化教学效果；另一方面，应该充分利用现代信息交流便捷、传播快速等特点，促使学生可以通过新媒体主动获取信息，提高思想政治教育的学生参与度和吸引力。

现代学习观重视学生的学习方法和途径，强调学生应该主动地寻求和接收信息。思想政治教育与其他课程的不同主要在于，它关注的是学生的思想政治素质，其根本任务是"育人"，预期的教育效果应当发生在思想层面上，而这就需要受教育者积极主动地进行学习。在新媒体环境下，人们在信息的选择和利用上具有很强的自由性、自主性。在学习观转变的任务需求与现实可能面前，思想政治教育工作者的一项重要任务是引导大学生积极主动地参与整个教育过程，让他们在遇到各种问题时独立思考、辨别是非，引导他们通过自我教育的方式不断完善自我。

此外，思想政治教育工作者应该树立大课堂观的概念。新媒体技术的应用改变了传统思想政治教育的原有局面，扩展了教育的覆盖面，提高了教育的影响力，有效地实现了教育空间的拓展。思想政治教育工作者应该正确地认识到网络等新兴技术在思想政治教育中的重要作用，在教育实践中应该积极应用现代教育技术，构建课内与课外结合、教师引导与学生参与结合的教育模式。这样可以有效地将思想政治教育扩展到更大的空间内，促使大学生在不同的空间深入思考并吸收教育内容，构建思想政治教育大课堂。

3. 新型师生观

社会主义市场经济在推动着社会变革的同时也在不断更新观念，这就要求人们具有自我意识和独立人格，要求人们不断加强自身的平等意识。新媒体的发展和普及为人们平等地交流互动和享有信息提供了有效平台。在这样的背景下，思想政治教育者必须更新自己的师生观，应该建立全新的师生关系，使教育者和受教育可以平等地互动交流，这也是当前整个教育界的共识。

对于思想政治教者来说，新媒体环境可以部分地使他们从传播知识的繁重任务中解脱出来，使他们将更多的时间和精力投入思想政治教育的育人工作中；随着新媒体技术的应用，思想政治教育者可以创造性地使用教育资源，教育者不再是教育的中心和知识权威者，而是成为与大学生具有平等地位的指导者与合作者。对于大学生而言，通过新媒体的使用，他们可以更自由、自主地选择和利用信息资源，因为他们更加积极主动地参与到教育活动的过程中，他们就摆脱了被动地教育信息接收者的身份，成为具有主观能动性与个体差异性的学习主体。

在当前的新媒体时代，高校思想政治教育应该紧跟时代脚步，树立全新的师生观，强调教育者与被教育者之间的民主平等，要求二者相互尊重、相互学习、共同发展。在教育实践中，思想政治教育工作者应该给予大学生充分的尊重，他们的个体差异，满足学生的个性化需求。不应该在教育中处于高姿态，应该以平等的身份与大学生建立关系、开展交流互动，正面引导大学生并积极与他们进行全方位的沟通，切实有效地帮助他们解决思想难题。由上面的内容可以知道，在新型师生观下，教育者与受教育者互为信息的传播者和接收者，他们之间产生的是平等关系，可以相互交流和分享观点和经验、情感和体验。也就是说，传统的单向教育模式已经逐渐转变，变为相互学习、相互促进的教育模式，以此为基础构建起来的是一种平等、民主、和谐的师生关系。

需要注意的是，虽然在教育实践中应该构建民主平等的师生关系，但思想政治教育具有其自身的特殊性，思想政治教育工作者是党的理论、路线、方针、政策的宣讲者，担负着引导大学生树立正确"三观"的艰巨任务，因此必须保证思想政治教育者在教育中的主导地位。

（二）思想政治素质

思想政治素质是思想政治教育队伍最重要的素质，关系到教育者能否承担最起码的教育责任，有没有资格教育人。思想政治素质包含的主要内容具体如下。

1. 正确的政治立场

思想政治教育队伍所占据的立场就是政治立场、党的立场、人民的立场。中国共产党代表的是最广大的人民群众的根本利益，是中国工人和中华民族的领头者，所以党的立场和人民的立场是一致的。要以党和人民的立场观察事物的发展，分析问题，把握客观的世界，对正确的教育进行宣传，开展思想政治教育，是思想政治教育者最基本的素质要求。

思想政治教育工作者只有站稳正确的政治立场，才能时刻关注人民群众的利益和要求，与人民群众同呼吸、共命运；才能自觉以马克思主义和中国特色社会主义理论体系为指导，正确理解、积极宣传党的路线方针政策；才能牢固树立用社会主义核心价值观占领思想文化阵地的意识，自觉与各种反马克思主义、非马克思主义的错误思想做斗争。

坚定正确的政治立场，需要具有鲜明、正确的政治观念，运用马克思主义的观点，分析和解决群众的思想矛盾和问题，引导群众不断向前，要严格遵守党的政治纪律，说该说的话，做该做的事。始终保持清醒的头脑和高度的警惕，时刻注意与中央保持思想上和政治上的一致，增强思想政治教育的预见性，掌握工作主动权。

2. 坚定的理想信念

理想信念，其实就是对共产主义远大理想和中国特色社会主义共同理想的确信。在新的历史条件下，所谓具有坚定的理想信念，就是坚信中国特色社会主义道路、理论和制度的正确性，坚信中国特色社会主义的共同理想和中华民族伟大复兴的中国梦一定能实现，始终做到坚定不移地高举和维护中国特色社会主义旗帜，并为之贡献自己的力量。

理想信念教育是思想政治教育的核心。教育引导群众树立远大的理想和坚定的信念，这是思想政治教育的重要任务。思想政治教育以教育人为基础，所以必须具备坚定的理想信念，才能实现这一任务。

在当今社会条件下，坚定理想信念，就必须充分认识党领导人民在改革开放、中国特色社会主义现代化建设中取得的辉煌成就，清醒地认识到坚持中国特色社会主义道路的历史必然性，正确认识和对待我国面临的发展机遇与严峻挑战，做到不管风吹浪打，始终坚定不移坚持中国特色社会主义共同理想。

3. 良好的道德品质

（1）忠于教育

当教师首先要热爱教育，忠于教育事业，无论什么类型的学校教师，都必须对教育始终保持应有的忠诚态度，才有可能成为一名合格的教师。

第一，忠诚于教育职业。对教书育人有强烈的事业心和责任感，有饱满的热情和忘我的激情。没有对教育这个职业的忠诚，就找不到学习和进步的动力，就创造不出不俗的业绩。

第二，忠诚于教育方针。忠于教育的前提要求是必须忠诚于国家的教育大政方针。教育是领先于社会发展步伐的，而国家的教育方针是引领教育发展的方向的，只有忠诚于教育方针才能推动教育事业沿着正确的道路前行。国家从整体上提出了推进素质教育的方针，对这些教育大政方针的态度和执行力度最能体现教师对教育事业的忠诚度，认真地不折不扣地贯彻落实这些方针政策，使个人的育人理念、教学思路以及教学方法与国家的教育方针保持一致，就是新时期忠于教育的最好表现。

第三，忠诚于教师荣誉。始终以教书育人为荣，扎实工作，恪尽职守，在传道、释疑、解惑中体现人生的价值，获得生命的幸福，不为市场的物欲所诱，潜下心来育人；不为外界的喧嚣所扰，静下心来教学。把教师职业看得比金钱和权力更重，淡泊名利，乐于奉献。

（2）关爱学生

一个不关爱学生的人是没有资格当教师，也当不好教师的。关爱学生至少有以下三层含义。

第一，悉心教导学生。把最先进、最有用的知识和技能传授给学生，不仅是每一个教师的责任，而且应当成为每一个教师的自觉和习惯。教师应不断更新知识储备，不断丰富教学手段，认真备好每一堂课，采用最科学的教学方法，保证每一节课都能让学生有所收获有所启发，每一个学生都不掉队。以"爱生如子"的情怀和"诲人不倦"的责任，悉心传授学生做人的道理，精心培养学生的专业知识和能力，让学生快乐、健康的成长。

第二，尊重学生的个性。教师教育的对象是灵动的生命个体，都是具有鲜明个性的人，尊重学生的个性是关爱学生的重要内容。优秀的教师不仅能包容学生的个性，还能发现学生的个性，再根据不同的个性因人施教、因材施教，而不会用一个模式去教育学生，用一种标准去评价学生。

第三，关心困难学生。教师代表社会的良知，师德是社会良知的集中体现。教师对困难学生和学生困难都应当具有强烈的同情心，想方设法帮助他们，给予最真诚的关怀。任何歧视经济困难或学习困难的学生，都是不道德的行为，都是与师德格格不入的。教师不仅是知识的传授者，更是爱的传播者和公平理念的传承者，不能有恃强凌弱的言行和态度，也不能有一丝一毫的嫌贫爱富，否则会对学生的人生观、价值观造成不可愈合的伤害，并从源头上污染不良社会风气。

（3）热爱学校

学校不仅是教师工作生活的场所，更是教师展现个人魅力与智慧、实现人生价值的舞台。因此，在一定程度上，热爱教育事业的教师都会热爱学校，就像热爱庄稼的农夫都会热爱土地一样。相反，一个不热爱学校的教师也不大可能热爱教育。当然，热爱学校并不意味着只能爱某一所学校，对一部分教师来说，不是不热爱学校，而是有选择性地喜爱一所学校，这种选择有时是因为生活习惯，有时是因为事业和平台，也有的因为感情或家庭原因。

学校与教师是相互依存的两个主体，不仅仅需要相互支持，更要相互地理解。学校要关心教师的生活和事业，教师更应当真心实意地支持学校的发展，去了解学校，理解学校，真正做到以校为家，爱校如家，通过与学校同休戚共命运，强化教师个人对学校的认同感和归宿感。树立主人翁意识，对学校存在的各种问题提出建设性的批评与建议，积极主动参与学校的民主管理，用心甘情愿的态度把所有的精力和智慧倾注到学校发展中来。即使确实因特殊原因要调离高校，也应对学校心怀感恩，维护和珍惜学校荣誉，给学校其他教师和学生留下一个清晰而美好的背影。

（4）乐于服务

服务是教师的职责，服务学校，服务社会，服务学生，都是教师最基本的责任。但乐于服务还是厌倦服务，是主动服务还是被动服务，则与教师的职业道德紧密相连。

在高校发展的进程中，教师不仅要更加全面、主动地服务学生，培养和造就一大批有专业技术和动手能力的优秀人才和建设者，还要直接面向当地经济建设和社会文化事业发展，为当地提供优质的科技、文化和政策咨询服务。无论服务对象是学生还是企业，教师都应当满腔热忱地运用自身的专业资源和能力认真履行服务职能。

（5）勇于创新

创新是一种理念，也是一种品德。当创新凝练成道德品质的时候，就会成为一种十分宝贵的师德内涵。作为培养人才和引领科技创新的重要基地，高等院校需要以创新为其魂魄，而教师队伍是真正铸造创新校魂的首要力量，所以勇于创新应当成为每一位教师的基本道德取向。只有当创新作为一种师德根植于教师内心，并转化为内生的创新动力，才有可能产生持久的创新行为。任何外在的动员和督促，都无法让教师长期保持创新的活力和兴趣。特别是在社会对失败缺乏宽容和理解、对创新缺乏协同配合机制的情况下，创新的道路上困难重重，没有顽强的道德意志做支撑，创新就很难坚持，也很难取得丰硕成果。

具体到每一个教师的实际，勇于创新作为道德自觉，体现于工作目标，就是积极进取，奋发有为；体现于工作态度，就是勤于探索，敢为人先不怕失败，砥砺前行；体现于工作能力，就是夯实专业基础，提升专业水平；体现于工作方法，就是遵循规律，与时俱进。

（三）本职业务素质

本职业务素质是顺利开展工作必不可少的主观条件，是思想政治教育者所履行的职责。思想政治教育者的本质业务素质决定了工作是否能够顺利进行，能做出多大的贡献。思想政治教育者的业务素质主要包括系统的专业知识、浓厚的专业兴趣、良好的专业涵养等。

1. 系统的专业知识

任何一项工作都有其专业知识，思想政治教育同样具有很强的系统性和专业性。假如不掌握丰富、系统的专业知识，思想政治教育者就难以胜任教育工作。

思想政治教育既是以传播马克思主义理论为己任，又是以马克思主义指导思想政治教育实践，按照马克思主义的世界观、方法论分析思想形式，来探寻教育的规律，不断创新方法。

思想政治教育学专业知识。思想政治教育学是以思想政治教育现象为研究对象、研究探讨思想政治教育规律的学问，是前人经验的概括总结、提炼升华，对做好现实的思想政治教育具有指导作用，同时是进行探索创新的起点，所以必须掌握。

此外，教育学、政治学、伦理学、社会学、法学、心理学、管理学等方面的知识，与思想政治教育紧密相连，掌握这些知识，可以更好地理解和把握思想政治教育学理论，提高教育者的素质，增强思想政治教育的科学性。

教育对象因为行业不同、单位不同、岗位不同，所以思想政治教育者在传授知识过程中，还应当学习掌握特定教育对象的工作内容方面的知识。这样，在教学过程中，能够与教育对象有共同的语言，将思想政治教育渗透到业务工作中去，增强教育的针对性，提高教育的实效性。

2. 浓厚的专业兴趣

一位合格的思想政治教育者，应当努力培养自己的专业兴趣，要热爱它和喜欢它，才能将它当作事业来做，才能做出成绩来，进而实现思想政治教育工作者的价值。

专业兴趣来自对思想政治教育重要意义的充分认识。思想政治教育岗位光荣、责任重大，是社会的改革、发展、稳定的需要，人民群众的精神生活的需要，中国特色社会主义伟大事业的需要。思想政治教育者的神圣使命是传递心的呼唤，架起理解的桥梁，构筑文明的大厦，守护灵魂的殿堂，发掘人力的资源。

专业兴趣来自对思想政治教育价值性与科学性的深刻理解和认同，来自思想政治教育的热爱程度。思想政治教育是一门科学，蕴含着广博的知识和精神。在思想政治教育领域中，教育者可以大显身手，充分发挥自己的才干。思想政治教育者是一支重要的队伍，是一个方面的专业人才，值得人们用一生去探索。

专业兴趣来自思想政治教育实践中的成就感。积极投身思想政治教育实践，用心讲好每一堂思想政治课，认真进行每一次谈心，努力做好每一项教育活动，当教育对象因我们的劳动付出而提高了思想认识，解开了思想上的"疑惑"，获得了思想上的进步，教育者一定会由衷产生成就感。成就感积累多了，兴趣就会升华；就越发热爱本职工作。

3. 良好的专业涵养

良好的专业涵养是思想政治教育者在长期的学习和实践中所形成的一种专业的积淀。具有良好的专业涵养，可以更好地把握和驾驭思想政治教育规律，能够更加准确地把握教育对象的思想特点。专业涵养主要体现在以下几点中。

（1）角色定位

教育者通常会将自己凌驾于受教育者之上，目的是显示自己的能力，通常很多教育者不能够深刻地理解教育内容，在教学过程中准备得不够充分，导致教育过程放任自由，教育者对教学的效果抱以太高的期望。具有成熟涵养的教育者会正确地定位自己的角色，履行自己的岗位职责，发挥自身的主导作用，又平等地与教育者相处，进行良好的互动。

（2）主动适应的本领

能够把握教育对象思想发展变化的态势，有预见性地开展工作，而不是头痛医头、脚痛医脚，把思想政治教育当成了"救护车""消防队"。主动适应教育对象需要，引导教育对象认识自己的根本利益并团结起来奋斗；主动适应形势，及时根据国际国内形势发展和党的路线政策变化进行解疑释惑；主动适应教育对象的特点，区分层次，区别对待，因人而异，因材施教。

（3）平等互动的意识

要平等地与教育对象进行互动，尊重教育对象的主观意愿和真实想法，广泛地收集一些资料和教育对象的意见，改变单向的灌输方式，采取讨论交流、互助互学的教学形式，调动起人们参与思想政治教育学的积极性和主动性，使思想政治教育具有一个好的氛围。

（4）注重效益的观念

思想政治教育作为一项富有实践性、建设性的活动，具有效益要求。它的"投入"不仅仅有思想政治教育者的劳动和相关的财力物力支出，还有受教育者的时间与精力付出，它的"产出"是教育对象通过教育在思想、行为上所产生的积极变化。有涵养的教育者不只是一味地多投入，同时要注重教育效果，关注投入与产出之比。要拒绝形式主义、做表面文章的倾向，也要反对不解决实际问题的教条主义倾向。

（四）科学文化素质

科学文化素质是掌握和利用其他知识的前提，是掌握和理解思想政治教育的理论基础，也是开展思想政治教育活动的重要条件。在新形势下，为了增强思想政治教育的实效性，必须提升思想政治教育队伍的科学文化素养。

1. 较高的科学文化修养

思想政治教育是对文化的一种传承和创新的活动。要加大文化的熏陶力量，从而达到文化育人的效果，是思想政治教育发展的重要方面。当今社会，国民的文化素质不断提高、信息发展得也越来越快，对于思想政治教育也不能只限于传达。

思想政治教育者要自觉学习科学文化知识，提高文化水平和文化修养的自觉性，尽可能多地掌握科学技术知识与技能，具有文化意识和文化自觉，才能准确理解思想政治教育的文化价值，充分把握思想政治教育内容的文化含义，与教育对象进行"有文化"的交流沟通，赋予思想政治教育以文化感召力和征服力。

所以思想政治教育者应当要多学习、多看书，学习相关的文学、美学知识，来提高自己的审美品位；了解一些社会学、历史学和民族学等内容，充分提升个人分析问题的能力，在复杂的社会表象中找到问题的出发点和解决问题的办法；同时学习逻辑学、传播学等有关方法，提高自我的表达能力，增强说服教育的效果。

2. 必备的信息素养

人类社会已经步入了信息时代，教育者必须具备一定的信息素养。信息素养指的是思想政治教育者具有信息意识、信息知识及自己在教育的过程中能够运用信息能力的一种综合素质。

一方面，信息传播技术的进步和媒体的发展，给思想政治教育带来了许多便捷，提供了丰富的资源；另一方面，海量的媒介信息以近乎轰炸的方式充斥着广大群众的眼球，过量的信息以及不同传媒对同一信息传播准确性、指向性、目的性的差异，使有些人真假莫辨，陷入选择困惑。

时代的变化要求思想政治教育者在这信息社会中能够给予群众正确的领导和指引，在激烈的网络意识观念的较量下，要牢固社会主义阵地。因此，良好的信息素养已经成为新时代思想政治教育者所必备的基本素养。对思想政治教育者来说，信息素养突出体现在以下三个意识中。

第一，信息资源意识。各大媒体被大量的信息所充斥，其中肯定包含教育元素。从积极意义上说，丰富的信息为思想政治教育者提供了资源，思想政治教育工作者也要不断地发现、整理各种有用的信息，来为我所用。

第二，平等共享意识。随着社会信息开放程度的日益加大，教育资源不再为教育者所单独掌握和控制，教育对象获得思想影响的渠道不再只限制在教育者。因此，善于与教育对象进行平等的对话和交流，在信息流动中加以引导，这也是一种信息素养。

第三，趋利避害意识。面对复杂多变、良莠混杂的各种信息，能够合理利用正面、积极信息，努力抑制消极、有害信息，坚持正面引导。

3. 运用先进教育技术的技能

现代教育技术的发展是以信息技术中的网络技术为标志，为现代化的思想政治教育提供了发展的手段，极大地拓展了思想政治教育的时间和空间。思想政治教育队伍迫切需要一些精通思想政治教育业务的先进技术人才。思想政治教育者应力求掌握以下几项技能。

第一，能够熟练运用网络技术，利用网络浏览和搜索功能，下载自己所需要的信息，并在诸多的信息里面筛选、鉴别、处理，为思想政治教育所用。

第二，能够利用网络及工具软件发布各种有益信息，直接对群众施加积极影响。

第三，能够利用信息技术制作多媒体课件、电视节目、电子灯箱、摄制 DV 以及开办教育网站等。

第四，能够顺畅地运用新媒体。数字技术、网络技术以及移动通信技术都可以提供信息服务的功能，都属于新兴媒体，具有数字化、多媒体化。实效性、大众传播以及人际传播等技术特点，具有的信息交流形式更加趋于人性化、个性化。掌握新媒体的运用方法和技巧，可以扩大思想政治教育的时空领域，增强教育效果。

（五）身心健康素质

1. 健康的心理

思想政治教育者应当具有健康的心理状态，健康的心理特征具体表现在以下几个方面。

（1）稳定的情绪和积极健康的情感

愉快、乐观、开朗、满意等积极情绪，应占据教育者心理活动的优势，对生活和工作充满希望，富于理想追求；当出现忧愁、悲伤、愤怒、讨厌等消极情绪体验时，不能持续太久；对消极情绪有较强的自我控制和调节能力。同时，具有思想政治教育者的责任感、义务感、荣誉感、美感、理智感以及爱国主义情感、集体主义情感等健康丰富的情感。

（2）坚强的意志力

开展思想政治教育的意识是具有对事物充分认识的能力，在行为上具有自觉性、果断性、坚韧性和自制性。不畏艰难、不怕付出和挫折，能够知难而上，对待工作具有持之以恒的态度，能够抑制盲目的冲动行为，善于激励自己去执行已经做好的决定，克服优柔寡断、慵懒懈怠、虎头蛇尾的不良习气，保持旺盛的斗志和清醒的头脑。

（3）完善的自我意识

能体验到自己存在的价值，既能了解自己又能接受自己，对自己能做出客观、正确的评价。在思想政治教育中，能够较好地认识和把握自己，教育才富有亲和力，受到教育对象的喜爱，从而使教育过程顺畅。

（4）协作精神

思想政治教育的主要任务是人才培养和社会服务，它们都需要教师具有协作精神。对人才培养来说，学生的成长是教师集体共同劳动的结晶，需要全体教师在教育过程中互相协作，才能达到理想的教育效果。而社会服务，往往是以教师群体的形式进行，而不是教师个人的事情。

（5）良好的心理承受能力

随着市场经济体制的逐步建立，竞争机制被引入到大学校园之中，教师面临着来自学校、同事、学生和家庭的多重压力。这就要求教师要有良好的心理承受能力，否则就会感到紧张、焦虑、压抑、疲劳，不但不能胜任教育工作，甚至还会对自己的身心健康产生不利的影响。

2. 健全的人格

在人的生理基础上，受到家庭、学校教育和社会环境的影响，形成的气质、能力、兴趣和性格等心理特征的总和称为人格，是人的精神风貌的集中反映。心理素质是人格的基础。通常来讲，思想政治教育要实现真理的力量和人格的力量，二者要相互统一，从这里可以看出思想政治教育者的人格对于实现教育目的、取得教育成效具有十分重要的作用。

思想政治教育者的人格对教育对象具有很强的示范性。教育者所展示的人格形象，往往会受教育对象的模仿。同时，社会对教育者也有很高的期待，如称思想政治教育者是

"灵魂工程师""人生导师""社会主义核心价值观的模范践行者"等。思想政治教育者健全的人格主要体现在以下几个方面。

第一，心理和谐发展。需要和动机、智慧和才能、性格和气质、人生观和价值观都向着健康的方向发展，内心协调统一，言语行为一致，能正确认识和评价自己以及教育对象的所作所为是否符合道德标准，是否符合客观要求，能及时调整个体与外部世界的关系。

第二，能够正确处理好与教育对象之间的关系。既不是居高临下，通过教训来取代教学，也不是丧失一定的原则，听之任之，而是要尊重、理解、信任他们，热情地帮助他们，与他们进行沟通交流。

第三，能把自己的智慧和能力有效地运用到思想政治教育事业上。在思想政治教育研究和实践中获得乐趣，享受工作取得的成就，乐见教育对象的转变和进步，自觉培养对思想政治教育事业的兴趣和热情。

3. 强健的体魄

思想政治教育者的劳动不仅是一种复杂的脑力劳动，也是一项需要大量投入运动量的体力劳动。讲一堂思想政治理论课就做一项教育设计和准备，与人交谈一次，组织一次教育活动，既需要心力也需要劳力。没有好的体力就难以承担繁重的思想政治教育任务。

强健的体魄包括身体的各个器官结构保持完好、各项功能都能正常运作，强健的体魄能够将教育实践的功能很好地发挥。拥有强健的体魄就具有了抗压的资本能力，具有承担连续工作而耐受辛劳的体能，在超负荷劳动的情况下能快速地减少疲惫、恢复体力。

为了保持身体的健康、体魄的强健就必须要加强锻炼身体，经常参与各种体育活动，注重劳逸结合，提高工作效率；养成良好的生活方式，克服不良的生活习惯。

二、高校思想政治教育队伍的能力要求

（一）知识拓展能力

教育者应当具有开阔的学术视野和多元的知识结构，既具备良好的专业知识素养，又具备拓展知识领域、融通各种知识元素的能力。在某种程度上说，开阔的知识视野和开放的知识吸纳机制是教师最重要的专业能力。

1. 从理论向现实拓展融通的能力

一位优秀的教师总是能把握社会发展的大趋势，熟悉国家有关经济社会发展的新政策新举措，掌握地方经济发展社会的新特点，了解各行各业对人才需求的总要求等，构建理论联系实际、实践丰富理论的良性互动机制。不关心国家大事，不关注世界教育发展态

势，不了解经济社会发展对人才需求的新特点，两眼只盯着书本，所有时间和精力都花在纸堆里，这种"学究式"的教师已经无法胜任高校的教书育人工作了，他们再努力也培养不出社会需要的优秀人才。

2. 向相关专业领域拓展融通的能力

丰富的知识积累和多元的知识结构能极大地增加课堂教学的信息量和趣味性，并为科学研究提供源源不断的灵感。特别是培养应用型人才需要教师具有广阔的知识储备，应用型人才大多是复合型人才，能力多元，知识面广。学生的眼界多大取决于教师的视野多宽，教师的专业能力有多丰富，学生适应社会的能力就有多强。每一个高校教师既要做到学业有专攻，又要不断突破专业局限，拓展学术视野，在学有专长的同时不断拓展自身的知识面，优化自身的知识构成，掌握相关学科的内在联系，帮助学生构建完备而实用的知识和能力体系。

（二）组织教育的能力

1. 观察分析能力

高校思想政治教育队伍要必须做到对学生的思想情况充分的了解和掌握，善于发现问题、分析问题。

第一，高校思想政治教育队伍要能通过表面现象看到问题的本质所在，不被现象所迷惑，掌握学生的真实情况。这就要求高校思想政治教育队伍能从别人视为正常的举动中看到学生非正常的一面，在学生的外在行为里面发现其内在原因，从而对学生的真实思想做到充分的了解。

第二，高校思想政治教育队伍要能通过个别问题看到倾向性问题，不让其形成气候，然后有针对性地加以解决。这就要求高校思想政治教育队伍在解决个别问题的过程中必须从防止倾向性问题着眼，做到早防早治。

第三，高校思想政治教育队伍要能通过简单问题看到一些潜在的复杂问题，及时消除隐患。善于运用发展的观点、联系的观点观察事物、分析问题，争取工作的主动权。

第四，高校思想政治教育队伍要能通过实际问题看到思想问题，在解决实际问题的同时要注重思想教育，进一步提高思想觉悟，调动积极性。

2. 疏导说理的能力

高校思想政治教育队伍在思想教育过程中，应该拥有相关疏导说理的几个能力。

第一，用事实说服人。事实胜于雄辩，以事论理是教师做思想工作的一个有效手段。

第二，用典型说服人。榜样的力量是无穷的，一个典型就是一面旗帜，运用大家看得见、摸得着的典型示范引路，就能进一步提升集体的正气。

（三）组织管理的能力

1．领导管理能力

高校思想政治教育队伍要充分地调动学生的积极性，提高集体凝聚力。这是开展各项活动，教育带动大学生的有力保证。

第一，要任人唯贤，大学生人生观在逐步地形成，他们在这时会具有较强的自主意识，要根据其自身特点，充分调动他们的积极主动性，扬长避短，使大学生骨干成为思想政治教育队伍工作的左膀右臂。

第二，要建章立制，认真贯彻执行高校学生管理制度，对问题及时发现、及时处理，树立良好的风气，从实际出发，科学制订管理工作计划，因人而异处理具体问题，使其具有的真正的制约作用得以充分发挥。

2．统筹规划能力

大学生是思想政治教育队伍的重点工作对象，他们一般来自四面八方，他们的思想基础、学习能力、生活习惯乃至人生观各不相同，而且当代大学生主体意识鲜明，强调个性发展。因此，这就进一步要求思想政治教育队伍在工作中要善于从全局、长远分析问题，对自己任期内的工作进行统筹安排，抓住工作中的主要矛盾和关键环节，根据学校各个不同阶段的中心工作及学生的特点和需求，有的放矢地对工作采取相应的实施。

3．科学决策能力

具有活跃思维的大学生是思想政治教育队伍在日常管理工作中的工作对象。他们大量吸纳社会上的各类信息，对一些问题有自己独特的见解；而其世界观又正处于成长阶段，有其不稳定性。面对这样的群体，思想政治教育队伍要在对工作对象及对其工作任务进行充分分析的基础上，采取一系列合理的应对措施。

因此，思想政治教育队伍可根据一定时期的工作重点，合理确定决策对象或决策事项，同时注意倾听他人的意见，尤其是学生的意见，最后付诸实际行动中。

4．归纳总结能力

由于思想政治教育队伍工作量大、工作面广，有时会给人留下繁杂无序的印象，因此思想政治教育队伍要重视归纳总结能力。它会对工作效果、决策水平及今后工作的有效开展造成较为直接的影响。

因此，要勤学多问，向有经验的思想政治教育队伍学习；要养成记工作日记的良好习惯；要围绕得失，认真总结；要勤于动脑，善于积极地思考。

（四）服务学生的能力

1. 进行心理健康教育的知识与能力

在市场经济的不断发展之下，新就业体制的建立和社会竞争的日趋激烈，大学生在学习、生活、就业等方面遇到的挫折和困难越来越多，面临的心理压力也越来越大，从而产生各种各样的心理问题或心理障碍。

那么，在这种情况下，当前高校迫切需要解决的问题就是尽快使大学生的心理素质得到有效的提高，进一步增强大学生承受各种心理压力和及时处理心理危机的能力。

高校心理健康教育当前主要面临下面两个大任务：一是在大学生中普及相关的心理健康知识；二是对一些有心理异常的学生进行一定程度的心理指导与治疗，这些显然都非常需要高校思想政治教育队伍参与到其中进行。

但从目前的实际情况来看，高校思想政治教育队伍的整体素质与高校心理健康教育任务的要求并没有达成一致。在很大程度上来看，仍然具有一定的距离，缺乏系统的心理学知识和矫正心理问题的技能。甚至还有一些思想政治教育教师面对大学生日益增多的心理问题和心理障碍，无所适从。

因此，为了最大限度地适应心理健康教育的要求，思想政治教育队伍必须系统地掌握心理学知识，使得正确解读、矫正大学生心理问题的能力得到有效提高。

2. 指导学生学习和选择专业及课程的能力

大学生在进入高校之后，最先接触和熟悉的群体就是思想政治教育队伍，大学生对于思想政治教育队伍的指导和其在选择上的帮助十分信赖。尤其是一些高校实行教学改革模式，要求学生学完基础课以后，按兴趣和务实性选择自己喜爱的专业，这个时候学生往往会极力征求思想政治教育队伍的意见。高校为了综合培养学生的综合素质，要增开许多选修课，这些都需要思想政治教育队伍给予明确而有主见的指导。

因此，这就要求高校思想政治教育队伍必须对本系专业课程和本校主干学科课程的专业知识有充分的掌握和了解，正确指导学生对课程进行选择在最大程度上保证学习知识的完整性和系统性。

3. 指导毕业生就业的能力

学生学习的最终目的是为社会进步提供合格的人才。因此，摆在学生面前最现实、最直接的问题就是如何毕业后尽早、尽快地就业。

就当前形势来看，学生就业率的高低，不仅和学生自身的能力和学校教学水平有关系，而且高校思想政治教育队伍的相关指导也显得非常关键。因此，就要求高校思想政治教育队伍在日常的学生管理教育和训练中，积极帮助学生进行相关的职业生涯规划，为以后就业创造充足的条件。

需要明确的一点是，高校思想政治教育队伍在进行就业指导的过程中，应在学生管理过程中尽早进行，不能等到学生快毕业时才意识到这个问题。求职的一般程序、求职对象的选择、应注意的问题、应办理的就业手续等是进行就业指导的具体内容，学生必须牢牢掌握就业的本领，积累大量的就业信息。

（五）应对突发事件和复杂局面的能力

思想政治教育队伍是与大学生接触最多的教育者，由于在对学生进行日常管理时，难免会遇到许多无法通过预案准备的突发事件，这就需要高校思想政治教育队伍准确把握好具体形势，冷静处理，积极引导事态向一个好的方向发展。所以，高校思想政治教育队伍在复杂环境中培养和不断提高自身审时度势、灵活反应的能力是非常有必要的。

在遇到突发事件时，思想政治教育队伍必须作为大学生的"主心骨"，在第一时间沉着应对、果断处置，稳定学生的情绪，防止事态进一步扩大。

因此，高校思想政治教育队伍在日常生活中应该处处做有心人，对生活经验进行不断的积累，敢于面对各种复杂的局面，关键时刻能够冷静分析对待，不打无准备之仗。在情况发生出现新的变化时，又能够理智地从现实的角度出发，对原有的决策、方案和意见及时进行相关的修改和补充，做到因势利导。

（六）进行网上教育引导的能力

随着网络时代的快速到来，大学生已经成为中国网上用户中比例最大的一个群体，网络也就成了开展思想政治教育的一个新的、重要的阵地。

因此，思想政治教育队伍应该具有比较敏锐的信息意识，努力做网络时代的有心人。随着网络所带来的一系列问题，如何增强学生的鉴别力和免疫力，如何帮助他们正确处理利用网络与接受全面教育的关系，如何引导学生树立正确的价值取向和伦理道德，已成为摆在学生工作者面前亟待解决的一个重要课题。

（七）从事教学和研究的能力

1. 从事教学的能力

在对学生进行教育、管理、服务的同时，有部分素质较好的思想政治教育队伍还将担负思想政治理论课教学的重要任务。由于思想政治理论课承担着对大学生进行系统的马克思主义理论教育的任务，是对大学生进行思想政治教育的主渠道。

因此，思想政治教育队伍应具备良好的教学能力，如掌握利用多媒体进行教学等手段，引导大学生坚定对马克思主义的信仰、对社会主义的信念，增强其对改革开放和现代化建设的信心、对党和政府的信任。

2. 研究能力

第一，要有调查研究的能力。要想把学生教育好，首先要做的是了解学生。思想政治教育队伍需要进行的思想教育工作应该建立在多方面的了解和研究学生的基础上。

只有充分掌握了学生的思想状况、个性特点，了解他们的学习、生活情况，才能从学生的实际出发，有的放矢地进行教育。因此，思想政治教育队伍要善于接触、观察、了解学生，掌握第一手材料，经过分析和综合研究，从中发现并充分地掌握关于学生思想动向和成长体现出来的规律。

第二，要有理论研究的能力。高校思想政治教育工作，可以称其为一门艺术，因为这有赖于高校思想政治教育队伍的创造性。但是，从另一种角度来说，它又是一门科学，其相关理论需要在实践过程中不断地进行丰富和发展。但长时间以来，高校思想政治教育工作在理论研究方面并不是处于很乐观的情势。

21 世纪属于一个复杂多变的社会，因而在面对学生工作中出现的"变量"时，就要求高校思想政治教育队伍在工作中应该注重对素材的积累、对经验的总结，在理论方面进行较为深入的研究。

要善于透过当前大学生中所存在的各种普遍现象，对思想政治教育工作的具体规律和方法进行有效的探索，对于思想政治教育工作的发展趋势做大概的预测，有效提高工作的主动性、针对性和实效性。

（八）促进学生全面协调发展的能力

21 世纪的教育，学生学习主体地位明确地凸显出来，完全摆脱了传统教育模式下被动的学习状态，而是有了学习的自主性和选择性，这是其具有的一个根本性特点。

这种情况下体现出来的师生之间更多的是一种民主平等、教学相长的关系。要求高校思想政治教育队伍在其中要积极成为学生学习过程中的指导者、服务者、帮助者。

不仅如此，高校的思想政治教育队伍还必须具有一种全新的师生观，对专业教师进行主动协助，最大限度地培养学生学习的主动性，积极组织学生进行合作学习和研究，帮助学生进行学习。

一个人所具有的能力是不断完善、不断提高的，并不是一成不变的。面对 21 世纪的严峻挑战，高校要想有效培养出具有全新思维方式、全新知识结构、全新精神面貌的人才，就必须严格要求思想政治教育队伍有更高的能力水平。

那么，在这种较为紧迫的形势下，思想政治教育队伍都要加强自身修养，加强学习，在社会实践中不断丰富自己，使自身能力适应 21 世纪的要求，对于时代发起的挑战能够予以积极回应。

（九）创新能力

1. 理念意识的创新

高校思想政治教育队伍应该全面地对各种新事物进行经常性的学习接触，使得自身的知识领域不断得到拓展、丰富，进一步完善相应的思维模式，通过观察，能够从一些司空见惯的事物中，敏锐地发现一些不寻常的地方，然后通过运用创造性的思维、活跃的灵感获得全新的知识。

2. 工作方式的创新

在过去，因为那种单纯命令式的学生管理方式已经很难适应现在的大环境，所以高校思想政治教育队伍就要有一个相应的改变，从而有效地促进大学生的全面发展，采取一种个性化和人性化的工作方式。

在进行实际工作的过程中，高校思想政治教育队伍需要注意，所谓的创新能力，具体是指在实际的基础之上对创新技能进行合理的运用。无论是针对理念意识进行的创新、工作模式的创新还是针对工作方式所做的创新，都必须和实际相结合，如果脱离实际情况，是行不通的。

第三节 高校思想政治教育队伍素质能力的提升与发展

一、培育思想政治教育者树立适应网络新媒体要求的思想意识

（一）增强教育者的"四个理念"

1. 网络理念

随着新媒体技术的发展和普及应用，高校思想政治教育的网络化进程不断推进。新媒体时代，思想政治教育工作者开始意识到传统的思想政治教育已经不能满足当前的教育需

求，开始重视网络思想政治教育，它不仅是高校教育的重要组成部分，也是高校教育管理和高校校园文化的重要组成部分，这种网络时代的教育已经成为各个领域的重要部分。通过开展有效的网络思想政治教育，可以促进大学生和思想政治教育者的发展，也可以推动高校的整体进步。正因为如此，高校思想政治教育工作者具备正确的网络观是必然的要求。

随着时代的发展和社会进步，网络应运而生，并成为一种新型实践、生存和体验方式。人们通过网络了解世界、把握世界，并且网络是不断更新和进步的，这就需要人们不断地去了解它、把握它，只有了解其本质、特征、功能、作用和发展方向等，才可以正确地利用它从事实践活动。对于高校思想政治教育工作者来说也是如此，他们必须不断地了解和把握网络，并以此为基础树立正确的网络观，这样才可以开展切实有效的网络思想政治教育活动。思想政治教育工作者要以正确的网络观为指导，开展网络教育实践活动，促使网络成为一种学习方式、工作方式、生活方式，深入了解并掌握网络对大学生精神、心理和行为等各个方面的影响，并以此为基础开展切实有效的思想政治教育活动。

2. 服务理念

大学生正处于思想和心理逐渐走向成熟的重要阶段，因为还没有形成较为稳定的思想观念，所以容易受到外界环境的影响。第一，网络环境十分复杂，文化多元化、价值观多元化是网络环境的显著特征，大学生在这样的环境中很容易受到冲击，对其心理和思想造成一定影响。第二，大学生进入大学后，其原有的学习方式和生活方式都发生了一定程度的改变，集中上课的学习方式变成了分散上课的形式，相较于高中时期拥有了大量的课余时间，并且集中学习也以自主学习为主；从生活方式角度来说，大学生在很大程度上摆脱了家长的管束，高校则实行班主任制或辅导员制，虽然班主任和辅导员会对大学生的行为有一定约束，但是约束的力度远不及高中。因为大学在学习和生活方面发生了很多改变，为他们提供了更多的时间和精力了解课外事物，使他们可以更多地参与自己感兴趣的活动。第三，大部分人都有先入为主的习惯，为了占领大学生的思想阵地，高校思想政治教育工作者必须采用有效的方法，用正确的思想和先进的文化占领网络阵地。

在网络环境里面，需要高校思想政治教育工作者树立为大学生服务的理念，从大学新生入学开始就要体现出这一理念，应该积极主动地关心大学生的学习情况和生活情况，与他们进行平等的沟通与交流，并且教育者应该关注大学生关注的热点问题，以此贴近他们的生活，掌握他们的思想状态，要及时帮他们解决在学习和生活上，以及思想和心理上遇到的各种实际问题，要积极主动地开展网络思想政治工作。思想政治教育工作者必须转变传统的工作态度和方法，应该加强自身的媒介素养，不仅要在线下与大学生建立联系，还应该在线上与他们构建良好关系。要及时了解并掌握各种网络动态,利用网络更好地了解大学生的实际情况;关心他们的实际需求,从而能够帮助他们解决实际问题和困难。并且,在网络环境中大学生更容易接受来自教育工作者的教育和帮助,有利于高校思想政治教育工作的顺利展开。此外,高校相关部门也要主动配合高校网络思想教育者建立优良的思想教育环境和丰富多彩的校园文化,通过创建良好的校园文化为大学生接受思想政治教育提供环境,以此提高思想政治教育的教育效果。

3. 平等、民主理念

教育的平等性主要体现在两个方面:一是受教育者之间的平等性;二是受教育者与教育者之间的平等性。在网络环境中,所有网络用户都是网络终端,思想政治教育者通过网络开展教育活动时,可以实现点对点和点对面的教育,所有大学生在网络教育中都可以获得相同的教育内容,都处于平等地位。在当前的思想政治教育模式下,受教育者具有鲜明的主体性,受教育者打破了传统教育中被动接受理论灌输的状态,成为教育活动的主体,教育者也从传统的教育者施教、受教育者受教的模式中解放出来。在网络环境中,教育者的主要任务是充分激发大学生参与思想政治教育的主动性和积极性,单向的思想政治教育转变为平等的思想交流,受教育者可以主动地选择教育内容,充分发挥自身在教育活动中的主体性。

需要注意的是,在新媒体环境下有时可能发生教育者与被教育者之间的平等性的倾向。在网络环境中,所有网络用户都可以平等地获得信息。因此,教育者和受教育者在信息接收方面是平等的,而这就会造成在一些信息里,受教育者掌握的信息内容反而要比教育者掌握的内容丰富,从而导致了二者关系的倾斜,也就出现了"反哺"现象,从而使教育者在教育中的权威地位会受到冲击。因此,高校思想政治教育工作者必须改变传统角色观念,要树立民主理念,在思想政治教育中要充分尊重大学生的主体意识,要与他们进行自由、平等的交流和互动,在开展教育工作时应该充分利用启发式、参与互动式、讨论式、对话式的工作方式,要在平等、民主的观念下与学生建立联系,正确地引导他们,要成为他们的良师益友,以此提高思想政治教育工作的亲和力和吸引力。

4. 实时理念

由于新媒体时代的主要特征之一就是发展迅速,因此人们通过网络可以及时、快速地传递各种信息,对于高校思想政治教育工作者来说,正确把控和引导信息传播是一项十分重要且艰巨的任务。在当前这个信息时代,每天都会产生大量信息,在网络环境中那些受到多次关注的信息将成为热点问题。大学生具有较高的好奇心和旺盛的精力,他们普遍关注各种社会热点问题和重大事件,而在网络环境中这很可能成为群体性事件。社会热点问题的存在是不可磨灭的事实，高校思想教育工作者需要做的是培养自身的实时教育新理念。也就是说，思想政治教育工作者需要实时关注各种热点问题和事件发展情况，积极处理与解决内部矛盾，这样才可以有效地控制和化解问题，尽可能降低事件造成的负面影响。同时，高校思想政治教育工作者应实时关注大学校园每天发生的事情，要时刻掌握大学生的学习情况和生活情况，以便及时发现、及时解决问题。

（二）增强教育者的"四个意识"

1. 阵地意识

在新的历史时期，思想领域的矛盾和斗争错综复杂，有时还表现得相当激烈，思想领域的阵地马克思主义不去占领，非马克思主义和反马克思主义的东西必然去占领。因为网络具有开放性、虚拟性和跨文化性等特点，使得高校思想政治教育面临新的问题和更复杂的局面，教育环境和教育对象和原来的有一定的差别。这就要求思想政治教育工作者加强自身的阵地意识，要重视新挑战、新问题，并积极寻求解决这些问题和挑战的有效方法。思想政治教育工作者应该认真研究网络环境中存在的一些新情况、新问题，并积极主动地应用一些新技术和新手段解决问题，开展切实有效的网络思想政治教育，并不断加强教育的时效性和针对性，扩宽教育的覆盖面，提高教育工作的战斗力。针对那些新媒体环境对思想政治教育带来的冲击和不良影响，采取切实有效的手段和方法予以对抗和解决，充分使用网络带来的优势和便利，开发网络思想政治教育资源，使这些资源在高校思想政治教育中充分发挥作用，成为新的教育载体，从而构建高校思想政治教育工作的新阵地。

2. 安全意识

开放性和共享性、超时空性和及时性、隐蔽性是网络的几个特征。这些特征使人们可以不受时间和空间限制获取和发送信息，为人们的信息交流提供了便利，但也带来了一定安全隐患。

高校思想政治教育工作者必须培养大学生的法律意识，同时要开展切实有效的思想政治教育引导他们自觉主动地遵纪守法，充分结合基本道德规范的要求和网络道德教育，加强大学生的网络安全意识，提高他们的网络自律意识和网络信息免疫力，引导他们正确地使用网络开展学习和生活活动。

3. 学习意识

在新媒体时代，思想政治教育工作者必须增强自身的学习意识，他们不仅要具备深厚的思想政治理论知识基础，同时要学习并掌握网络等新媒体技术的使用方法，要将这些新媒体技术手段应用于教育实践的过程中。思想政治教育工作者应该有能力快速准确地从网络上查找和筛选需要的信息，并在教育过程中合理使用这些信息资源，积极主动地参与建设网络思想政治教育阵地，搭建思想政治教育的网络资源信息库。同时，高校思想政治教育工作者应该时刻关注网络发展的新动向以及各种网络新事物，并对其进行分析研究，使用大学生常用的应用软件和交流平台，通过这些方式不仅可以了解大学生的思想特点，还能够拉近与大学生之间的距离，对网络上的各种教育资源进行有效整合，将这些资源科学合理地运用于思想政治教育，成为既具备马克思理论基础，又掌握现代教育技术手段的新型思想政治教育工作者。高校思想政治教育工作者必须不断地学习、不断地提升自己，只有这样才可以保证自身知识结构的完整性和知识构成的时代性，也才可以在新媒体时代开展切实有效的思想政治教育。

4. 创新意识

在当前这个时代，创新是推动社会进步的重要生产力，对于高校思想政治教育工作者来说，必须不断增强自身的创新意识。只有具备一定创新意识，才能够让高校思想政治教育工作者在新媒体时代中更好地迎接挑战、解决问题、开拓工作新局面。新媒体时代在为人们带来了更便捷的生活的同时，也带来了十分复杂的新局面、新情况。而面对这样的环境，高校思想政治教育工作者必须解放思想，更新观念，要以创新为导向开展思想政治教育工作，找准时代机遇和切入点，提高思想政治教育的吸引力。从整体上来说，高校思想政治教育工作的创新意识主要体现在三个方面：第一，教育工作者应该具备符合时代要求的创新观念，应该树立网络意识，跟随时代潮流在网络平台上开展高校思想政治工作；第二，思想政治教育工作者应该全面把握网络特征，更新工作思路，在网络思想政治教育中注重结合时代特征宣扬主旋律；第三，思想政治教育工作者应该利用新媒体技术手段开展方法创新，充分发挥新媒体技术的作用，开展切实有效的网络思想政治教育，提高大学生的信息判断能力、抗干扰能力和免疫力。

二、提升思想政治教育队伍的专业能力

（一）构建理论与实践相互衔接的教学团队

提升思想政治教育队伍的专业能力，有必要在高校内部构建新型的教学团队。术业有专攻，每一个教师的兴趣点和研究重点不一样，有的侧重于纯理论研究，有的侧重于应用转化研究；有的熟悉学术前沿的新成果，有的了解企业行业的新动态。这样由各有所长的教师组建成一个或几个教学团队，就可能达到"1+1>2"的效果。

其一，团队成员之间需要加强相关课程的衔接研究，越过各门课程之间的人为沟壑，

从而让各种相关的知识相互融通、相互印证，丰富思想政治教育队伍的知识内存，拓宽其理论视域，增强知识储备的完整性和系统性。这不仅可以加大教师课堂教学的信息量，活跃课堂教学氛围，而且能让学生所学的知识相互关联，形成融会贯通的知识体系，使死的知识变成活的学问。

其二，在教学团队集体备课、互相研讨的过程中，各个教师可以进行专长分享，既可获得取长补短之效果，使学术性强的教师更多地了解实践方面的情况，实践性较强的教师加深理论方面的修为。还可以通过深入平和的探讨，使教师个人的专业特点得到更充分的展示和加强，从而促进教师专业素养的快速提升，形成一支一专多能的优秀教师队伍。

学校领导和院系负责人担负突破传统的教研室设置惯例的责任，在认真分析各课程之间的关联性和各教师之间的专业互补性的基础上，出台相关的政策措施，引导和激励教师自行组建科学合理的新型教学团队，并为教学团队提供必要的场地、资金和设施支持。

（二）搭建教学与实践能力双提升的应用平台

1. 搭建好培训交流平台

定期举办高校与高校间、学校与当地经济建设、学校与地方文化、学校与当地教育事业等方面的论坛，就一些共同关心的问题加强交流探讨；鼓励各院系发挥专业优势，督促相关教师根据培训要求，深化专业理论，研究现实问题，提高理论水平和解决实际问题的能力。

2. 搭建好进修深造平台

思想政治教育队伍里需要有一批理论研究和实践能力十分优秀的教师群体才能够提供高质量、宽领域的服务。结合学校的学科和专业建设，面向本校培养学生的实际需要，有针对性地选派教师去国内外著名的学府进修深造，提升他们的理论造诣和专业技能水平。

（三）组建专职与兼职相促进的互通机制

在一些高校中已经有了相关的做法。为解决实践课教师严重不足的问题，很多学校都聘请了一些兼职教师，请机关、企事业单位富有实践经验的人来给学生上实践课。这无疑是正确的选择，从整体上改善了教师队伍的专业和能力结构。这些来自一线的兼职教师既有丰富的实际操作经验，也有工作中遇到的难题和困惑，还有大量市场信息。这些信息、难题和经验对学校教师和学生来说都是宝贵资源。

高校要充分挖掘兼职教师的价值和能量，在他们给学生上课的时候，可安排相关教师去听课评课，观摩学习。通过召开专兼职教师座谈会，加强信息交流，探究行业走向，商谈人才培养规律，达到专兼职教师知识互补、能力互进的效果。对一些教学能力比较强的兼职教师，学校可以打破职称和待遇的限制，作为特殊人才加以引进，变兼职为专职。

同时，高校可以选派一些年轻优秀的教师去企事业和机关单位挂职锻炼，参与技术指导、行政管理或科技合作。很多地方本科院校通过科技特派员的方式送教师去农村和企业开展服务，不仅深受群众欢迎，也很能锻炼教师，其综合能力有明显提高。目前这方面的渠道还比较少，尤其是高校的高层次学术人才和中层管理人员去地方行政机构和企业挂职仍未步入正常化、规范化轨道。

（四）共建校内与校外有效互动的成长通道

在转型发展的形势下，高校教师的很多专业能力在学校和教室内并未能得到提高，也不是教师通过自学和思考能够增强的。教师必须走出校门，走向经济社会文化建设第一线，在实践中经受实实在在的锻炼和感悟，才有可能促进专业能力的成长。这就需要建立高校与企业、事业与行业的合作关系，让教师在文化建设最前沿提升专业能力。

教师要通过亲自实践，不断发现自身知识结构的缺陷，充分了解理论与现实的距离。一方面，学校要把加强校地、校企合作作为推动转型发展和教师专业成长的重要引擎来抓，主动与地方政府和企事业单位建立稳定互信的合作机制，为教师专业成长搭建畅通无阻的交流通道和实践锻炼的平台。在实际工作中，应当防止和避免以校企合作代替校地、校校合作，为地方政府提供区域经济发展、产业建设、资本运作以及干部、师资培养培训等方面的服务，这也具有很重要的意义，对学校不同专业教师的成长也有重要的作用，学校和教师都不能忽视和放弃这些平台与机会。另一方面，学校也需要制定相关的规定，新进教师凡是没有机关、企业、行业经历的，都应当去这些地方实践锻炼后才能给学生上课。对学校现有的缺少机关单位和企事业工作阅历的教师，要有计划地组织他们到企业行业去锻炼，并取得相应的资质证明。

（五）创建传承与创新相统一的课堂教学模式

提升课堂教学能力是教师队伍建设的当务之急。虽然每年都有一些教学方面的成果和荣誉，但从整体上看，大多数教师都存在教学能力与教学任务不适应的问题，教学理念落后、教学方法陈旧、教学效果低下的状况始终没有实质性改观。教学是学校培养人才的最主要方式，教学能力是教师最根本的能力。只有高校采取多措并举的方式，确保大多数教师的教学能力有实质性的提升，才能够实现转型发展的目标。

1. 在深化课堂教学改革中提升教学能力

与基础教育比较来看，高等教育更应该具备课堂教学改革的条件。从可能性看学生的综合素质比较高，没有升学率的压力，没有海量的作业和考试。从必要性看，大多数高校的学生毕业后将直接进入社会，大学是他们在教师教导下增强独立思考和独立处理问题的能力，增强自我学习与自我管理的能力，增强理论联系实际能力的最后机会，他们个人能力和人格的成长比掌握一些抽象的概念和公式更加重要。但可能性和必要性并不代表事实，思想政治教育教学改革无论从氛围还是从效果看，都需要进一步提升，提高教师的课堂教学能力首先要做的是改变教师的教育理念，把教学对象当作灵动的生命个体，而不只是接受知识的容器，他们也有表达自身观点、意见的愿望；必须改变教师的教学方式，不是让学生被动地接受，而是启发学生的思维，调动学生自主学习的积极性和内在潜力；必须改变教师的教学角色定位，把课堂的主体地位还给学生，把每堂课的大部分时间留给学生，让学生自主探究、相互交流，自我展示。学校应当坚定推进课堂教学改革的信心和决心，给教师提供课改的压力、动力和平台。

2. 在传承和发扬优秀教学传统中提升教学能力

中华民族从孔夫子开始就积累了许多教书育人的经验，中华人民共和国成立后也有许多成功的教学方法，特别是很多高校在兴办师范专科教育时创造了许多优秀的教学方法。这些都是十分宝贵的教学资源，应当认真继承和发扬，不断丰富新时期思想政治教育的教学手段。比如，注重做学生的思想政治工作，加强与学生家长的沟通交流等，把这些优秀的传统教学手段与课堂教学改革有机结合起来，是提高教师教学能力和教学效果的最佳选择。

（六）筹建教学与科研相循环的促动机制

当前，一些高校中存在教学与科研相脱节的现象。有的教师一心一意搞课题、发文章，把教学当副业，课堂教学质量一直徘徊不前；有的教师教学能力强，所上的专业课很受学生欢迎，但对课题申报和学术研究不感兴趣，多年不发表科研论文。在学术研究中，围绕教学过程中碰到的问题申报课题立项得少，把科研成果运用到教学中去得更少。以科研推进教学，以教学促进科研，形成教学与科研的良性互动机制，也是高校教师提升教学能力的重要措施。

1. 鼓励教师围绕教学教法生成和申报课题

认真研究当前高校学生的个性特点和兴趣爱好，研究教学方法与新时期人才培养目标的适配性，研究如何运用新媒体丰富教学手段，提高教学效果等。对这类课题高校可以提高课题经费的配套比例。

2. 引导和促使教师教学与科研协调发展

对那些对教学不感兴趣的教师，通过督导等手段促使他们把一部分精力用在提高教学能力上来，引导他们把科研的热情和智慧与改进教学方法有机结合起来；对热心教学、科研能力相对较弱的教师，应鼓励他们做一些课题研究。为实现两种类型的教师优势互补，可以促成其结对帮扶，取长补短。

3. 保证年轻教师有适当的学习和研究时间

一些高校中青年教师承担了大量的教学工作，加之他们的家庭负担较重，上有老下有小，用于科研的时间和精力所剩无几，既没有时间补充新的知识，优化知识结构，更没有时间静下心来研究一些学术问题升华教学方法。长此以往，不仅其教学科研能力无法提升，而且其教学热情和职业幸福感也会逐年下滑。这对高校的持续发展是十分不利的。

（七）重建知与行相统筹的评价体系

科学的评价标准的一个好处是可以使教师专业能力得到提升。对高校来说，制定完备的教学质量评价体系，是围绕转型发展目标提高教师专业能力的重要手段。

其一，在评价体系中适当加大实践能力的权重，彻底改革过去以发表多少论文来衡量教师能力强弱的做法，把教师的实际操作能力、科技转化能力和组织管理能力纳入考评内容，细化评价标准，保证教师的实践能力得到应有的重视。当然，具体到不同学科不同专业，要坚持因地制宜、区别对待，不能搞一刀切，同时不能矫枉过正，忽视理论修为的重要性。

其二，根据评价要求不断完善考评机制。教师实践能力的内涵比较复杂，实践创新能力、指导学生实践的能力、科技成果转化应用能力等，相互之间要有相对公平的分值，既要考虑经济效益，更要考虑社会效益；既要考虑实际效果，也要考虑过程。为确保考评的公平公正，评委的组成要有教师、学生、专业人员参加。

其三，强化考评结果的运用。高校要把考评结果与教师的评先评优、晋职晋级、绩效工资、进修培训等内容挂钩，严格兑现，拉大不同能力、不同业绩的教师之间的经济和政治待遇的差距，打破平均主义的思维和做法，真正发挥考评的导向激励作用，促进教师专业能力的不断提高。

（八）兴建名师与后学相促进的成长模式

在思想政治教育队伍群体中，有一批思想活跃、充满朝气的年轻教师，也有一些教学经验丰富、科研成果丰硕的老教师。他们各有所长，各有所短，在日常的教学科研中表现出明显的互补性。但这种互补或者合作，都是自发的、随意的，相应的规范相对来说是比较缺乏的。学校应当把这种互补或合作用制度的方式固定下来，成为培养年轻教师成长、提升其各方面能力的重要途径。

1. 建立高校名师工作室

每个学科或专业，遴选几个在圈内有一定的影响、教学经验丰富的教师组建若干名师工作室，如校内暂缺这样的人才，也可以从校外聘请名师组建工作室。每个名师工作室配备一定数量的年轻教师，借用中国民间工艺传承的师徒制模式，由名师对年轻教师进行带班授艺。这种模式相对一般的行政或学术上的隶属模式其传承意味更加浓郁，更能密切相互之间的关系。

2. 明确名师的责任和权利

名师既可以把名师工作室的其他成员当作助手，为自己的教学科研提供必要的帮助，在共同的事业追求中加深理解，增进默契。名师有相应的权力把责任心不强的成员开除，同时名师也有责任帮助他们提升教学科研能力，把自己长期积累的研究方法和感悟无私传授给他们。学校要建立健全名师工作室制度，把培养后学的成效纳入名师工作室考核的重要指标，对工作室成员教学科研能力提升明显的名师给予相应的物质奖励，对只讲权利不讲责任的名师可取消其资格或撤销其工作室。

3. 为名师培养后学提供良好条件

名师工作室最主要的任务是手把手培养教师，学校有责任和义务给予必要的支持。每年安排一定数量的名师工作津贴，并为名师工作室配备相应的工作经费，对成效明显、业绩突出的名师工作室给予奖励，对"带徒"有功的名师在职称晋级和绩效分配上给予更多的奖励。

三、优化思想政治教育队伍的结构

（一）队伍结构的优化目标

1. 年龄结构目标——梯次、递进和充满活力

年龄结构是高校思想政治教育队伍结构的基石，其他结构都与年龄结构有密切关系，高校思想政治教育队伍的年龄结构科学合理，就能够为其他结构的优化奠定基础。高校每年在制订教师招聘计划时，要对本校的师资年龄特点进行科学分析，适当控制 30 岁以下教师的数量，通过优惠政策招揽一批 40~45 岁的中年优秀人才，以更优厚的待遇引进少数 50 岁以上的高层次学科领军人物。这样的老中青相结合的年龄结构有利于构建领军人物挂帅、中年学者担纲、青年教师参与的教学科研团队，既能充分发挥"传帮带"的师徒效应，让青年教师尽快成长，也能够将年长学者的智慧、中年学者的成熟和青年教师的活跃

有机结合，达到取长补短、相得益彰之效果，更为重要的是能够保证本校的优势学科和重点专业薪火相传、后继有人。对现有青年教师比例过大的问题也要通过综合措施认真加以解决，如推送他们继续进行学历深造，或推荐到当地党委政府部门交流任职和担任科技特派员，或选送去国内外名校访学，还可以根据青年教师个人的专长和特点，鼓励一部分青年教师以教学为主，一部分以科研为主。从而有效化解青年教师群体过大的矛盾，同时为学校未来发展提供后续力量。

2. 经历结构目标——功能完善、能力互补

高校思想政治教育队伍教师的经历通常与其能力水平有着紧密的联系，优化教师的经历结构就是优化教师的能力结构。高校尤其是地方高校必须在较短的时期内解决教师学术经历有余实践经历不足的问题，以适应学校转型发展和培养应用型人才的需要。从教师队伍进口和培训两个环节来下手处理，有计划地引进一批具有丰富经济社会一线工作经验的专业人才充实到教师队伍中来，引导和鼓励一些年轻教师到企业和行业进修学习、挂职锻炼，丰富他们的实际阅历和动手能力。同时秉承不求所有但求所用的原则，根据人才培养和专业发展需要，聘请企业、行业和政府机关资深的专家和管理者作为学校的兼职教师。力争通过三五年的努力，实现"双师型"教师占专任教师比例30%的基本目标，然后以学校发展的实际需要为依据，逐年提升"双师型"教师的占比，确保教师的经历结构与高校人才培养的要求相适应。

3. 专业结构目标——特色鲜明、适应需求

一方面，社会产业升级和技术创造对专业人才的需求变化是比较快的；另一方面，学校教师专业能力的培养和调整相对来说是比较慢一些的。快与慢的错位很容易使学校教师的专业结构落后于产业发展的需求，进而使高校的学科专业设置滞后于社会需求的变化。高校思想政治教育队伍的专业结构在很大程度上决定着学校学科专业的结构，而学校学科专业结构又决定着学校能否为社会提供优质适切的供给。可以说，教师专业结构对高校思想政治教育的效果有着重要的影响。第一，学校应当根据经济社会发展变化的趋势确定学校重点建设的学科和专业，科学制订学科专业建设规划，其中既包括兴建新的紧贴社会需求的专业，也包括做优学校部分有发展前景的老学科和专业，淘汰一些过时的没有市场前景的劣势专业。学科和专业建设应当突出地方性和特色。第二，把学科专业建设制订专业教师队伍发展规划作为重点，集中学校主要资源引进和培养专业建设急需的专业教师，以优质的专业教师保证一流的学科专业建设，同时分流消化过剩专业的教师。第三，建立常态的教师专业结构调适机制，鼓励教师知识结构多元化，专业能力多元化，使教师队伍专业结构保持动态的合理性。

4. 职称结构目标——衔接有序、晋级有望

在高校，职称对教师的社会荣誉和经济待遇有着重要的影响，是教师群体最看重的事情。在现行体制下，一所高校各个层级的职称数量又是依据学校教师总量和学校办学档次作了明确规定的，优化教师的职称结构，学校的作为受到多方面的制约。然而，职称又是学校最重要的资源，在引导学科建设、专业发展和调动教师教学科研积极性起到了无法替代的作用。因此，做好优化职称结构是各个高校特别是职称资源比较稀缺的地方本科院校必须交出的答卷。

第一，科学确定各类职称的所占比例。教学是高校的主体职能，在职称的分配上必须将主要职数分配给教师序列，各级职称中教师序列所占比重不能低于80%，特别是正高职称教师序列应当占到85%以上。只有这样，才能真正引导和鼓励教师在教学一线建功立业。

第二，合理建构各个层级的职称结构，确保每个层次的职称数量留有余地，使每个层级的教师都能够看到晋级的希望。在招聘教师和引进高层次人才时，应当充分考虑学校现有的职称结构，对已经趋于饱和的职称层级，可以不引进或少引进相同层级的教师和人才，以免造成教师职称晋升的"肠梗阻"，影响在校教师的积极性。尤其针对高职称人才的引进，一定要以引进学科带头人为主，而不能为数量目标而引进。

第三，严格职称晋级条件。一些高校在升本之初为了凑足某个层级的教师数量，有意放宽晋级条件，使一部分教学和科研水平并没有达标的教师获得了希冀的职称。几年之后，这个层次的职称数量已经饱和，很多有水平、有成果的教师迟迟得不到晋升，因而萌生了调离的愿望，从而导致优秀人才大量流失。越是珍稀的资源越要用到要害处，任何有意或无意的浪费都会给学校教师队伍的建设造成损害。

5. 学缘、地缘结构目标——五湖四海、兼收并蓄

防止因地缘、学缘关系导致经济利益和学术权益的固化，形成开放包容的师资队伍结构，对高校思想政治教育的内涵式发展具有十分重要的意义。从实际情况来看，高校之间人才竞争较21世纪之初有所缓和，高校对人才的需求也由量的扩张渐渐转为质的提升。高校应当改变以往借助学缘和地缘关系招聘人才的方式，用更加开阔的视野和更加开放的措施去引进人才。在人才招聘时坚持唯才是举原则，不以地缘、学缘论亲疏，尤其要注重录用综合性名牌大学毕业的研究生和博士生；在人才使用时坚持量才录用，以真才实学论优劣、定奖励。对在招聘工作和日常管理中以学缘、地缘关系损害公平公正的人和事应当严肃处理，以儆效尤。高校办学国际化步伐的加快，也就意味着高校应当加大外籍优秀教师的引进力度，真正突破教师队伍的地缘、学缘关系，形成"五湖四海"的教师队伍结构。

（二）高校思想政治教育队伍结构的优化策略

推进高校思想政治教育队伍结构改善，必须统筹兼顾，科学决策，明确思路，统一思想，形成合力，务求实效。

1. 坚持以学科专业建设为核心

师资结构调整必须以学科专业为依托，紧紧围绕专业建设来展开。脱离学科和专业建设来调整师资队伍结构，就会失去着力点和实际归宿，必然成为无源之水，无本之木。学科和专业建设是调整师资结构的主要依据，也是检验师资结构调整是否到位，效果是否明显的唯一标准。师资结构调整必须始终适应和满足学科专业结构调整的需要。在这个基础之上，高校在调整高校思想政治教育队伍结构的过程中，应当建立健全两个重要机制。

（1）敏捷的社会需求反应机制

突破传统的专业和课程设置闭环，建立面向社会需求的反应敏捷的调适机制，对高校课程设置和专业调整至关重要。高校应当组建专业团队对国家重大热点进行系统分析，加强对思想政治教育方面的研究，并以此作为高校思想政治教育的现实依据。只有深度融入国家和地方的经济文化建设，高校才能科学合理地确定思想政治教育的内容和方法，进而引领学校教师队伍结构的调整。

（2）有效的专业创新机制

高校要实现为地方经济社会服务的职能，就需要在专业建设上具备较强的社会适应和创新能力。对新兴产业和新的人才需求导向不仅要有敏捷的认知和把握能力，而且要有快速的行动力，或率先组建新兴的专业，或以原有优势专业为基础加以改造和创新。谁能在时间上领先，谁就抢占了专业建设的先机或制高点。这种行动上的敏捷需要有一支高素质的适应能力超强的教师队伍做保障，同时能够进一步促进教师队伍结构的优化。

2. 坚持以动态化管理为手段

高校思想政治教育队伍结构的优化实质上就是打破原有的固化结构，突破原有体制机制的藩篱，清除一评定终身的陈规，构建充满活力的动态师资结构，让各种要素自由流动，各类资源活力迸发。没有管理上的创新做保障，高校思想政治教育队伍结构优化只能是一个华而不实的"泡沫"。

（1）职称能上能下

长期以来，高校教师的职称都是"单行道"，只能上不能下。职称是每一个教师最大的追求，也是教师最好的保障。很多教师开展教学只为攒够课时量，申报课题撰写论文只为迈进职称晋升的门槛。一旦目标达到，便偃旗息鼓，不思进取。有职称这个"丹书铁券"的保护，他们能完成本职工作已属难能可贵，至于寄希望于他们关注科技前沿，更新专业知识，拓展专业领域，提升专业能力，那无异于缘木求鱼。因此，只有开通职务既能上也能下的路径，考核了教学业绩和科研成果之后，根据结果，对无所作为的教师实行高职低聘，才可以激活他们的内在动力和内在潜力，也才有可能在高校思想政治教育队伍结构调整中具有更大的适应性。

（2）职务能升能降

由于官本位思想的影响和高校行政权力高于学术权力的现实，很多教师通过各种途径从教学岗位转到行政管理岗位，并行使相应的管理职能，甚至一些功成名就的教授也放弃学术研究跻身于行政管理行列。从实际来看，即使在高校这种行政色彩相对淡一些的单位，也一直保存着职务能升不能降的传统，导致行政职务也成了安稳的"避风港"，成为很多教师向往的栖身之所，在这里既能掌握一定的资源，又能避免学术科研的竞争压力。一些学术能力较强而管理能力不足的教师也想方设法往行政岗位转，这不仅仅会导致原本不多的教师资源被浪费，行政管理效能还会受到影响。加强对行政管理人员的目标管理考核，对不能胜任本职工作的管理者实行降职处理让行政管理岗位也经受风评和考核的检验，使行政职务不再成为人人向往的"避风港"。如此便能较大程度地提高管理效率，减少行政人员，让一些优秀教师重新回到教学一线，提高高校教书育人的质量。

（3）岗位能少能多

总体上教师资源的相对稀缺是优化师资结构的最大制约，这种稀缺既表现为高校在人才引进时选择度不高，一些急需人才资源稀缺，难以引进；也表现为受人事编制限制，校内的专业教师数量不足，师生比偏大，加之学校面面俱到的管理系统占用了较多的事业编制，这又加重了专业教师总量不足的程度。从这一点来看，要根据学科专业建设的需要来优化师资结构，无疑是一项难度极大的工作。要实现师资结构优化的目标，最有效的方法就是提高能力复合型教师的比重，让大多数教师具备一专多能的素质，既能在某个岗位做出骄人的业绩，又能胜任有一定关联性的其他岗位的工作。只有这样，才能使高校去掉落后"产能"，在思想政治教育过程中得到及时有效的师资保障。

3. 遵循教育发展的规律

优化高校思想政治教育队伍结构必须严格遵循高等教育发展规律，既不能照搬照抄其他行业和部门的做法，又不能搞长官意志和轻率决策。

（1）坚持眼前与长远相结合

优化高校思想政治教育队伍结构，既要看到当前，又要按照问题导向思维，解决好高校思想政治教育队伍结构失衡、效率低下的问题，特别要破解好学校教师资源不足和浪费严重、"产能过剩"和有效供给不足同时存在的矛盾，以优良的师资结构来提升育人质量和办学效益。同时要放眼长远，把握经济社会发展趋势和变化规律，把握高等教育的发展方向和内在规律，让思想观念紧跟时代发展的步伐，用前瞻性思维来谋划专业布局和师资结构，防止结构调整大起大落，劳民伤财。

（2）坚持坚守与应变相结合

高校思想政治教育队伍结构优化调整应当坚守高等教育的话语体系，用符合高等教育规律和高知识群体特点的思维和方法来推进，不适合照搬套用市场经济的方法和物质刺激的手段来推进师资结构调整；应当坚守本校的办学特色，以学科特点和专业特色为基础，打造独具特色的师资队伍结构。与此同时，要用开放和开明的心态谋划师资结构，善于和勇于吸纳新的资源，吸收新的理念，吸取新的经验，因势而变，顺势而为，使师资队伍结构与时俱进，充满活力。

（3）坚持实际与创新相结合

实事求是、从实际出发是马克思主义的思想路线，也是优化高校思想政治教育队伍结构的基本方法。一方面，打造优良的教师队伍结构，要立足于学校的实际，包括办学条件和教师队伍实际情况，循序渐进，协调推进，切忌好高骛远，急躁冒进，贪大求全；另一方面，要大胆创新，在路径上、方式方法上独辟蹊径，根据不同的情况、不同的对象和不同的问题采取不同的方法和措施，因事施策，因时施策，切忌食古不化，简单粗放。

4. 坚持以服务促优化为原则

高校思想政治教育队伍结构优化既要有科学求实的精神，又要有服务至上的理念。过分强调行政推动力和制度约束力，而忽略高校自身的特点和优势，放弃服务师生的基本宗旨，是无法实现优化高校思想政治教育队伍结构目标的。以提供优质服务为手段，激发教师的主动性和创造性，是高校思想政治教育队伍结构优化的最佳路径。

（1）寓服务于以人为本之中

确立以人为本的思想，是开展优质服务的逻辑起点，一个以物为本或视人为物的管理者是不会有服务意识的。在优化高校思想政治教育队伍过程中，必须突破把人与财、物并列起来作为管理对象的传统思维，把人的主体性和主体地位给突出出来，高校思想政治教育队伍结构优化要让教师在各个岗位上都能有所建树，必须激发和保护好教师内在的主动性和创造性，否则师资结构调整只能成为一种摆设。把教师作为学校学科专业建设和优化师资结构的主体，竭诚为他们服务，是激发和保护他们主动性与创造性的唯一途径。

（2）寓服务于思想政治工作之中

教师队伍结构优化必然会对一部分教师的切身利益产生影响，导致一部分教师对个人事业的发展定位做出新的调整。我们既不能要求每一位教师都有很高的思想境界和大局意识，也不能一味运用行政权力和制度规定强迫他们绝对服从，而是要通过周到细致的服务和耐心细致的思想政治工作去赢得他们的信任，用学校未来发展的愿景培育共同的价值取向，用独特的校园文化情结达成群体意识，使每一位教师都发自内心地认可和支持对学校的学科专业建设和师资结构调整，形成强大的工作合力。

（3）寓服务于民主决策之中

无论是优化学历结构还是职称结构，抑或是打破学缘、地缘结构，每一项政策措施的出台，都应当尊重和保护教师的知情权、参与权和决策权，坚持人格平等、相互尊重，通过平等对话、沟通交流，达到集思广益、科学决策的目的。教师参与决策，并不只是起着提建议、谋良策的作用，更重要的是统一认识、达成共识、推动落实。假如只是把教师当成执行学校政策规定的工具，那么再好的决策都难以落到实处，实现预期效果。

（4）寓服务于竭诚为教师排忧解难之中

受办学条件和经济实力的制约，高校相当一部分教师的工作和生活都存在一些不尽如人意之处。高校思想政治教育队伍调整还会给一部分教师增加新的困难和困惑。如果我们只两眼盯住前方的目标，而不顾后面留给教师的困难和问题，这样的进步是走不了多远的。只有"瞻前顾后"、协同推进，才能获得成功。所以，对高校思想政治教育队伍结构调整过程中出现的矛盾和问题，特别是教师遇到的困难，应当高度重视，及时主动为他们排忧解难。对那些专业转换有困难的教师，对那些剩余专业的教师，对那些因能力或业绩不能胜任本职工作而受到降级降职的教师或管理人员，要因人而异，有的放矢，用不同的方法，有针对性地帮助他们卸掉包袱，提供新的创业机会和事业平台，以和谐安定的干事环境保障师资结构调整工作的有效进行。

第四章 高校思想政治教育工作中载体创新

第一节 即时通信与高校思想政治教育

一、即时通信概述

(一) 即时通信的概念

即时通信是一种终端服务，允许两人或多人使用网络即时地传递文字、档案、语音与视频交流等信息，它是一种网上在线实时交换信息的媒介。

从广义层面来看，即时通信包括 QQ、微信、微博、论坛、BBS 等，随着互联网在全球范围内的普及应用以及电子信息技术的不断发展，人们越来越多地在生活、工作中使用即时通信，其影响辐射力广泛延伸至社会各领域。即时通信工具在高校思想政治教育中的使用，不仅是传统思想政治教育方式的补充，也提高了思想政治教育的互动性、感染性、灵活性、针对性和实效性。

(二) 即时通信技术在高校思想政治教育中的优势

1. 具有吸引力

即时通信产生的最基本目的是满足人们的交流需求，这就决定了其具有很强的实时性。因此，在使用即时通信进行思想政治教育的过程中，能够传输给大学生最新的思想政治教育动向和核心思想。相对于传统的网络传输方式，具有更新快、传播速度快、传播的知识新颖的特点；同时，即时通信的传输方式吸引力较强，使当前的大学生更容易接受，也便于大学生之间的交流和学习，促进思想政治教育的快速进行。

2. 具有时效性

即时通信重在即时，也就是其实时性，利用即时通信可以快速地方式进行信息传递。

对于思想政治教育而言，即时通信可以将思想政治教育过程中的新亮点、新思想快速地发布出来，能够第一时间掌握大学生当前思想政治教育的核心内容、主题思想。同时，由于即时通信的特点，只要对方是用户就会收到相应的消息，因此可以避免传统的信件或不能到达，或到达了接收者不承认的情况。可见，通过即时通信的方式可以不断地渗透思想政治教育的主题，大学生在潜移默化过程中就掌握了思想政治教育的核心内容，具有很强的时效性。

3. 具有互动性

随着信息技术不断发展，即时通信工具也快速发展，这不仅依靠其本身的强大功能，互联网用户的迅速攀升也是一个重要的因素。即时通信服务和搜索引擎等网络应用软件广泛地融入了人们的日常生活中，跟随互联网发展和网络用户需求的脚步，由人气汇聚所带来的社区化和互动性也将成为即时通信的重要发展趋势，自由、开放、公开且易于了解。其在高校的政治思想教育过程中，采用即时通信的方式可以体现自由、开放，并且可以根据具体的内容进行实时互动，提高教学效率，也和当前大学生的心态相吻合，能够促进思想政治教育的深入贯彻和执行。

4. 具有长效性

当前的即时通信搭载于互联网平台实现信息的即时传递，这样可以更好地满足人们希望在较短的时间内方便地获得更丰富的资源的实际需求。所以，整合互联网的各种业务，满足即时通信用户共享互联网资源，就成了即时通信未来发展的必然趋势。即时通信在思想政治教育过程中可以整合资源，达到优势互补的条件，不断丰富思想政治教育的内容，同时根据教师发现的大学生的问题，有针对性地与一个小群体或某一个人进行实时交流，进而达到教学目的。因此，即时通信在思想政治教育过程中具有一定的针对性，能够合理地整合、利用资源，并具有一定的持久性。

5. 具有可信性

思想政治教育相较于一般教育具有一定的特殊性，教育目的在于实现思想的升华和统一，这就决定了思想政治教育具备自身独有特征。人格既有同一性和安定性，也有分裂性和不确定性，这些特点也决定了优良人格的不易养成。人格状态可以说是细微的、隐蔽的和原始的思想道德状态，思想道德则往往是发展了的、成熟的、显性的人格表现。因此，在教学过程中，教师需要不断地去贯彻思想政治教育。教师也需要了解大学生的基本情况，即时通信刚好就提供了这样的方式来满足大学生和教师之间的这种交互方式，大学生可以通过匿名的方式，提出不同的意见。教师可以通过大学生提出的意见掌握大学生的心理状况和思想政治教育过程中存在的问题，在教学过程中不断改进教学方式和方法，促进思想政治教育的稳步发展。

（三）即时通信技术为高校思想政治教育带来的机遇

1. 利用即时通信技术可以提升高校思想政治教育质量

现代大学生的价值取向集中表现为注重自我，他们喜欢和乐于接受一切新鲜的事物，而我们传统的思想政治教育模式往往停留于单向灌输式和面对面谈话式的层面，容易使他们产生一种逆反和厌烦心理。尤其是对于一个心智健康的大学生来说，他们已渐渐形成了自己的一套较为稳定的思想和行为辨析系统，传统的思想政治工作模式的作用和影响日趋衰弱。所以，网络即时通信作为一种全新的教育手段和途径，更加容易走进大学生的内心世界，建立彼此的感情，也有助于开阔高校思想政治工作者的视野，提高思想政治教育工作的质量。

2. 利用即时通信技术可以实现大学生自我教育

自我教育是大学生在自我意识的基础上形成良好的思想品德，并自觉地进行思想转化和行为控制的过程。网络即时通信工具作为一种特殊的媒介，大学生利用它既可以注入信息，也可以选择有用的信息，实现个体或群体间的信息传递。通过健康的信息沟通，让大学生自己思考、质疑、分析和总结；通过师生间的交流与探讨，用正确的、积极的、健康的思想进行有效的引导，充分发挥德育与网络即时通信的实效功能，从而使大学生能够科学地调控自己的思想和言行，达到大学生自我教育的目的。

3. 利用即时通信技术可以促进师生双向沟通

在高校，网络即时通信工具的便捷越来越深入大学生的内心，对于大部分拥有电脑的学生来说，在休闲的同时就可以把信息第一时间发送出去，这使得网络即时通信方式越来越成为大学生的"新宠"。与此同时，网络即时通信用一种特殊的形式，把师生联系在一起，避免了面对面交流的尴尬和拘谨，可以解决学习、生活和工作的困惑，及时化解各种有形或无形的矛盾，真实地表达自己的思想和感情。网络即时通信工具为师生之间交换信息、商讨协作提供了最佳的平台。教师可以通过网络即时信息去发现问题，及时了解大学生的学习、生活和思想等情况，进而有针对性地加以提前预防和有效引导，快捷高效地做好高校思想政治教育工作。

二、利用手机媒介拓展高校思想政治教育新渠道

（一）手机媒介的特征

手机媒介是一种新兴媒介，搭载于手机终端和移动互联网平台，是一种可以实现信息

个性化传播的载体。随着现代科技进步、产业发展，手机媒介实现了广播电视网、电信网与互联网三网合一，影视、杂志、新闻、BBS 等交流互动使得多种业务均能在手机媒介上完美实现，令大学生目不暇接。手机媒介正以其独特优势进一步夯实在大学生中的使用地位。

首先，手机媒介具有互动开放性。手机媒介克服了传统媒介单向输送信息、受众反馈信息滞后或延时等不足，做到了收发信息高度开放，消除了大众传播与人际传播的主从关系，实现了大学生通过手机媒介中一对一、一对多、多对一、多对多的方式进行交流互动的愿望。

其次，手机媒介具有便携即时性。手机媒介凭借手机体积小、重量轻的平台优势，实现了携带方便、传播启动迅速、落点明确、接收信息及时、传播再延续性强的特点，加之手机视、录、听功能完善，可以随地即时摄制、编辑发送和传播各类信息。在重大突发事件现场，当与外部交流不便、传统大众传媒普遍缺位的情况下，手机媒介充分发挥了信息采集与交流的优势。

最后，手机媒介具有普及性。随着智能手机的推广普及和各类手机供应商完成的市场布局，手机媒介凭借其传播速度快、传播成本低廉、传播内容丰富、功能强大等优势，满足了受众对个性化、分众化的需求，因此具有普及面广的特点。

（二）手机媒介在高校思想政治教育中的应用

随着互联网技术、移动通信技术和数字技术的迅猛发展，大学生成了使用手机媒介最广泛、最活跃的群体，手机媒介作为"第五媒体"悄然兴起，为高校思想政治教育提供了更多的机遇。

1. 充分发挥手机媒介的普及性和多媒体特性，提升思想政治教育的效果

手机媒介的普及性和多媒体特性（文字、图片、声音），使平时的信息传播实现了覆盖面广、图文并茂、声情兼备，让大学生在宽松和谐的氛围中，获取知识、训练技能、激发情感，从而使高校思想政治教育更具针对性、实效性和感染力。我们可以通过手机下载QQ、微信、微博等多种软件，及时了解受教育对象在思想、学习、生活中出现的问题，并采取有效措施加以防范和解决。

2. 充分发挥手机媒介的便携性和及时性，拓展思想政治教育的时空

手机媒介在信息传播时的便携性、即时性和共享性，使得信息传播范围更广，扩大了思想政治教育的影响面；思想政治教育工作者借助手机媒介，通过通信信号，以短信或互联网的形式实现远距离的思想政治教育，扩展思想政治教育的时间和空间，实现随时随地

开展思想政治教育的目标，如设计以思想教育为主题的手机报、手机校园，建立相应的管理平台，从而提高思想政治教育的工作效率。

3. 充分发挥手机媒介的开放性和互动性，增强思想政治教育的亲和力

手机媒介使得高校思想政治教育中的主客体发生了改变，使得高校思想政治教育主体从传统的主导者、权威者转化为引导者、参与者，成为学生信息处理的组织者，学生从被动的教育客体转化为自我管理和自我教育的主体，不仅能在教学活动中主动获取信息，也能成为信息的发布者、评论者和反馈者，实现了双方沟通地位的平等，使得高校思想政治教育工作过程充满互动性和融合性。

（三）引导思想政治教育工作者和大学生正确使用手机媒介

1. 提高思想政治教育工作者媒介素养

高校思想政治教育工作者应充分认识手机媒介的优势，有效应对手机媒介背景下的思想教育工作的新形势，把手机媒介作为新时期思想政治教育工作的文化阵地，进一步做好高校思想政治教育工作。

（1）提升思想政治教育工作者的信息技术水平

作为高校思想政治教育工作者，要积极主动地了解手机媒介，不断提高使用手机媒介的能力，积极有效地利用各种交流软件，如微博、手机QQ、微信等，使之成为掌握思想动态，与学生进行思想交流、信息沟通的平台。

（2）提升思想政治教育工作者的媒介信息素质

一是培养思想政治教育工作者敏锐的信息意识。思想政治教育工作者应对各种信息时，应保持高度的敏感度，及时有效地捕捉、分析、判断和吸收手机媒介中的新信息，同时与传统教学方式相结合，拓宽学生视野，激发其学习的主动性、积极性，启迪其思维，促进大学生正确"三观"的形成。

2. 引导大学生正确使用手机媒介

（1）培养良好习惯

培养学生养成健康、合理地使用手机媒介的习惯。思想政治教育工作者应采取一定的措施鼓励学生积极参加学校组织的各项活动，开拓其视野和提高其社交能力，在活动中使他们的生活重心从手机媒介上转移，重新找到生活的乐趣，逐渐改变依赖手机媒介进行情感交流的状态，摆脱对手机的依赖，养成健康、合理地使用手机媒介的习惯。

（2）树立自律意识

引导学生科学合理地使用手机，树立自律意识。思想政治教育工作者借助日常政治教

育活动，以渗透式教育指导学生要切实提高独立思考、鉴别和道德自律能力，使其客观认识手机媒介，严格规范地使用手机，培养学生健康、文明、积极的手机短信意识，以自觉的态度进行自我监督、自我调节和自我批评。

（3）开展文化活动

开展以手机文化为内容的校园活动。高校可以积极利用知识资源的优势，开设与手机媒介技术知识相关的讲座和培训，帮助学生加深对手机文化的认识。可以利用手机的多媒体功能开展形式多样的手机文化活动，如手机文学大赛、手机 DV 作品大赛、手机短信大赛等，合理控制学生用手机玩游戏、上网的时间，引导学生自觉参与到健康的活动中去，使他们正确定位和挖掘手机媒介的功能。

第二节　主题网站建设与高校思想政治教育

一、建设多层次的主流新闻网站

近年来，我国不仅在开拓中国网络媒介的国际传播平台方面有所建树，同时很重视对国内有影响的媒介平台的建设工作，以此保证主流观念在国内网络信息格局中的有效表达和传播。

根据网络媒体的影响力，可以将其划分为中央重点新闻网站、地方重点新闻网站、各地报业集团及广电系统主办的综合性新闻网站及一些地市级报纸的网络版、具有"互联网新闻信息服务许可证"的商业网站四类。

其中，中央重点新闻网站是指我国内地国家级的新闻网站由中央主要新闻媒体建设，国家会给予这些网站一些支持，主要的重点新闻网站包括人民网、新华网、央视网、中青在线、中国经济网、中国台湾网、光明网、中国广播网等。地方重点新闻网站是由当地宣传主管部门引导，将区域内的主要新闻单位力量进行有效整合，在此基础上建立的大型区域性网站，如千龙网、东方网等。各地报业集团及广电系统主办的综合性新闻网站及一些地市级报纸的网络版也是网络媒介结构中不可或缺的一部分，也是本地互联网新闻的重要来源，如荆楚网、大洋网、汉网等。除了以上这些网站，还有一类是具有"互联网新闻信息服务许可证"的商业网站，这类网站在网络媒体中占有很大的比重，如新浪、搜狐、腾讯、网易等均属于这类网站。

随着互联网和移动互联网的高速发展，我国媒体走向传统媒体与新兴媒体融合发展的新道路。推动传统媒体和新兴媒体融合发展，要遵循新闻传播规律和新兴媒体发展规律，强化互联网思维，坚持传统媒体和新兴媒体优势互补、一体发展，坚持先进技术为支撑、内容建设为根本，推动传统媒体和新兴媒体在内容、渠道、平台、经营、管理等方面的深度融合，着力打造一批形态多样、手段先进、具有竞争力的新型主流媒体，建成几家拥有强大实力和传播力、公信力、影响力的新型媒体集团，形成立体多样、融合发展的现代传播体系。

二、加强建设各级政府门户网站

在主流观念的建设工作中，政府担负着主导者和主要建设者的角色，开展网络媒介领域的在线执政，实际上就是为了规范网络空间，使其成为社会秩序的一部分，同时可以利用网络技术在一定程度上提高政府执政的效率，可以进一步推进民主政治的实现，以此为基础可以有效地提升政府在社会公众心中的形象，加强社会主义主流观念建设的权威性。由此可以看出，加强政府网站在线执政及其信息服务能力建设的意义并不只是为了网站本身，更重要的是加强了政府与人民之间的沟通能力，这就意味着政府文化"软实力"的提高。

政府门户网站可以通过网络平台发布信息、提供政府办事指南，同时可以更及时地收集和处理人们提出的各种意见和建议，可以直接通过网络窗口受理公众业务。

随着互联网的不断发展，我国意识到建设政府网站的重要性，意识到实现政府信息化的重要性，因此不断加强政府网站和电子政务的建设，认为这是政府为人民服务功能的重要体现。

我国在建设政府网站的过程中，先后经历了"信息公开""互动反馈""在线政务""人性化服务"等几次不断深化的发展阶段，并随着不断改进和完善逐渐走向成熟，这一方面有效地提高了政府的执政效率和执政形象，另一方面有力地增强了人们对政府的信心，而这无疑为我国政府所主导的意识观念价值认同力及传播公信力起到了积极的促进作用。

三、加强建设各类网络思想政治教育平台

随着互联网的普及和渗透，意识观念多元化成为不可避免的时代问题，这就带来了全新的历史机遇和挑战，面对这样的时代背景，我国广大思想政治教育工作者主动应对，积极创新思想政治教育的形式，充分发挥网络的作用开展思想政治教育，并不断地探索和创新，提高网络思想政治教育的效果。

增强改革创新本领，保持锐意进取的精神风貌，善于结合实际创造性推动工作，善于运用互联网技术和信息化手段开展工作。网络对于社会主义意识观念建设及思想政治教育

的重要性。因此，各相关部门都应该积极推进思想政治教育网络平台的建设工作，可以建设各种"红色网站"，还可以使思想政治教育者主动深入各大论坛与社会公众进行交流和沟通，开通微博、微信公众号等方式加强自身与受教育者之间的联系，引导人们树立正确的价值观，使他们的道德行为符合社会的实际需要。思想政治教育工作者逐渐确立了自己的网络话语平台。但需要注意的是，并不是思想政治教育工作者"进网络"就以为其开展的网络思想政治教育具有实效性。网络空间是开放自由的，所以受教育者可以自主、多元地进行选择，这就可以导致一些思想政治教育网站被疏离和冷落，对于这种发展现状需要思想政治教育工作者进一步思考深度入网的方式和方法。

思想政治教育部门及其相关人员应该积极创办从全国到地方全面辐射、互联互通的"红色网站"，如"中国共产党新闻网""思想政治网""中国文明网"等，这些网站可以更大面积地辐射受众，为受众提供更多接受教育的机会。

"中国文明网"也是我国开展网络思想政治教育的重要阵地，它与各个地方文明网站建立了深度链接，也和其他思想政治教育网站建立了纵向链接。其在思想政治教育方面也不断努力，已经与全国范围内超过90家地方文明网网站结成联盟，还建立了相关网站的友情链接，其在栏目设置上强调思想政治教育的开放性、多元性和交互性。

第三节　微媒体与高校思想政治教育

一、微信与高校思想政治教育

（一）利用校园公众号开展思想政治教育

高校应该开通自己的校园公众号，通过公众号及时向学生推送校园信息，并且可以利用公众号开展高校思想政治教育，加强对这方面教育内容的推送。公众号往往采用图片加文字的形式推送消息，还可添加语音和视频，是一种全方位的沟通方式，具有新颖性、创新性、知识性、趣味性和可读性，经常被商家用作主流线上线下的互动营销方式。高校要善于应用微信公众号的优势，通过公众号推送思想政治教育相关的话题；利用图片、音视频等因素增添内容的趣味性和可读性，使学生充分调动各种感官感受思想政治教育别有风味的一面，从另外一种视角诠释思想政治教育，这样可以让知识的传递更加自然、顺畅，学生也更加乐于接受，排除因单纯说教产生的排斥心理，提高学生的积极性，培养学生的阅读习惯，从而提升阅读量，和传统的课堂教学形成互动互补。此外，高校可以开通几个不同的公众号,从不同的角度对某个内容或主题进行联合推送,这样可以展现不同的教育重点和风格,以此让学生获取更丰富多彩的教育资源,从而更好地满足他们的资讯需求。

(二)利用微信加强师生交流

微信的语音功能是其一大特点,相较于使用文字进行交流,语音交流更直接,并且具有很强的时效性和便捷性,增加了对话的真实感,并且还可以增加对话的内容含量。尤其作为工作量较大的辅导员,语音对话为其提供了更加便捷的沟通方式。不论是在上班途中、电脑桌前,还是休息空闲,都可以通过聊天的方式进行轻松的交流,减少了触屏打字的操作,使交谈更为快捷、有效率。此外,语音对话能够真实记录谈话双方的语气、语调和说话态度等,有利于辅导员把握学生心绪和精神状态,进行有针对性的交谈,拓展谈话内容,及时发现学生重点需要解决的问题。语音对话也能使学生尤其是遇到困难的学生产生辅导员一直在身边帮助自己、关爱自己的感觉,可以为他们提供很好的心理安慰和精神支撑。辅导员可将文字对话和语音对话相结合,根据场合恰当选择,使工作更为灵活和高效。

(三)利用朋友圈了解学生动态,实现信息共享

高校思想政治教育工作者与大学生成为微信好友后,会处于共同的朋友圈平台,这样可以让双方都对对方有更充分、全面的了解,还可以让教育工作者更及时、准确地把握学生的思想动态。大学生思维活跃、兴趣广泛、充满好奇心理。辅导员可以通过学生分享或转发的文章了解学生的兴趣点和关注点,并通过相关评论进一步掌握学生的想法和心理特征。例如,对于就业压力较大的毕业生,往往要给予足够关注,其发布和评论内容能展示对外界事物的看法、最近的心情状况和精神状态。一旦发现消极词汇、抵触外界的言语时,辅导员要及时给予心理辅导,防止意外发生。大学生热衷于关注和评论社会热点,并将自己的立场和观点发表在微信朋友圈中,即使一个小小的"赞"也能传达学生的某种情感倾向,有利于辅导员多渠道地把握学生的思想动态。辅导员一旦发现那些由于大学生认知水平有限而形成偏激观点和错误想法时,可以利用微信与学生及时地进行在线交流,也可以利用评论的方式表达自己的看法,以此纠正学生的错误想法,这样的交流方式打破了传统的思想政治教育中主客体的明显定位。通过这些方式可以激发大学生的主动性,引导其树立正确的世界观、人生观和价值观。

此外,微信还可以实现教育资料的有效共享。微信用户可以通过传送或收藏的方式共享思想政治教育资料。为此,我们应不断丰富朋友圈中正面的、积极向上的主流价值观宣传,使学生在潜移默化中接受正能量、弘扬正能量,发挥隐性作用,从而促进思想政治教

育工作的实效性。

微信平台为高校思想政治教育带来了新机遇，但是想要有效利用微信进行思想政治教育必须注意一些问题。除了以上提到的问题，还有以下几点应该着重给予重视，具体包括如何提高思想政治教育工作者对于微信平台的管理运营能力并保持长久的生命力，如何消除微信对大学生思想价值观念和行为习惯带来的影响，如何在"裂变式"传播形态下加强校园的网络舆情监控等。这些对于高校来说既是机遇又是挑战，高校一定要有迎接难题、改革创新的决心和勇气，开创思想政治教育工作的新局面。

（四）基于微信搭建移动 MOOC 平台

随着移动互联网发展，MOOC 不再只是基于互联网的开放网络课程，发展为基于移动互联网的新模式。在我国，微信是现在人们使用最频繁的一款手机应用，结合微信开展思想政治理论课教学成为发展新趋势。

1. 微信为 MobiMOOC 课程模式提供技术平台

MOOC 的一个主要特点就是支持个性化学习，它强调知识的联结和分享，但是当前基于互联网的 MOOC 网络课程利用不同的技术平台组织学习互动，这就使在不同平台学习的参与者形成学习互助的亚群体。对于高校思想政治理论课来说，这种课程模式过于松散，并不符合该课程的 MobiMOOC 模式需求。将微信作为平台，可以让教育者和受教育者建立联系，微信可以为思想政治理论课的 MobiMOOC 课程模式提供技术平台。

（1）课程中心网站

在 MOOC 课程模式中，组织课程中心网站的工具主要有三种，即 Wi-ki、博客和自建平台。Wiki 和博客的功能比较简单，具有较强的开放性，并且带有一定社交特征，自建平台则可以依赖高校思想政治理论课已经建立的网站制定相应的课程。

（2）课程讨论空间

MOOC 课程参与者主要通过论坛进行沟通交流，在论坛中各参与者发表自己的看法，针对某些问题展开讨论。例如，谷歌讨论组、果壳网 MOOC 课程组和豆瓣讨论组等都具有评论功能，可以为参与者提供讨论空间，但是在网络上发言的自由度比较高，对网络信息进行统一的规范和管理存在较大困难，并且网络上的知识内容具有显著的碎片化特征。通过微信的信息引导功能可以为课程讨论空间提供外链，对碎片化的知识内容进行整合并发布。用户在关注公众号后可以收到系统推送的图文内容，如果用户发送指定字符，系统会自动为其推送相关信息内容或为用户提供相关内容的外部网络链接。这种最简单的方式奠定了微信 MobiMOOC 模式的雏形，为课程答疑、资源共享链接提供了解决途径。

（3）人际互动工具

当前，MOOC 模式多采用微博工具用于快速发布信息、发表意见、交换信息资源和其他参与者互动。但鉴于微博的内容篇幅限制及开放性信息泛滥，导致其侧重互动性，知识内容易碎片化。微信作为社交媒介，其一对一、一对多的信息传播方式为人际互动和信息分享提供了便捷的渠道，如微信"朋友圈"的分享功能可以为课程内容提供最便捷的人际传播途径，能吸引读者的课程内容短时间内获得庞大的网络分享，为 MobiMOOC 模式的有效传播提供便利。

（4）课程资源分享工具

微信具有分享功能，可以进行课程分享，还可以将站外链接通过微信相互分享，并且在微信平台分享课程资源，其十分简单，方便操作。

（5）虚拟教室工具

在 MOOC 模式下学习时，有时需要虚拟教室提供教学空间，如 Skype、WebEx 等都可以作为虚拟教室工具，通过这些工具可以实现参与者的在线互动，课程协调人会定期组织参与者进行在线研讨。微信具有视频、语音、渠道外链功能，因此可以作为 MOOC 的虚拟教室工具为参与者提供在线互动空间。

（6）课程门户生成

MOOC 的课程协调人会对课程内容和学习者生成的内容进行统一整理，之后再利用 RSS、邮件等形式进行内容分享。企业品牌公众号是微信公众号中的一大类别，不同企业公众号会有不同的服务模式，功能需求比较复杂，因此企业品牌公众号在建立自己公众号时需要针对 API 进行二次开发，从而在微信上建立自己的门户。例如，携程企业公众号编辑了适合自己的自定义菜单，使得用户关注之后直接通过微信完成机票订购。当前，该类微信公众号的模式已经逐渐摸索出自己的体系，很多企业都开始采用这种模式，但是对于移动教学来说，这种公众号模式的使用还比较少，很多教育类公众号还是以自媒体的模式运行，一些高校公众号的主要功能就是推送校内相关新闻信息、开展校内活动宣传等，对 API 进行二次开发后可以实现更多校园服务或 MobiMOOC 模式服务。

2. 微信 MobiMOOC 模式面临的挑战

第一，将微信公众号当作自媒体，在推送信息时考虑不够充分，在内容加工方面有所欠缺，有时推送信息的频率过高，从而造成了关注者的反感。

第二，内容建设相对滞后，缺乏 MobiMOOC 模式的有效运维，没有在公众号内设置相关内容。一些教育机构在建立公众号后，并没有及时在板块中添加相应的内容，用户看到的只是一片空白或几个菜单，从而给用户留下不好的印象。在教育培训领域，用户群体的一个典型特征便是群聚现象。也就是说,基于某一学习目的建立起的小团体,其中几名成员关注了某家教育机构的微信公众号并获得了良好服务,他们就会在小群体内进行自主宣传,从而使整个群体都关注该教育机构。这种群聚现象是教育行业的显著特征,其他行业很难实现这种效果。如果用微信实现 CRM 功能甚至应用于教学服务领域,让教师通过微信与学生建立服务联系,可以进一步促进该教育机构的口碑。实现这些功能需要针对微信公众号 API 进行二次开发,目前实现选课、文章、咨询、校区地图、优惠券等功能已经完全没有障碍,而实现 CRM 功能还需微信官方开放更多的 API 权限。

3. 微信 MobiMOOC 运行维护模式

微信 MobiMOOC 模式平台嵌入的页面会引导用户完成下一步过程,课程顾问只需要等待用户的主动参与即可。微信门户的内容十分丰富,可以在一定程度上简化指导教师和学习者之间的信息传递过程。根据当前 MOOC 的一般运行模式,微信的运维模式可以强调微信作为中心平台的枢纽作用。

微信 MobiMOOC 授课地点与用户之间具有很紧密的联系。高校在建设自身的微信 MobiMOOC 模式时,一方面要满足课程的教学需要,另一方面应该充分发挥微信平台的自媒体作用,使学生可以通过该平台获得需要的信息内容,以此增强用户黏性,吸引更多学生成为该模式的参与者。

思想政治理论课教师在课程开始时,引导学生关注微信公众号,将思想政治理论课的社会实践活动和主体教学与基于微信平台的 MobiMOOC 教学模式有机结合,通过公众号向学生推送课程案例及课程辅助阅读内容,以此强化学生与课程之间的联系,通过微信平台可以有效利用学生的碎片时间进行思想政治教育,在课堂以外的环境中深入价值观教育,并定期通过 MobiMOOC 枢纽平台对学生进行在线考核和问卷调查。

关于相关课程的推荐,最常见、最有效的方法就是实施微信优惠,但是通过传统的文章推送模式并不能完成这一操作。如果 MobiMOOC 模式的微信门户可以通过公众号提供这样的服务,那么可以通过优惠的方式吸引学生报名参与课程,还可以推出"客户推荐优惠",这样可以实现宣传的扩大化。报名的学生可以通过微信向他人宣传,或者直接分享到朋友圈更大地扩展宣传范围。

良好的微信 MobiMOOC 课程内容和互动性服务,为高校思想政治理论课微信 MobiMOOC 模式的推广手段提供了更多的可能性,从而使得教育机构拓展了移动互联网这一新兴的教育道路。

二、微博与高校思想政治教育

(一) 利用微博开展高校思想政治教育的现状

随着微博的广泛应用，当前很多高校都开始利用微博开展思想政治教育。高校可以注册微博账号，通过微博即时发布校园新闻、校园动态、活动信息、服务资讯等，为学生提供信息服务。教师可以建立自己的微博，与学生实现课外的交流，走下严肃的讲堂，走进学生中间，倾听他们的心声，解决他们的困惑和难题；也可以通过微博，以学生喜闻乐见的各种形式，文字、图片、音频、视频等多媒体，开展思想政治教育。

1. 部分高校初步建成微博体系

随着高校越来越重视微博在教育中的积极作用，很多高校注册了官方微博账户，同时开通了校领导官博、院系部门官博、高校团学系统微博、社团学生会微博，已经初步构成了完整的高校教育微博体系结构。

其中，团委系统形成了校、院、班三级纵向微博体系以及院与院、班与班的横向微博体系，高校团组织微博系统初步形成。全国高校团组织微博数量约为 60 万个，初步构建了全国、省级、校级、班级团支部统一的四级高校团组织微博体系，形成了以团中央学校部微博为领导核心，以团省委学校部微博为主导，各省高校团委及高校院系班级团支部为基础的微博体系。

团学组织利用微博开展就业服务，进行就业观和择业观引导，进行大学生心理辅导，进行团活动，如学习党的十九大精神等主题教育活动，取得了良好的思想政治教育效果。在省级微博方面，除了港、澳、台，全国所有省级团委学校部在腾讯平台上都开通了官方微博，各省高团委和高校院系班级团支部积极建设运营微博，使微博成为服务青年微变革、微创新与高校思想政治教育的重要阵地。

2. 部分高校设立思想政治教育类专门微博

高校可以通过官方微博和相关职能部门开展思想政治教育工作，但是为了提高专业性，很多高校专门开通了思想政治教育类微博。

3. 初步形成微博思想政治教育体系

利用微博开展思想政治教育已经成为我国高校的共识，这不仅意味着借助微博平台开展教育活动，更重要的是让高校思想政治教育工作者正确认识微博在高校思想政治教育中的重要作用，并就高校各个层级如何利用微博开展思想政治教育进行了积极探索。从总体上看，高校在利用微博开展思想政治教育方面已经形成了高校官方微博、高校相关职能部门微博、高校团学组织微博、高校思想政治教育工作者微博体系架构。从高校微博的设立主体来看，有高校校领导和职能部门领导，也有高校各院系领导，还有高校教师和思想政治教育工作者，都发挥了重要作用。目前，高校工作人员微博已经成为高校官方微博的重要补充。

（二）利用微博开展高校思想政治教育的原则

高校思想政治教育运用微博载体的创新，必须在坚持一定原则的前提下，才能保证达到预期的目标。

1. 始终坚持以人为本原则

随着高等教育不断发展，学生的主体性越来越受到重视，这就要求高校在运用微博开展思想政治教育时必须重视学生的主体性，也就是必须坚持以人为本。所谓"以人为本"，就是以"人"作为一切工作的出发点，用各种手段调动人的积极性，促进人的不断发展。这就要求思想政治教育工作者在教育实践活动中必须以教育客体为本，调动客体的积极性，以平等的姿态进行与客体的互动，以促使其实现自身的全面发展。需要注意的是，首先，必须保证教育主体与客体处于平等的地位，教育主体要了解客体使用微博的特点，尊重他们的习惯，主动借助微博与客体打成一片，以营造出和谐的教育氛围。其次，微博的特性促使教育客体敢于在微博中表达出真实的想法，主客体之间的互动更加通畅，这为教育主体及早发现客体在现阶段的思想倾向及问题提供了更为方便的条件，在这个互动过程中，教育客体又能够通过反思来得出正确的结论。最后，在整个思想政治教育实践活动中，教育主体要引导客体进行自我调整，积极主动地把教育要求内化为自身素质的思想追求，继而外化为符合思想政治教育要求的行为，从而实现个人的全面发展。所以说，高校思想政治教育运用微博载体的创新必须坚持以人为本的原则，这样才能达到思想政治教育的目的，提高思想政治教育实效性。

2. 始终坚持方向性原则

坚持方向性原则是开展高校思想政治教育活动的必然要求，利用微博开展思想政治教育活动当然也是如此。随着微博的高速发展，微博舆论得到了越来越多当代大学生的支持，成为校园舆论的重要组成部分。目前，我国微博舆论总体状况良好，但放眼全球，我们可以看到很多社会变动都有微博舆论的参与。

需要注意的是，微博的运营主体是商业公司，这些公司运营微博的目的在于盈利，很多原本并不是微博舆论热点关注的问题，在其操作下往往都会瞬间"火"起来，这种本末倒置的做法往往会造成社会不当舆论的蔓延。再加上微博上信息"鱼龙混杂"，其中包含了不少的如暴力、色情、欺诈等丑恶信息以及似真实假的伪舆论，要正确地辨别这些信息，单靠大学生本身的认知往往是不够的。这要求高校思想政治教育工作者必须时刻关注微博舆论，特别是校内的微博舆论，及时地发现问题，运用马克思主义理论指导把教育客体引导到正轨上来，避免其陷入偏离主流、真假难辨的局面，从而实现思想政治教育的目的。

3. 始终坚持与时俱进原则

高校思想政治教育的内容、形式等会随着时代的变化而变化，创新是保证高校思想政治教育有效性的重要基础，也就是必须坚持与时俱进原则，这是今天高校思想政治教育工作的关键。历史表明，一个国家、一个民族要不断向前发展，始终保持旺盛的生命力，就必须坚持与时俱进，只有坚持与时俱进，才能保持生机、不断发展，否则就会停滞不前，被历史淘汰。这是一个与时俱进的时代，它要求我们必须创新。

在信息时代背景下，高校思想政治教育面临更多难题，微博虽然可以成为高校思想政治教育的新平台，但也会增加思想政治教育的难度。例如，目前高校对微博载体建设不够重视、在监管上极为困难、相关理论和实践研究较为缺乏、能熟悉运用微博技术的专业化教师队伍缺少等。这些情况要求高校思想政治教育必须进行创新，以应对微博给高校思想政治教育带来的挑战。同时，传统的思想政治教育工作方法已经无法解决微博给客体带来的问题，这要求思想政治教育在方法上必须创新，只有创新，才能更好更快地解决现实问题。此外，微博的发展不断加快，要求高校思想政治教育必须不断加快创新，只有这样才能适应工作的需要。因此，高校思想政治教育运用微博载体的创新显得非常重要。

4. 始终坚持渗透性原则

渗透性原则是指以间接的方式将教育内容传输给受教育者，在潜移默化中对受教育者产生影响。例如，可以采用寓教于乐的方式，这样的方式更容易被客体所接受，更能引起客体的兴趣，从而更好地实现思想政治教育的目标，如通过微博原创内容竞赛，可以培养大学生的创造力和保护知识产权意识。高校思想政治教育要坚持渗透性原则，有几个关键：其一，学校、社会、家庭三者必须联系起来，形成一个灵活协调的教育体系；其二，必须运用各种各样的手段向教育客体渗透思想政治教育的内容，如在微博中宣扬社会主流思想，在潜移默化中引导客体的价值观；其三，保证校园环境的和谐，人创造环境，同样环境也创造人，环境的重要性不言而喻，只有在一个良好的校园环境中，客体才能更好地接受各种思想政治教育信息的渗透。所以，高校思想政治教育运用微博载体的创新一定要遵循渗透性的原则。

5. 始终坚持实事求是原则

我国高校思想政治教育以马克思主义为指导，实事求是则是马克思主义的重要内容和精神，这决定了实事求是将成为高校思想政治教育必须坚持的基本原则。只有坚持实事求是，思想政治教育才能真正准确地把握自身发展的客观规律，从而发挥它应有的作用，保证思想政治工作的顺利开展。实事求是就是一切从实际出发，在高校思想政治教育工作中，特别是在高校思想政治教育运用微博的创新中显得尤为必要。其主要理由有两点。首先，教育本身就必须"因材施教"，这无论是智育还是德育，都是适用的。由于年龄的不同、素质的差异，思想政治教育的方法也应该有所区别，而不是"一刀切"。例如，大一学生跟大四学生就不一样，大一的学生使用微博往往是出于交友和娱乐的需要，他们对于信息的辨别能力不高，容易受到不良信息的影响，而大四学生经过三年素质教育，辨别是非的能力在一定程度上得到了增强，较能抵挡不良信息的侵蚀。因此，高校思想政治教育工作者必须充分考虑学生实际，要选择具有针对性的教育方法，从而有效实现高校思想政治教育的目的。其次，每一个人都是独立的客体，即使同为大四学生，他们的实际思想情况都不会一样。微博本身是一个随时随地更新自己信息的平台，用户永远都保持一种"在路上"的状态，教育对象的思想状况每时每刻都在发生变化，作为思想政治教育工作者，必须要时刻关注他们的动态，真正地从实际出发，才能更有针对性地解决每一个教育客体的思想问题，从而更有效地实现思想政治教育的目标。

（三）利用微博构建高校思想政治教育的双向互动模式

在信息技术高速发展的今天，我们必须抢抓微博这一网络技术平台，了解其互动特性，改变传统教育模式，开拓思想政治教育工作互动新领域，从而达到教育主客体双方的双向互动，提升高校思想政治教育的实效性。

1. 构建"生生互动"模式

微博实际上是一个搭载于网络平台的巨大隐形交际网，微博可以将具有相同兴趣的用户聚集在一起形成相应的讨论小组，讨论小组成员会就共同兴趣发起话题进行讨论。这一特性无疑为学生与同辈群体之间进行对话式的思想交流和碰撞架起了一座便利的桥梁。青年学生可以通过无阻隔的沟通交流进行自我教育，减少对正面思想政治教育的抵触和防范心理，从而促进相互之间形成共同的价值观；可以围绕微博上的项目管理和命题研究，随时随地将遇到的与主题相关的信息反馈到微博平台中；可以就学校、社会中的一些现象和热点问题发表自己的看法，与志同道合的学习同伴形成学习共同体，互相协作、互相帮助。比如，拥有众多粉丝的新浪大学生励志网微博平台出现了不少以共同兴趣爱好、目标追求为主题的讨论项目，为青年提供了同龄人共同的交流领地，影响广泛。当然，学生的一些观点、看法难免会有这样那样的偏颇，甚至错误，这就需要在同辈群体中挑选一些思想觉悟高、组织能力强、知识广博的核心人物在微博中发挥导向作用，让青年学生在同辈群体潜移默化的互动影响中获得教益。

2. 构建"师生互动"模式

我国高校思想政治教育在很长一段时间以来都是以理论灌输作为主要形式的，重视知识灌输却忽略师生交流，这导致高校思想政治教育的效果并不理想，大学生在这样的环境下也不愿意直接袒露自己的真实想法。而微博这一最新网络社区交流平台，可以在思想政治教育工作者与工作对象之间构建起一条畅通的信息渠道。思想政治教育工作者可以通过微博发挥自己的影响力，使用"微博语言"与青年人交流能展示亲和力与感召力，容易得到青年人的理解和认可，并被他们"关注"。只有这样，思想政治教育工作者才能利用微博的即时通信功能，公布各种服务信息，及时把握青年人的思想状况和心理需求，了解他们的即时状态，及时发现问题，并将问题解决于萌芽之中。那些需求获得满足的青年学生会更愿意向思想政治教育工作者袒露自己的心声，并会随时提供相关信息，从而形成教育者和被教育者之间的良性互动。

3. 构建"生校互动"模式

我国高校过去将灌输教育和僵硬管理作为主要教育管理方式，这不利于建立高校与学生之间的和谐关系，在这样的关系中，高校在学生心中形成了不良形象。随着微博的盛行，越来越多的高校敏锐地意识到微博在青年学生中的影响力，纷纷开设微博，以勇于接受新生事物和自信开放的姿态赢得了青年学生的认可和关注。那么，如何才能充分体现微博的互动魅力呢？

首先，要建立特色微博网站，改变中规中矩、语言乏味的官方发布方式，运用诙谐语言和网络用语发布一些生活化、大众化、个性化的信息，对青年学生心理健康做出人性化的关怀，获得更多信赖与共鸣；其次，从网络上挑选高质量、能引起青年人兴趣的思想政治教育方面的多媒体学习资料，将这些网络地址链接或理论学习资料网址及时传递给青年学生；再次，还可以在微博上针对热门话题发起群组讨论，高校思想政治教育部门主持引导，让青年学生畅所欲言，在讨论中养成自主学习的习惯，并获得思想修养的提高。在这一点上，中南大学的成功经验值得借鉴。该校构筑微博平台体系，编发微博信息，及时传递校园最新动态，尤其在重大活动和敏感时期，通过命题微博，组织主题讨论，倡导主题活动，稳定学生思想情绪，有效地维护校园安全同时充分利用微博互动和共享优势积极为毕业生就业服务。

4. 构建"家校互动"模式

高校思想政治教育并不只是高校的工作，家庭也应该参与其中，目前还有很多家长并没有认识到自己在思想政治教育中的作用，从而没有建立自身与学校的联系；一些学生想方设法阻挠家长同学校联系，学校有时要同一些学生家长联系往往也很困难，这致使学生在学习和生活中出现某些严重问题时，家长往往感到吃惊和难以置信，后悔没有尽早与学校沟通。随着网络的开放与便捷，上网成为不少学生家长的生活内容之一。各高校应建立家校微博社区联盟，及时发布学校教育管理和团学活动的最新动态，方便家长在第一时间把握学校的动向；创建手机微博发布平台，促进思想政治工作者与家长进行点对点的信息互动交流，及时有效地对学生的在校表现、思想动态做出反馈和沟通，更好地实现家校联合互动、共同教育引导，有助于高校思想政治教育的成效。当前，我国很多高校开设了官方微博，不时发布新闻动态和服务信息，为广大家长近距离了解高校运作提供了便捷渠道，成为学校形象的一张新名片。

（四）利用微博开展高校思想政治教育的方法与途径

当前，微博已经成为大学生沟通交流的重要工具，相较于微博的发展程度，微博背景下的思想政治教育才刚刚起步。多数思想政治教育工作者尚未认识到微博对思想政治教育产生的影响，还尚未找到将思想政治教育融入微博的突破口、方式和途径。

主流思想与微博平台的融合对接将对大学生思想政治教育工作产生积极的推动作用，微博将会成为新媒体环境下高校思想政治教育工作者创新和拓展思想政治教育工作的新技术和新手段。

1. 加强思想教育，引导大学生正确认识和利用微博

（1）引导大学生树立正确微博观

网络的发展为人们带来了便利，但也带来了大量无用、甚至有害的信息，因此必须加强对大学生微博观的引导，加强大学生的网络媒介素养教育已经成为大学生素质教育的重要组成部分。在微博的世界里，引导大学生树立正确的微博观也是极其重要的。微博观实质上就是人们对于微博的认识。其中包括微博的本质是什么，如何正确地使用微博，怎样避免微博所带来的弊端等相关的问题。信息社会需要的不是信息的简单传递者或使用者，而是具有较强信息意识和能够运用现代信息技术手段，将大量支离破碎的信息与数据进行归纳与综合，使之条理化的有较高信息素养的人才。微博从本质上来说就是一个传播媒介，是一个工具性的存在。它对人能产生多大的作用关键是看人如何来使用它。若能正确地看待和利用它则可以为我们提供一个新的开阔视野、沟通交流的工具，否则就会沉溺于其中，给人们的身心带来不利的影响。

①引导大学生提升自律能力

微博是把双刃剑，它在给人们带来巨大利益的同时，也带来了许多负面影响，可以说在微博上大学生既是行为者，又是监控者、评论者，这无疑对大学生的思想素质、道德水准、文明程度提出了新的要求，其要求思想政治教育必须探索和加强大学生的自我教育，培养大学生自我教育、自我管理、自我约束、自我负责的意识和能力，培养大学生对微博上各种信息的选择能力、辨别和分析能力，从而帮助大学生培养和锻炼自主、自律的主体意识和能力，使他们在微博上的行为符合法律法规和社会公德的要求，最终确立能经得起各种挑战的微博价值观。

②引导大学生树立微博责任意识

微博搭载于网络平台，具有很强的自由性和随意性，这也是微博用户规模如此庞大的一个重要原因，然而自由是相对的，自由也就意味着一定的责任。要教导大学生认识到微博上的绝对自由势必会给人带来一定的损失和灾难，而并非像有的人认为的那样自由是绝对的，是神圣不可侵犯的。微博虽然赋予了人们高度的自由话语权，但作为一个具有社会责任感的人应该珍惜这种权利，并且做到自觉维护这种权利，否则言语的过度自由会给微博带来致命的硬伤，以致造成微博在互联网上昙花一现。因此，让大学生在使用微博时，既要充分享用微博给他们带来的便利，同时注重培养大学生正确的微博观。大学生正确的微博观应该是：微博是自由的，同时微博是自律的，它追求思想的共享，更追求利他的奉献精神。

③开展形式多样的微博宣传与教育活动

高校应该开展各种形式的宣传教育活动，以此引导大学生对微博有一个全面、正确的认识，让他们清晰地意识到微博只不过是带给人们便捷的一个工具，人类是不可能脱离现实的世界而生活在虚拟的网络世界的。微博在中国的兴起时间并不长，近两年才真正地发展起来并为人们所知，然而对于这样一个新兴的事物，多数大学生都是通过网络或是同学相互传播而得知的，因此他们对于微博并没有太多的认识。针对这一情况，学校可以开展各种各样的有关微博的活动，学校可以开展网络指导和微博知识讲座，让学生真正地认识微博，这样既满足了大学生对于新事物的好奇心理，也让他们知道了如何正确地使用微博。

（2）加强大学生网络道德教育

当前，微博管理方面存在技术和法规方面不健全的问题，这就导致人们对制止不良信息的传播缺乏完全的监控力。因此，我们还必须通过培养大学生的网络道德素质，依靠大学生自身的内心力量来消解微博给大学生所带来的负面影响。

道德是人们共同生活及其行为的准则和规范，道德通过人们的自律或通过一定的舆论对社会生活起约束作用，在微博这样的环境中，传统的道德观和网络道德发生了碰撞，在现实中原本被认作错误的、不道德的事情，反而被网友所追逐和向往，在现实生活中所崇尚的正确的道德观念在一些网友看来却是那么的不值一提。微博上的自由空间一度让人忘记了现实中的道德约束，做出一些违背道德规范的事情，因此加强大学生的道德素质教育是势在必行的，具体应从以下两个方面入手。首先，培养大学生坚定的道德观念。大学生在微博上的种种行为要让他们意识到在学校思想道德修养这门课程中要切实加强大学生网上道德教育这一部分。其次，加强大学生自身的道德自律。大学生的道德自律是网络道德建设的关键所在，微博给了人们充分的自由空间，少了他人的约束，大学生的种种行为不再受到"他律"的限制，这样就更加需要自我约束即增强道德自律。

随着现代通信技术不断升级和创新，出现了越来越多的传播工具，在为人们带来便捷的同时，还导致不良信息的进入，这些信息对大学生的健康成长造成了消极影响。另外，由于当前的网络监管还是不太完善，网络法律法规尚不健全，对于不良信息的传播还不能完全控制，因此加强大学生的网络道德教育是必要的，我们要帮助大学生正确认识网络道德，增强他们的判断能力，指导他们学会选择，识别良莠，鼓励他们进行网络道德创新，提高个人修养，养成道德自律。

（3）加强大学生心理素质教育

大学生利用微博可以接收各种信息，这种信息传播和交流方式使他们有了新的途径了解世界，拓展了他们的视野，帮助他们通过便捷的方式获取知识，既提供了展示自我的机会也加强了人与人之间沟通的频率，然而对于微博的过度使用也给大学生的身心成长带来不利的影响，尤其是影响了大学生心理健康的发展，长期微博上虚拟的间接性的交流使得他们对现实中的人际交往渐渐疏远，造成他们自我封闭，导致心理畸形发展

因此，高校思想政治教育工作者要重视这一现象，针对大学生自身的心理特点，积极引导大学生，采取对策克服微博给大学生心理造成的不利影响：第一，在大学中开设健康人格心理教育课程；第二，进行情感教育和挫折教育；第三，注意大学生逆反心理的出现；第四，建立心理档案，穿插运用心理辅导方法，通过从"心"入手，解决好学生心理偏差和困惑，形成坚强的心理承受力和积极的挫折防御机制，从而使大学生个体走出人格发展的困境

（4）引导大学生关注现实生活

微博这个世界再绚烂多彩也是虚拟世界，高校思想政治教育工作者要引导大学生正确看待微博，要引导他们更多地关注现实世界，在现实生活中建立良好的人际关系。在微博这个虚拟的空间里，用户可以隐藏自己的身份，甚至自由地发表言论而不受任何外在条件的约束。长期以这种匿名的方式与他人交流，很容易使人们的自我角色发生错乱，尤其是

对那些在微博上表现得与现实生活中截然相反性格的人来说，这种角色的混乱表现得更为明显，而且长期沉迷于微博上虚拟的交往会使人们逐渐远离现实中的人际交往，甚至会出现现实生活中人际关系冷漠的现象。另外，由于微博的极大自由性加上没有外在条件的约束，使得有些用户会做出一些有违道德规范的事情，有时甚至不能自控，做出一些违法的事情。可以说，出现这些问题的一个主要原因就是微博是一个真实性与虚拟性相交织的空间。因此，对于高校思想政治教育工作者来说，必须针对大学生的实际情况引导他们正确认识虚拟空间与现实社会的异同，同时促使其适时转换角色，有意识地从虚拟世界回到现实世界中来。

2. 建立高校微博平台，应用于"两课"课堂教学

(1) 充分发挥知名学者、优秀校友的榜样引领作用

按照微博的运营规则，具有一定社会知名度的微博用户可以进行认证，通过认证的用户将成为"V"标用户，那些极具知名度的称为"网络大V"，这是为了规范网络言行、提高系统活跃度和文化内涵。借鉴这个经验，高校在搭建校园微博群组的过程中，必须考虑到"知名学者、校友、学生骨干"等一个个鲜活的个体在微博网络环境下所起的榜样教育作用。

榜样示范是思想政治教育中的一种重要的实施方法，在思想政治教育中有重要的地位和作用。我国自古以来就非常注重用身教示范来进行道德教育。孔子曰："其身正，不令而行；其身不正，虽令不从""见贤思齐，见不贤而内自省。"榜样示范是一种历久弥新的思想政治教育方法。长期以来，榜样示范法以具体形象、易接受、潜隐渗透性强的特点，在思想政治教育中取得了较为显著的良好效果。

除了个人直接经验会影响大学生的行为举止，他们在外界观察到的人和事同样会对他们的言行举止及个性发展造成影响。一个人通过观察他人知道了新的行动应该怎样做，这一被编码的信息在后来起着引导行为的作用。典型性榜样人物的言行直观地传递着"应当如何做，不应做什么，提倡什么，反对什么"的信息。

通过广泛发掘校内外资源，建立囊括"德高望重、学术拔尖的专家教授""事业有成、社会贡献大的校友"以及"志向高远、努力进取、在学生中有影响力和号召力的学生骨干"的校园微博群组，并推荐学生收听。通过收听这些微博，了解榜样人物的所言所思，引起大学生情感和思想上的共鸣，产生鼓舞、教育、鞭策的作用，激发人们模仿和追求榜样的愿望，使外在的榜样转化为催人上进的内在力量。

(2) 基于微博系统，打造"微博班级"

一般情况下，高校会按照不同年级和专业进行班级划分，具有特定人物关系和管理机

构的综合体，具有一定数量的班级的组成成员。它是学校教学工作的重要载体，是学生大学生活的基本单位，是学校管理和服务所面对的最基层组织，也是进行集中统一的高校思想政治教育的最基本对象。

第一，搭建微博班级，能有效地克服在校生规模不断膨胀情况下师生之间沟通匮乏的困境。现实生活中的辅导员（班主任）、班委（团支部）成员及学生之间的沟通互动将变得更加方便和频繁。与传统现实班级管理模式相比，师生之间交流的渠道更加通畅，信息更加公开透明，管理效率得到了进一步提高。基于微博系统，师生之间可以就当前社会和学校里的话题，开展主题新颖的讨论并达成共识，实现润物无声的效果。微博班级成为师生直接互相沟通的新桥梁。

第二，建立班级微博，并使班级微博和班级成员微博之间建立互听关系，将现实生活中的班级和网上虚拟班级实现深度融合，取长补短，发挥各自的优势，将非常有利于班级的管理和高校思想政治教育活动的开展。

第三，搭建微博班级，微博中平等的话语沟通环境将大大调动班级全体成员在班级管理中的民主参与意识。在班级管理的过程中充分实现了学生的"自我服务、自我管理和自我教育"。

第四，搭建微博班级，微博的实时信息传送功能提供了一个全新的在线政治学习平台。党的理论路线方针政策可以随时随地地通过发微博或者转微博的形式在班级成员中进行传播。

（3）依托微博，搭建网络心理咨询平台

随着经济社会发展，社会公众承受的压力与日俱增，大学生也是如此，这就导致大学生心理健康问题日益突出，高校及相关各方必须高度关注学生的心理健康，把心理健康教育作为思想政治教育的重要组成部分，培养广大学生良好的心理素质，以正确的心态面对自己与社会、面对现实与未来。应积极开展大学生心理健康教育和心理咨询工作，将思想政治教育与心理教育相结合，对大学生心理健康予以有效的指导和关爱，真正做到"常把脉搏，常用心药，防止思想感冒"，应建立心理健康教育网站，通过网络以及校报等媒体宣传心理健康知识。可以说，解决大学生心理问题的方式应该是多种多样的，不能仅仅局限于课堂上教师的理论说教，也不能局限于现实中心理咨询师的辅导。通过网络开展大学生心理健康教育已成为当下学生思想教育的重要途径之一，而新媒体微博的出现更为大学生的心理健康教育提供了一个新的网络平台。由于微博上传递信息有一定的隐蔽性，人们在利用微博进行网络交流的时候通常无所顾忌，表露出潜藏在内心深处的需要、情感等，而且微博的即时交互性满足了大学生随时进行咨询的需求。可以说，微博自身所具备的特性在一定程度上符合了大学生心理健康教育工作的需求。因此，高校应该鼓励心理咨询教师开通微博，并与学生相互关注，在这样一个非刻意的环境下可以与学生建立平等的对话关系，利用微博来了解大学生的心理状况，发展水平及存在的问题，给大学生提供指导帮助，促进大学生心理健康发展。这样把微博引入心理咨询，将会使大学生心理咨询收到更好的效果。

（4）扶植学生社团微博的发展

学生社团是在学校主管部门的批准下，学生依据自身兴趣爱好和特长，自发组织成立的学生群体组织。学生社团组织是学校大学和校园文化最直接的展现，是"第二课堂"的重要组成因素。学生社团是大学生思想政治工作必须要占领的阵地，也是高校思想政治教育的重要载体。

学生社团作为一种高校中特有的文化和群组现象，有其自身的特点，这些特点与微博的信息传播特征具有高度的吻合性。社团的组织形式具有成立自发性和成员广泛性的特点，这与可以很方便地搭建一个微博且任何人都可以收听该微博非常相似。社团的组织结构存在不稳定性，成员的加入和退出均较为自由，且往往存在发起者毕业、社团即解散的情况。这与"收听或不收听微博，一个微博皆由微博用户自行决定"属于同样的情况。因此，很多学生社团纷纷开通了自己的微博，并通过微博来实现线上和线下活动的组织。

第五章 高校思想政治教育工作中理论课教学的创新

第一节 高校思想政治理论课教学内容的创新

一、"立德树人"教育思想的主要内涵

（一）立德树人是以爱国主义为立足点树"目正"和"心正"之人

立德树人是育人的根本，是教育工作的主旋律。那么什么是德呢？德的字义为道德、品行。由"道德"引申为"客观规律"。由"道德"又引申为"信念""心意"。如"同心同德"，又由"道德"引申为"有道德的贤明之人"。

核心价值观实际上就是一种德，既是个人的德，也是一种大德，即国家的德、社会的德。在这个"德"中，爱国主义是社会主义核心价值观里最深层、最根本和最永恒的主题，是人"目正"和"心正"的根基。中华文明绵延数千年，在世界文明中具有独特的价值体系，它潜移默化地影响着中国人的思想和行为。中华文化中的爱国主义体现在自觉维护祖国统一和民族团结，旗帜鲜明地反对分裂国家的阴谋，破坏民族团结的言行，注重和传承中华历史文化，增强中华民族的归属感、认同感、尊严感、荣誉感，既立足民族又面向世界，善于从世界文明中寻求智慧、汲取营养、不断增加中华文明的生机和活力。

爱国主义的集中体现不仅在于继承和发扬我国的优秀文化传统，还在于要积极地学习其他国家的文明和文化。全世界的文化遗产为世界各国人民所共有，它们是全世界劳动人民历时数千年艰苦创造的结晶。我们对国外各民族创造的文明成果兼容并蓄地加以吸收，有利于在合理借鉴的基础上努力创造和激发出有中国特色的思想、智慧和文化。高校教师无疑承担着教育引导、文化熏陶的责任，肩负着让社会主义核心价值观在学生中内化于心、外化于行，使他们成为"目正"和"心正"之人的光荣使命。

（二）立德树人是以敢为人先的理念培养学生的创新意识

我国强调要提升大学创新人才培养能力，实行学术人才和应用人才分类通识教育和专业教育相结合的培养制度，强化实践教学，着力培养学生创意和创新能力。提高创新思维就是敢为人先、不迷信经验以及不迷信权威和惯性思维，以敢于突破藩篱的勇气解决问题开创局面。然而，创新并非与过去彻底断裂，不是另起炉灶，而是具有源头和延续性的变革。创新是在新旧之间、历史和现实之间、理论和实际之间建立起有机的内在联系。

国内外对创新型人才基本达成的共识是具有创新意识、创新精神、创新能力并能够取得创新成果的人才。具体而言，当代中国社会的创新人才是既立足现实又能面向未来，既有博与专的知识准备又有高度发达的智力和能力，既有积极的人生价值取向和崇高的献身精神又有健康的心理和强健的体魄，既有独立的人格又有强烈的社会责任意识的综合型人才。

创新型人才指富于开拓性，具有创造能力，能开创新局面，对社会发展做出创造性贡献的人才，通常表现出灵活、开放、好奇的个性，具有精力充沛、坚持不懈、注意力集中、想象力丰富以及富于冒险精神等特征。具体特征为：①有很强的好奇心和求知欲望；②有很强的自我学习与探索的能力；③在某一领域或某一方面拥有广博而扎实的知识，有较高的专业水平；④具有良好的道德修养能够与他人合作或共处；⑤有健康的体魄和良好的心理素质，能承担艰苦的工作。

创新人才应具备基础理论扎实、科学知识丰富、治学方法严谨、勇于探索未知领域同时具有为真理献身的精神和良好的科学道德。他们是人类优秀文化遗产的继承者、最新科学成果的创造者和传播者、未来科学家的培育者。由此可以看出培养创新型人才与立德树人的社会主义核心价值观是完全一致的。

（三）立德树人是用马克思主义的人才观培养"全面发展的人"

人的全面发展是培养创新人才的基础，联合国教科文组织有关21世纪教育发展的报告要求培养创新型人才，但在教育目的的阐述上仍坚持"全人"或"完人"的培养目标。德国大学的人才培养深受洪堡大学理念的影响。德国教育家雅斯贝尔斯提出大学应该培养"全人"的理念，在追求"全人"前提下进行创新。"全人"或"完人"指的是他们首先应该成为作为人的人、真正自由的人、具有个体独立性的人，而不是成为作为工具的人、模式化的人、被套以种种条条框框的人。虽然个性自由发展的人不一定都有创造性，但实践证明没有了个性的自由发展，创新人才是不可能诞生的。

人的全面发展是马克思主义的最高价值理想，所谓全面发展是指人的活动、能力、社会关系、个性和人类整体的全面发展，即作为一个完整的人占有自己的全面本质。美国哈佛大学以追求真理为办学宗旨，在人才培养上以培养全面发展的人、有教养的人为目标，强调所培养的人才应该是在情感智力方面全面发展的人，应该是受过广泛而深刻教育的人，应该是具有独立思考能力、分析能力、批评能力和解决问题能力的高度发展的人才。

现在我国正处在建设中国特色社会主义、实现中国梦的快速发展新时期，教育思想必然体现中国特色和社会主义核心价值观。随着国家对教育事业的重视，广大教育工作者在实践和总结的基础上必将形成中国特殊的社会主义教育理论。中国在源远流长的历史长河中也产生过从孔子到陶行知等一大批伟大的思想家和教育家，产生过如《论语》《大学》等著作，形成了中国特色的大教育观、全面发展的育人观以及和谐发展的教育观，其特色始终将道德教育放在首位，强调道德教育和知识教育的并重发展，重视家庭教育和社会教育，强调内外兼修、知行合一，着重发挥人的内心自觉。

诚然，培养创新人才离不开高质量的师资队伍建设。国务院的"意见"指出，高校要全面贯彻党的教育方针，落实立德树人的根本任务，遵循教育规律和教师成长规律，培养高素质教师队伍，造就一支学科知识扎实、专业能力突出、教育情怀深厚的高素质复合型教师。同时结合"一带一路"建设和人文交流机制，我国将有序推动国内外教育资源的双向交流，使教师静心钻研教学，切实提升教学水平。从教育实践的前瞻性看，要达到人的全面发展的培养目标，学校还要不断回归教育的本质，要探索适应未来需要和终身学习的模式，不断培养出适应新时代社会经济发展、满足社会需求的人才。教育永远是一项涉及人的工作，因此教育工作的重心要以人为本，这是促进人的全面发展、释放每个人的潜能、满足建设中国特色社会主义的时代需要。教育这项工程很伟大也很艰巨，教师将在其中添砖加瓦，让社会主义核心价值观真正落实到立德树人的教学工作当中。

二、思想政治课程与课程思政的协同育人机制

（一）"思想政治课程"与"课程思政"的本质联系

1. 共同的任务目标

高校思政理论课的功能并不仅限于对高校大学生进行思想政治教育，还需要从其他课程中对思想政治教育进行挖掘，使多种专业课程在向学生讲授知识的同时加强学生的全面思想政治教育，提高学生思想道德素养与修养，提升学生思想政治觉悟，使高校学生的思想政治教育工作能够贯穿高校教学的全部过程。课程思政的教育观念是在高校各种专业课程的相关教学与改革过程中融入思想政治教育，满足在教育教学全过程中贯穿思想政治教

育工作的要求，在新形势下起到改进与加强高校思政工作的重要作用，实现高校思政工作的全民化与实际化。思想政治课程与课程思政都属于高校思想政治教育工作的组成部分，属于课程思政共同体，根本任务是立德树人，引领大学生思想，共同目标是为社会主义培养接班人与建设者。

2. 一致的方向功能

在本质上课程思政与思想政治课程具有一致的方向与功能，以坚持社会主义办学为方向，以发挥育人作用为功能，在一致性的基础上还存在明确的指向性。高校思政理论课教育的明确指向体现在课程教育的"向"与"行"，"向"即正确的政治方向，"行"即进行思想政治教育。在实际上高校思想政治教育的同向同行是指思想政治理论课与其他高校专业课程共同对正确的政治方向进行坚持，充分发挥共同思想政治教育职能与作用，做到合力对大学生进行思想政治教育，实现协同育人效应。思想政治课程与课程思政在方向功能上的一致性是对高校专业课程欠缺思想政治教育现状问题的反思。传统的高校教学观念认为大学生的思想政治教育属于思政理论课的教学任务，因此其他专业课更注重教授学生专业知识，使思政理论课与专业课缺少联系，而课程思政的教育理念能够有效解决这一问题。

(二) 高校"思想政治课程"与"课程思政"协同育人机制的意义

1. 体现思想政治课程价值

在向学生传播知识的过程中，课程思政强调学生的价值引领，在教学传播价值的过程中课程思政强调对知识底蕴进行凝聚。课程思政借助知识传授与价值引领相结合的有效教育形式，将价值观引领融入高校知识传授的过程实现两者在高校教育教学中的同频共振。课程思政对传统思想政治课程的理论说教式教学方式进行了改变，以学生易于接受的方式，提升学生对思想政治课程的认知，从专业教育与德育角度提升思想政治教育对学生的感染力与说服力，有效对高校专业课程轻德重智的问题进行了扭转，使思想政治课程通过课程思政得到学生的喜爱，提升学生素养，使学生能够终身受益，从而体现思想政治课程价值。

2. 完善思想政治课程形式

课程思政使高校思政理论课课程突破自身教学的传统局限性，对思想政治教育理念进行彻底的革新结合，网络运用、社会实践与课堂教学完善了思想政治课程教学形式。在课程思想政治教育理念影响下，高校针对思想政治课程创新教学方法、丰富教学手段、更新教学内容、改善教学状况、降低思想政治课程现有的表面化与形式化问题，体现课堂主渠道的地位，并对思想政治课程的育人功能进行不断强化。学生在高校实行课程思政教学的过程中通过知识学习与相关经验了解，能够产生一定的情感体验并愿意主动参与到社会实践中实现自身对专业知识的内化，形成独立人格与完整的思政精神。高校完善思想政治课程需要借助新媒体技术的优势，在课堂教学过程中加强师生互动，对教学实效性进行有效提升，积极使用互联网等新媒体渠道与载体推行"翻转课堂"、微课等教学新形式，使高校思想政治课程与课程思政的协同教育更富有活力并贴近学生生活。

3. 构建思想政治教育体系

课程思政在高校教育过程中的有效实行能够帮助思想政治课程构建更完善的教育体系。课程思政强调融通隐形教育与显性教育，将高校全部课程进行思想政治教育隐形课程与显性课程的划分。作为高校思想政治教育的主体课程，高校思政理论课属于显性课程，而隐形课程则是自然科学课程、社会科学课程、公共基础课程、通识教育课程等。高校将思政理论课、综合素养课与专业课三者结合，构建三位一体思想政治课程体系，将思想政治课教师、校内外专家与专业课教师联合形成思政协同育人体系，育人体系与课程体系的融合为高校思想政治教育体系的建立与完善提供了保障。针对思政理论课与专业课及综合素养课，高校有机结合课程相应的显性价值引领与隐性价值渗透，使得高校教育针对学生的德育教育能够充分发挥教育合力作用，从而实现全过程、全方位、全员的高校思想政治教育体系的构建。

(三) 高校"思想政治课程"与"课程思政"的协同育人机制策略

1. 健全思想政治课程体系

为实现高校思想政治课程与课程思政的协同育人机制，需要高校全面构建自身思政体系，创建以课程资源形式协同育人的相关机制。高校建设协同育人机制需要认识到这不是阶段性的任务，而是高校实行思想政治教育的常态，并需要全面提升高校教师在这方面的自觉性。高校建设思想政治课程与课程思政的协同育人机制需要做到全面发动、全面提升、全课程渗透。全面发动高校全部教师在课程思政认识上达成一致，自觉行动，将思想政治教育全面融入各自教授的课程中，实现高校立德树人的教育目标。全面提升高校教师的自身专业课程理论水平与思政理论水平，还需要提高教师在心理学教育学层面的相关理论水平，从而提升大学生对思想政治教育的认同感，提高大学生的思想政治素养。全课程渗透是指在高校全部课程内，包括各种专业理论课与思想政治课做到思想政治教育的显隐结合，尤其在专业课教学时，教师需要注重对学生健康成长起到引导作用，有机统一专业课教学的知识与价值，实现隐形课程思政。

2. 实现立体德育育人

现阶段高校落实课程思想政治教育理念需要打造高效立体育人教育格局，在高校各个专业课程中充分挖掘其课程体系中的思政德育元素。在高校教育体系中存在多类专业课程，每一类课程都有其自身的功能地位与作用方式，并具有自身的教育价值。高校需要有机统一育人全面性与课程多元化，结合课程特征对课程中的德育元素进行充分挖掘，并有效利用，从而融合思政理论教育体系与高校整体课程体系，充分体现高效专业课程与思政理论课课程的同向效应。高效思政理论课要起到示范作用，凸显主渠道地位与功能，实现教学的进一步改革。高校需要建设教材、规范课程、创新教学形式、丰富教学内容，对教师综合素质进行提高，从而达到课堂教学实效性提升的效果。

高校需要借助社会科学类课程培训大学生的科学精神、理想信念、人文情怀国际视野，从而拓展大学生的综合素养。在课程思政的教育理念下，高校需要挖掘专业课程资源优势，立足学科理论，提炼课程文化价值，将其向社会主义核心价值观转化，在学生进行专业课学习的过程中实现学生思政层面的精神指导，达到课程思政隐形的效果，体现协同效应。

3. 创新课程思政方法

高校思想政治课程想要实现与课程思政协同育人，需要对课程思政方法进行创新，引导高校教师在践行立德树人教育理念过程中的自觉性。高校建设课程思政体系需要以培养学生文化自信与自觉为目标使核心价值观真正做到在学生之间的内化于心与外化于行。高校需要为课程思政在思想政治课程与其他课程中的良好运行建立相应的保障机制，重视课程教学质量的相关评估，针对课程思政建立育人评价体系，从而在学评教内容中有效融入德育元素。高校需要重视课程教学的设计，针对每一门课程特有的德育教育功能明确教师职责，挖掘专业课德育元素与功能，将思想政治教育内容融入各自教学课程中。高校创新课程思政教学方法需要有机结合渗透与灌输，创新课堂方式丰富课堂教学内容，尝试新型课堂教学形式、提升学生在课堂的参与度，使学生在行为与认知上对课程思政教学产生认同，潜移默化地形成自身的思政素养。高校在建设课程思政与思想政治课程协同育人的机制时，需要重视自身师资队伍的强化，提升教师课程思政落实自觉性。在高校教师深刻理解核心价值观、明确德育教育作用的情况下，课程思政才能发挥作用实现高校德育育人。

第二节　高校思想政治理论课教学方法的创新

一、思想政治课混合式教学模式的路径探讨

（一）坚守课堂教学主阵地，增强授课吸引力

课堂教学这一种传统形式对于思想政治理论课教学来说无疑是最主要和有效的。思想政治理论课教师需要明确自己在课堂教学中的核心作用，在做人、教学、管理等方面不断反思与完善。教师是思想政治教育的主体，是带动、影响整个课堂的灵魂人物，对教学效果的取得起到至关重要的作用。因此，增强教学实效性和吸引力，思想政治课教师的全面发展与自我反思尤为重要。当前的思想政治理论课教学改革要从教师的专业功底、授课技巧、课堂组织能力、人格魅力等方面进行全面完善。

一是思想政治理论课教师要不断增加知识储备，建立起重视学习和积累的自觉性。思想政治理论课教学内容更新速度很快，教师必须通过广泛的、大量的、及时的阅读与思考才能确保占领知识的高地，让思想保持新鲜，让授课变得生动。同时，只有建立了这种自觉，教师才能更加从容自信地面对各种职业的竞争与挑战，将现实压力转化为前进的动力。

二是思想政治理论课教师要努力增强课堂教学的趣味性和吸引力，变"能教"为"会教"。目前，相当一部分大学生呼吁或者建议教师切勿把思想政治理论课变成枯燥无味的宣教，一定要让思想政治理论课有趣，这样学生才会有听课的积极性。对课堂教学"有趣"的要求，主要体现在课堂教学设计上。教学设计是课堂教学的基本要求，一堂生动精彩的思想政治理论课需要教师在课下花费大量的时间和精力进行教学设计，这意味着教师要认真思考在教材体系的整体基础上如何把教材语言变成教学语言，把教材体系变成授课体系。教学设计包括宏观和微观两个层面：宏观的设计包括教学的重难点和教学目标，微观的设计是在宏观设计的基础上进一步细化，包括每一个知识点应该如何深入浅出地讲解，选用什么案例来进一步解释理论，甚至小到一条新闻热点、一张历史图片都要竭尽心思。同时，精心设计的教学内容需要用学生乐于接受的方式表达出来，思想政治教育是深入心灵的教育，同样的教学内容用不一样的表达方式会产生不同的教学效果。

三是思想政治理论课教师要提高课堂组织能力和感召力，成为课堂教学的"导演"而不是"演员"。组织和管理能力是教师教学能力的一种体现。生动的课堂教学不是教师一

个人的"独白"，而是教与学互动的过程。组织能力强的教师不仅能够很好地调控课堂教学的进度、讲授的效果，还能够激发学生听课的积极性，营造出积极向上的教学氛围，使课堂充满活力。这需要教师在授课的过程中密切关注学生的反应和参与度。如果理论讲授的时间过长，就应适当地安排视频播放或者案例讨论的环节以调动学生积极性。这种组织的过程其实也是教师在观察、反思的基础上及时做出调整和改变的过程。

四是完善人格魅力，既成为学生的"良师"，又成为学生的"益友"。中国有句古话叫："学高为师，德高为范。"对于思想政治理论课教师来说，这点就显得更加重要。教师的言谈举止、思想境界、性格特点、价值观念在教学的过程中会被学生关注和逐渐了解，也成为学生对教师综合素质进行判断打分的重要参考。值得注意的是，大多数学生对教师的品德素质是充满期待的，这一点思想政治课教师要重视起来。因此，思想政治课教师平时要注重文明修身，培养健康的旨趣与平和的心态；在课堂教学中，在阐述个人观点的时候，应该做到理性的思考，而不能人云亦云，更不能信口开河甚至哗众取宠。同时，对于当代大学生来说，他们更希望能够与老师平等交流和相处，思想政治理论课教师更应该多了解大学生的特点，关注他们的思想状况、兴趣爱好，想问题和做决定的时候能够设身处地从学生的角度出发，多听听学生的想法和建议。这样做不是为了取悦于学生，而是为了更好地开展思想政治教育。

（二）合理运用网络教学平台，聚焦教学重难点问题

随着互联网的发展，网络上各种优质的教育资源可以随时随地共享，教学不再受到时间和空间的限制，微课、慕课、翻转课堂等新的教学模式已然引发了一场新的教育革命。然而，对于思想政治理论课教学来说，如何合理地运用网络教学平台开展网络教学是一个值得慎重分析的问题。

应该看到，网络教学模式适合那些难度不是很高并且理论性较强的课程。像微课、慕课的内容多为理论性知识的讲授，同时将传统的教师的"教"为主变为学生的"学"，也就是学生主动通过网络进行课程学习，基本上可以掌握教学内容，既灵活安排了其学习时间，又实现了教育资源的合理配置。然而，对于思想政治理论课来说，网络教学未必会取得很好的教学效果，这是从思想政治理论课本身的特点（并非纯粹的理论性知识）以及思想政治教育的规律（需要师生间面对面的思想交流）两方面思考得出的结论。这也不是说思想政治理论课完全不能采用网络教学的模式，而是返回到对"教什么"和"怎样教"这两个问题的反思，只有搞清楚这些，思想政治理论课的网络教学才能有的放矢而不至于成为盲目地跟风行为。

基于学生的想法与建议，网络教学应该提前做好选题和内容的规划，凝练出教材体系

的重难点问题，以教研室为单位开展集体备课，并根据教师的研究专长与兴趣爱好合理分工。在这个过程中，需要注意以下几点：首先，网络教学内容应努力做到"形散而神不散"。比如，"微课"视频在形式上尽管显得分散但在内容上应该具有内在的逻辑性，这要求教学单位根据教材体系进行再加工，形成教材的凝练版，以便学生在课后进行巩固复习的时候能够比较容易地掌握教材的核心内容特别是重难点问题。其次，网络教学需要去粗取精。一般来说，人高度集中时的注意力不过二十几分钟，且与课程的吸引力密切相关，这就需要发挥微课程短而精的特点合理安排教学任务。最后，网络教学也需要"引进来"和"走出去"。在网络技术高速发展的今天，各类资源层出不穷，大量制作精美的网络公开课、论坛上的意见领袖以及"名人微博"等既给网络教学带来了不小的压力，同时也提供了丰富的素材和资源。对于其中优秀的又比较适合教学内容的资源，可以积极借鉴使用，同样教师也可以将自己制作完成的优质视频资源共享到网络。

（三）开展丰富多彩的实践教学，提高学生的参与度

实践教学相比教师的理论讲授具有学生广泛参与、形式灵活多样、气氛生动活泼等特点，是课堂讲授的有益和必要补充，也是让"高大上"的思想政治课"接地气"的重要方式。

实践教学分为课内和课外两种形式。课内实践教学组织起来更容易，活动类型也可以更加丰富。教师根据不同的课程内容、年级、专业，结合时政热点问题合理地设计课程活动，比如素质拓展训练、主题班会、小型辩论赛演讲比赛、征文比赛、时政大家谈、红色诗文赏析、两会 PPT 案例大赛等。这些操作性比较强且形式多样的课内实践活动不仅活跃了课堂气氛，而且有利于锻炼学生的表达能力和分析解决问题的能力。对于思想政治理论课来说，有些教学内容，如社会主义核心价值观的培育、中国梦的宣传教育也离不开实践教学活动的巩固，单纯的课堂讲授很难融入学生的精神世界，只有将主题实践活动与课堂教学相结合，才能促使学生在认知的基础上深入思考。对于一些开展得比较成功的活动，可以将其发展为品牌系列活动，持续进行推广，总结经验，不断完善。另外，布置社会实践调查任务，让学生利用节假日或课余时间对本地或家乡社会发展变迁中的现实问题进行调查，撰写调研报告，这不仅有利于培养学生关心国家和社会发展的责任心，而且也有利于培养学生关注现实问题的自觉性，提升他们分析和解决问题的能力。

实践教学在具体操作中应注意以下几个问题：首先，注意与教学内容的配合。无论是课内还是课外的实践教学活动最终都是为了更好地服务于思想政治理论课教学，只有合理地安排和衔接才能取得更好的效果。其次，做好实践教学计划，在开展实践活动的次数和可操作性上认真考虑。在思想政治理论课教学任务本身已经很重的前提下，要合理安排实

践教学的课时量，也要考虑实践教学是否符合学校的实际情况。最后，实践教学活动要注意做好记录和总结，特别是学生的表现情况以及教学效果、存在问题等，以便在今后组织策划时有所参考。

二、案例教学法在高校思想政治理论课教学中的运用

（一）思想政治理论课中案例教学法的内涵

思想政治理论课中的案例教学法是以激发学生在教学中的主体作用为原则，通过案例的展示、讲解、讨论、辨析等教学活动，使案例与教学内容有机融合，引导学生参与到教学过程中，帮助学生深化对教学内容的理解、认识与运用的一种教学方法。

（二）思想政治理论课中案例的特点及类型

1. 思想政治理论课中案例的特点

能够称为案例的教学材料至少应该具备以下几个特点：

第一，来源于现实生活，具有真实性和鲜活性。一般来说，作为案例使用的教学材料应该取材于现实生活，具有真实性。这一点和举例就有明显区别，教师举例可以是假设的，或为了教学需要虚构出来的，但案例一般来说是真实的，而且要尽可能保持事件的原貌，尽可能不去做加工和处理，更不能虚构。此外，案例最好具有时代气息，不能过于陈旧，要具有一定的鲜活性。

第二，能够承载特定的教学内容，具有一定的深度和广度。有些教师在使用案例教学时，往往先讲授理论知识，然后为了证明其理论观点的正确性，或者为了活跃课堂气氛，就会举出案例进行分析，用来论证之前的观点。这种做法看似合理，实则剥夺了学生思考的权利和机会，不是真正意义上的案例教学。事实上，案例是教学内容的一部分，应与教学内容有机融合。成功的案例教学应是以案例引出教学内容，让学生在学习和分析案例的过程中主动思考，自主得出某种结论，不知不觉地获得理论知识，认同某种理论观点，而不是生硬地先讲理论，再举案例。因此，能够承担这种教学任务的案例就应该具有深刻的思想内涵和丰富的内容，才能够较好地满足学生的探究欲望，实现教学目标。

第三，能够激发学生在教学中的主体作用，具有一定的问题导向性和互动性。案例教学的本质是要激发学生在教学中的主体作用，通过案例启发学生思考并开展讨论，师生共同完成教学过程，实现预期的教学目的。这就要求案例本身蕴含着一些问题，能够引起学生的思考，也便于教师根据案例进行教学设计。内容过于浅显或直白，没有留给学生思考

和讨论的空间与余地的案例不是好的案例。所以，思想政治理论课教师在选取案例时，首先要考虑案例是否能够激发学生思考和讨论的积极性，是否有利于形成师生之间的互动交流，是否有利于发挥学生在教学中的主体作用，这样的案例才能帮助教师更好地实现案例教学的目标。

第四，能够引发学生的学习兴趣，具有一定的趣味性和生动性。思想政治理论课的案例除具备以上几个特点外，还应该尽可能符合大学生的年龄特点和兴趣偏好，具有一定的趣味性和生动性，让学生感觉到新鲜有趣，这样更容易引发学生的学习兴趣。有些教师选取的案例内容过于陈旧，学生基本都已知道或了解，没有新鲜感；或者案例的语言表述比较生硬刻板，对于学生来说缺乏亲切感和吸引力，这在很大程度上会影响案例教学的效果。试想，如果学生对案例本身都毫无兴趣，又怎么会对案例进行积极思考与讨论呢？因此，教师应多选取那些内容鲜活有趣，语言表述生动亲切的案例，这种案例对于实现良好的教学效果往往具有事半功倍的作用。

2. 思想政治理论课中案例的类型

按照案例在思想政治理论课中所起的作用，案例大致可以分为以下几种类型：

第一，导入型。这种案例一般在一堂课的导入环节使用，教师首先通过引入案例，营造教学情境，启发学生思考，引发学生学习兴趣，由此顺势导入教学内容。教师可在案例中提出问题，让学生带着问题进入后续教学内容的学习，在后续内容的教学中，也要考虑到与之前导入案例的呼应，对案例中提出的问题适时进行解答或进一步深化。

第二，论证型。这种案例一般在教师需要突破某些教学重点和难点时使用，目的是引导学生形成正确的认识和观点，帮助学生加深对一些理论问题的理解。在这种类型的案例教学中，教师往往不会采取直接讲授教学内容，再举出案例加以论证的模式，而是首先展示案例，提出需要学生讨论和回答的问题，并组织学生进行课堂讨论，教师参与学生的讨论，对学生的讨论发言进行分析和点评，引导学生对案例提出的问题得出正确的结论，这个结论不是教师强加给学生的，而是在师生的共同学习讨论中学生自主获得的。在这个过程中，教师也完成了预定的教学内容和任务，实现了教学目标。

第三，深化型。教师在完成了某个内容的教学后，为了进一步加深学生对该内容的理解和认识，并锻炼其运用该内容分析和解决问题的能力，可以使用这种案例达到进一步深化教学内容的目的。教师可以举出案例，要求学生进一步思考和讨论，也可以就案例设计一些有利于训练学生实践能力的任务和项目，要求学生独立或分组完成，从而加深学生的理解，锻炼学生的实践能力。

（三）案例教学法在实践中的改进策略

1. 精心设计课堂，增强案例教学法的活力和作用

成功的案例教学离不开精心的教学设计。教师要运用案例进行教学，必须对整个教学过程进行系统设计，要打破原有的教材体系，重新整合教学内容，认真思考分析案例在整个教学过程中承担的任务和作用，通过精心设计使案例能够承载更多的教学内容，并最大限度地运用案例来突破重点和难点，激发案例教学的活力和作用。

2. 发挥学生主体作用，重视学生能力培养

在案例教学过程中，必须充分发挥学生的主体作用，让学生积极参与到教学过程中。在参与案例教学的过程中，学生的抽象思维能力、逻辑分析能力、理论联系实际的能力都会得到锻炼和提高。教师通过精心的教学设计，采取讨论、完成项目任务、归纳分析等多种方式，让学生参与到案例教学的不同阶段，让学生在主动思考和自主学习中提高能力，实现教学目标。

3. 重视案例的收集、编写与管理，不断丰富案例资源，提高案例的使用效益

优秀案例的缺乏已成为影响案例教学实施效果的一个瓶颈。重视和加强案例的收集、编写与管理已成为迫切而必要的任务。案例的收集和编写工作量大，任务艰巨，依靠每个思想政治课教师单打独斗是难以取得良好效果的。院校应重视此项工作的开展，从学院层面加强案例的收集、编写与管理工作。学校应建立相关的工作机制和奖励机制，鼓励和组织教师积极收集和编写案例，并将此项工作纳入教师工作内容和绩效考核中，由专人负责，持续不断地推动工作，对工作的成效进行检查和考核，并给予适当的奖惩。同时，学校要推动案例资源共享平台的建设，使收集和编写的案例能够实现效用的最大化。

三、情景教学法在高校思想政治理论课教学中的运用

（一）思想政治理论课"情景教学法"基本步骤

情景教学法是一种运用多学科、多领域的知识和社会信息与相应的教学手段相结合，设置课堂教学情景，启发学生学习兴趣的一种开放式教学方法，其特点是言、行、情三者融为一体，其核心是激发学生的情感。情景教学法一般由创设情景、确定问题、自主学习、协作学习、效果评价等几个环节构成，主要有角色扮演、行为实践、多媒体设备创设情景等方式。在思想政治理论课中采用情景教学法能调动学生积极性，激发学生学习理论的兴趣，培养学生的创新能力。情景教学法的一般步骤如下所示。

第一阶段：情景教学准备。周密的教学设计和完整的教学准备是情景教学的成败关键。该阶段的主要工作：向学生说明情景教学的目标、步骤和要求，使学生对情景教学有一个整体了解；指导学生预习与情景教学相关的知识；练习拟订计划准备相关道具；将学生分成小组，分别参与各组的物质准备工作。

第二阶段：设置现场情景。复现现场情景要以教学目标教材许可程度和学生已有条件为出发点，其类型大致可分为两种。一种是实在的情景，主要通过教学媒体来创设，教学媒体一般有实物媒体，如现场照片、图画和相关道具等；光学媒体如现场幻灯、投影等；音响媒体如介绍某一事件的录音等；影视媒体，如电影、录像等。另一种是虚拟的情景，例如通过角色扮演、形象模拟等方法创设一种相对真实的现场情境。至于具体的呈现方式和程序则需要根据学生基础内容的难易采取不同的处理方法。可以一次呈现，也可以分别、有序呈现。

第三阶段：情景实践，现场处理。面对复现的事件学生需要在教师指导下，有目的、多角度地观察，使积累的知识和观察到的情景现场表象重新组合，在真实（仿真）情景中获得情感体验，在多次反复的基础上教师指导学生进行比较、分析、综合、判断推理，以期获得对情景中事件较深刻的认识，最终清楚问题发生的来龙去脉。

第四阶段：激发情感，总结经验。在情景教学中，学生作为现场处理参与者，随着情景的复现一起思考、解决问题，成功产生喜悦，失败产生愤恨，很容易激发情感。教师要有意识地引导学生去发现问题、探究问题、创新思维，并要适时总结现场经验。

（二）创设情境应遵循的原则

1. 体现时代性

思想政治理论课教学中情境的选择既要求必须能够说明问题，又要求具有时效性和时代感，关注时政热点，贴近学生生活。思想政治理论课教学十分重视理论联系实际，强调学以致用。以事实为依据创设材料情境是思想政治课教学的一种重要的理论联系实际的形式。因此，教师必须紧密结合当代社会生产和人们的日常生活，以现实生活热点为背景，或以对现实有直接影响的史料为背景设置材料情境，使学生在材料情境所展现的自然、社会现象面前，能根据自己已有的知识和观点，有效地提取材料情境所提供的各种信息，发现事物的区别，把握事物的联系，透过现象认识事物的本质。教师利用事实材料，就如同把学生引进现实生活中，向他们展现现实生活的复杂与多样，让学生在典型的环境中，综合运用知识，发现、解决现实问题。因此，在教学中结合教材，有机地利用事实材料，不仅可以激发学生的学习兴趣，加深对知识的理解，而且有利于启迪智慧，开拓他们的思维。

2. 体现学生主体性

选取的情境要体现学生主体性的特征，从学生的实际出发。学生主体性就是要求所设计的情境材料必须尽量贴近学生生活，充分考虑学生的认知水平、接受能力。情境教学模式的一个重要特点，就是充分运用各种教学媒体和手段把事件的全貌呈现在学生面前，让学生在整体环境的把握中展开认识。但是，复现的情境必须符合学生的知识背景、认识能力，把需要解决的问题有意识地巧妙地寓于恰当的情境之中。因此，情境设置要求情境信息要有一定量度；情境问题要有一定难度；情境所包含的问题要符合学生探究的深度。学生的情感，不能用灌输的方法或强制的手段来培养，只能通过具体的情境设置，让学生置身于社会现场之中，激发学生积极的情感。情境教学的关键是设法使学生的情感与教师提供的情境相融合促使情感激发，实现真正的身临其境。教师在创设情境时，要努力寻找"启情点"，尽可能地增强情境和情境的情感因素。

3. 情境设计应真实、贴切

在创设情境的形式上，力求生动形象，尽量采用多媒体辅助教学。情境设计应真实贴切，具有适时性、针对性和启发性，使学生在身临其境之中做出真实地反应。选择的教学目标过难，不利学生当堂解决，影响参与的积极性。因此，做到情境设置真实、教学目标难易适度是情境教学设计要点的关键。情境教学的主题应突出教学内容和教学目的，既为学生设置一个预先要达到的目标和标准，又使学生为解决问题而"深入其境"。为了达到目标，学生必须充分灵活运用自己掌握的知识与技能，去寻求解决问题的最佳方案和方法，这样自然才能调动学生积极参与和学习的积极性，并且培养和提高他们独立分析、思考、判断和解决问题的能力。教师应自觉地扮演类似导演的角色来掌控全局，注意学生的接受能力和思维特点，并做到适时适当的点拨，将主角让给学生。

（三）使用"情境教学法"应注意的问题

1. 教师应具有较高的综合知识水平

情境教学在学生的参与和感受过程中进行知识传授，教师在整个过程中担任了"场内外指导"的角色，打破了传统的"问题—解答—结论"的封闭式过程，形成一种"问题—探究—解答—结论—问题—探究……"的开放循环式教学模式，通过使学生积极参与到课堂教学内容中来，提高课堂实践的质量和效率，有目的、有意识地培养学生不断发现和创造新知识的能力，因此师生之间的交流也因此变得非常重要。与传统的教学模式相比，不仅注重理论知识的培养，而且更强调应用能力的锻炼，在对学生进行跨学科、跨领域的专业训练的同时，要求教师自身具有综合素质和进取精神，即不再只是单一领域内的行家里手，而应是兼备专业能力和决策能力的多面手，切实提高"自我教育力"和"自我上进心"，不断提高自身的创新意识和创新思维，只有这样才能及时把握学生的思维脉搏，帮助他们在现实和理论之间架起桥梁，通过灵活处理在情境教学中出现的不同见解，启迪、诱导、激发学生究问题的兴趣，通过教与学双方平等的对话开发学生的创新潜能，按照"问题情境—学生实践—教师点评"的体系实施教学，克服思想的僵化与保守性，真正体现教师在课堂教学中"激发"和"引导"的核心地位，才能突出情境教学的特色。

2. 要给予学生充分的课前准备时间

要真正实现情境教学的有效性，学生的配合是关键。学生是学习的主体，在教学过程中，无论是知识的获得还是能力的形成，都离不开学习主体——学生的主动参与，情境教学尤其如此。只有通过学生的积极参与才能形成教师与学生之间的互动，甚至是学生与学生之间的互动，才能真正实现尊重和完善学生的主体性。不仅如此，情境教学中师生之间的互动还应该是多元的，既包括语言行为的交流，还包括心理的交互，是一种多纬度、多层次的互动过程。教学活动的规律告诉我们教不等于学。要让学生融入情境教学中，首先必须给予他们足够的时间去准备。现在许多大学生的学习目的似乎只是为了考试过关，很多知识学过之后就忘得差不多了，如果学生的准备不充分，情境教学就很难深层次展开，甚至又变成教师的单向"灌输"了。因此，教师在进行情境教学之前，要提前将相关的背景材料布置给学生，让他们提前去预习相关知识并主动去图书馆收集需要的数据和材料，如果有条件，还可以组织学生到社会上进行调研，采集有用的素材。通过他们的课前准备，既可以达到提高情境教学效果的目的，也在一定程度上培养了学生的自我学习能力，否则，学生的思维会受到各种限制而影响发挥。

3. 情境设置内容应该围绕教学内容

情境设置在教学中只是教学手段和方法，而非教学目的，所有的教学活动必须围绕学生掌握知识和培养能力进行。活动形式要服务于教学内容，不可单一地为了追求课堂的活跃气氛而忽视了紧扣教学大纲，忽视了现场组织与处理能力的培养。尽量满足学生的成就感，对学生在情境现场处理中的出色表现，甚至微小的进步都要予以适时、恰当的表扬。教学过程结束后要及时纠正错误，详细讲解难点，并要求学生撰写情境现场处理工作的总结报告。

四、专题式教学法在高校思想政治理论课教学中的运用

(一) 专题式教学模式的优势

所谓专题式教学，是指依据教学大纲的基本要求，根据学生学习的具体情况，按照课程内容的内在思想联系和逻辑关系对教学内容进行提炼、整合，形成既先后连接又相对独立的系列专题，并围绕专题确定教学方案、组织教学活动的一种课堂教学模式。专题式教学模式，不仅在教学内容上改变了按教材章、节、目进行授课的传统授课方式，从学生的思想实际和当前的社会热点中去提炼和确立教学专题、重新编排教学内容、建构新的教学体系，而且打破了过去一门课程由一名教师"打通关"的教学惯例，改为由学有专长或确有研究的不同教师实施专题教学，有利于发挥教师的优势和特长，使学生受到不同学术背景教师的熏陶和训练。

1. 专题式教学既可照应体系，又便于突出重点

教材体系往往因强调科学性、完整性和系统性而难免存在体系庞大、内容过多、面面俱到，无法全面满足不同学生的需求，不能及时反映理论和实践发展最新成果等弊端。专题式教学模式的显著特点是有利于避免交叉重复和死板陈旧，既可照应体系，又便于突出重点，使教师能够灵活地根据社会实际和学生特点组织教学，可以更加深入、更有针对性地讲述学生最感兴趣的问题，有利于把教材体系转化为生动鲜活的教学体系，满足学生的内在需要。

2. 专题式教学既可发挥教师各自专长，又能形成各学科教师的综合优势

专题式教学能把教师从无所不包、面面俱到的备课中解脱出来，集中精力研究自己最擅长或最感兴趣的专题，不仅能深化对理论和现实问题的认识，提高学术研究能力和研究水平，增强讲授的熟练专深和精巧程度，还能使学生享受到旁征博引的知识盛宴，接受更加精深独到的学术滋养和博学敬业的品格感召，从而有利于培养学生的学习兴趣，调动学生的积极性。

3. 专题式教学既有利于形成独特、多样的教学风格，又有利于调动学生的学

专题式教学不仅有利于教师潜心于自己专长的研究，在专门研究上取得学术成果，成长为专家型教师；而且有利于教师个性发展和优势发挥，形成独具个人魅力的教学风格。更重要的是，由教学风格和情态各异的多位教师同时执教，有利于开阔学生视野，增强教学过程的总体美感和吸引力，既可避免学生听觉视觉疲劳，还可激发学生的学习兴趣和积极性。

4. 专题式教学既能增强教师的竞争意识，又有助于提高整体教学水平

专题式教学是多名教师共同面对同一批学生，学生很自然会对各名教师的教学效果进行比较。这既有利于激励教师增强竞争意识，改进教学方法和提高教学效果，又有利于激励教师增强动力，互相学习、切磋，取长补短，提高团队的整体教学水平。

（二）专题式教学模式应防止和克服的主要问题

1. 在筛选专题时，要防止在知识性与思想性的关系把握上失之偏颇

实施专题式教学，筛选和确定专题是组织好教学的重要环节。因此，筛选和确定好专题极为重要。教师在专题筛选与确定上要防止和克服以下三个方面的问题。

一是不能片面追求新奇，而忽视理论的完整性。思想政治理论课的教学目的是既要让学生理解、掌握并运用所学的理论知识，培养学生的理论思维，更要让学生掌握体现在所学理论知识中的立场、观点和方法，提高学生分析、观察和解决问题的能力。新颖奇特的专题名称虽有利于吸引学生，但不一定能很好地引导学生。因此，教师在筛选和确定专题内容时，只有将教学内容和理论的完整性与学生的兴趣紧密结合，才能全面实现思想政治理论课的教学目的，真正起到传道授业解惑的作用。

二是兼顾整体与部分的关系，专题的筛选不能偏离教材体系。教学大纲和教材有着严密的逻辑体系，而专题教学是由教师各自实施同一门课程的部分教学内容，这就可能因教师各自对教材和教学大纲逻辑体系理解程度的不同，以及选题和讲授内容的不同偏好而造成对教材和教学大纲落实的不一致。加之专题式教学本身也要求对授课内容有所取舍，如果教师对教材和教学大纲理解不到位，教学内容取舍不当，势必影响教学内容逻辑体系的完整性，甚至把其逻辑体系弄得支离破碎。因此，专题的筛选一定要兼顾整体和部分的关系，切忌顾此失彼，偏离教材体系和学科体系。

三是不能片面强调学术性，而忽视意识观念和价值观的引导。思想政治理论课教学的最终目标是为国家培养社会主义事业的合格建设者和可靠接班人。因此，思想政治理论课教学，无论是采取专题式还是其他形式的教学，都要注重对学生的思想引导和价值观塑造。教师在专题的选择上，如果没有社会主义核心价值体系的统摄，片面强调学术性、知识性和专业深度，忽视思想政治理论课的意识观念性，专题式教学就有可能在价值观多元化的今天迷失、偏离，甚至背离主流价值观的导向，有悖于思想政治理论课教育教学的目的。

2. 专题式教学要防止在教师单个授课与课程总体辅导关系的把握上失之偏颇

在这方面教师要注意避免的问题：一是教师重课堂讲授，轻答疑解惑。每名教师只负责自己所讲授的专题，只关心学生对自己专题的学习和答疑，而对学生提出的与自己专题无关的问题一般不太关注，有的甚至一推了之，课讲完就走人，导致课程系统答疑无专人负责。二是教师对专题研究比较深入，对学生情况了解较少。专题式教学，教师同学生接触相对较少，对学生了解十分有限。学生课程学习的总体情况怎样，有哪些兴趣点，还存

在什么困惑，各专题教师难以全面了解和掌握。学生提出的本专题以外的问题向谁反馈，教师之间也较难协调与沟通，这势必不同程度地影响专题式教学效果的提高与改善。三是在专题式教学情况下，教师对本专题教学效果较为关注和重视，但对课程总体教学效果并不太在乎或关注不够。因此，专题式教学要加强课程学习的总体安排和协调，如作业如何布置与批改，实践环节怎样设计与安排，课程考核如何实施，学评教怎样进行，等等，授课教师之间都应有明确分工和合理安排。

3. 专题式教学要防止在处理规范管理与自由发挥关系上失之偏颇

专题式教学的尝试虽已取得积极的教学效果，但作为一种新型教学模式，目前尚缺乏相应的评价机制，也没有明确的教学规范。因而有的专题式教学基本处于自由放任状态，其教学内容基本上是依据教师自身的学科背景和偏好"自由发挥"，专题选择无人协调，教学内容的确定、教学环节的组织缺乏规范管理，教学效果的评价机制不健全，教学效果的反馈缺少畅通的渠道，等等。因此，专题式教学要完善管理评价制度，防止在处理规范管理与自由发挥关系上失之偏颇。

（三）专题式教学的基本要求

1. 以核心价值观统领教学

思想政治理论课教学与专业课教学的不同之处在于它不仅注重文化知识点的传授，而且更注重价值观的引导、强化和塑造。因此，教师在进行专题教学时，除了要处理好讲授的知识性、趣味性与思想性的关系外，还应突出核心价值观的引导，重点帮助学生掌握社会主义核心价值体系，树立中国特色社会主义共同理想，弘扬以爱国主义为核心的民族精神和以改革创新为核心的时代精神。

2. 贴近现实、贴近学生

专题式教学需要对教学内容进行取舍，教师应在熟悉教学大纲要求及培养目标的基础上做到：一要善于联系社会主义现代化建设实际，尤其要直面新时期社会生活中出现的新情况、新问题，深入浅出地解疑释惑，循循善诱地启发引导，帮助学生真正建立起对马克思主义的科学信仰；二要紧密联系当今世界发展形势，联系当代资本主义发展出现的新情况、新问题，让学生认识并警惕资本主义腐朽价值观的侵蚀，增强学生对资本主义意识观念的识别力、免疫力和战斗力；三要联系大学生思想实际，着眼于大学生的兴趣爱好和他们所关注的热点、疑点及难点问题，并根据学生的不同专业特点组织教学，使教学更有针对性和实效性，更能入耳、入脑、入心，变成学生的内在需求。

3. 课堂教学与课外实践相结合

实践出真知。思想政治理论课的教学目标,既要使学生掌握马克思主义理论知识,更要帮助他们确立马克思主义理想信念,并转化为实际行动。因此,思想政治理论课教学不能仅仅满足解决学生知与不知的问题,更要解决做与不做的问题。学生在思想政治理论课教学中接受的许多抽象的概念和理论,只有通过实践这个环节,才能转化为对社会现实的热切关注和立足于现实的深度思考,才能进一步提高他们的理论认识,并且在实践中锻炼他们的意志,升华他们的情感,从而进一步坚定他们的马克思主义信念。因此,在专题式教学过程中,教师之间应该通力合作、总体把握、认真设计好实践教学环节,使实践教学内容与理论讲授内容紧密结合、相互配套,具有可操作性,使实践教学真正达到开阔学生理论视野、加深学生实践体验的目的。

(四)专题式教学模式的规范与完善

1. 进一步坚持"育人为本"的教学理念

把学生培养成社会主义事业的合格建设者和可靠接班人是思想政治理论课教学的最高目的,也是思想政治理论课教学应始终遵循的根本教学理念。专题式教学要始终贯彻和坚持这一教学目的和教学理念,在组织教学内容时要把"育人为本"贯穿始终,落实到每一个专题之中。专题式教学,各个专题的内容可以不同,关注的侧重点可以不一样,教学组织方式和教学手段可以千差万别,教师风格可以灵活多样,但最终落脚点必须是一致的,那就是把学生培养成合格公民,培养他们真、善、美的道德情操和爱国守法、维护正义的道德人格。

2. 进一步规范专题设计

首先,专题的确定要规范。比如,每个专题的教学目的、教学方法、专题的名称、包括的内容、专题间的衔接等,都要精心设计、周密安排,尽可能做到科学合理。

其次,专题内容的组织,要处理好知识性与思想性的关系,内容的深刻性与趣味性、灵活性的关系,重点、难点与热点的关系,被动适应学生与主动引导学生的关系。

再次,专题教学的方法与手段,应注意设计让学生参与互动的环节,发挥学生的主体性;在教学手段上应注意采用多媒体教学等现代教学手段;在教学方法上应采用典型案例、关键问题讨论、疑难问题辩论等多种教学方法。

最后,要完善专题教学效果反馈机制,以利于改进专题设计与教学内容的组织。

3. 进一步完善教学评价体系

专题式教学作为一种新的教学模式,能否取得好的教学效果,取决于各个环节的设计、管理是否合理、到位，教学评价体系是否健全、科学。

专题式教学的评价，主要看专题设计是否合理，教学内容安排是否科学，教师的教学态度是否认真，教学方法是否得当，对学生的要求与管理是否到位，学生对教学效果是否满意，对所学理论知识是否掌握，分析与解决问题的能力是否有所提高，学生的到课率与听课率，等等。

4. 进一步加强集体备课和教师之间的交流

专题式教学中，教师所面对的是同一门课程、同一批学生，但由不同的教师各自分散进行、独自完成。因此，与"打通关"的教学模式相比，专题式教学更应加强集体备课，加强主讲教师团队内相互间的沟通与交流。例如，如何照应本门课程内在逻辑体系的完整性和各个专题之间相互衔接的合理性，如何进行专题内部结构的设计布局，如何吸纳、取舍、运用有关资讯和音像资料，如何突出和彰显主题，如何及时沟通学生的学习情况，如何有效落实课程教学的总体要求，等等，都需要加强集体备课和教师之间的交流。只有这样，才既有利于提高各专题的教学水平，又有利于提高课程的总体教学效果。

五、PBL 教学法在高校思想政治理论课教学中的运用

PBL（Problem-Based-Learning）教学模式——"基于问题的学习"，是一种先进教学方法，现在被广泛运用于医学教育领域。

（一）PBL 教学法及其对高校思想政治理论课教学的价值

1. PBL 教学法的含义

PBL 教学法主张学习要以问题为导向，以学生为中心，让学生在小组协作中探究与解决问题，寻求解决问题的最佳方案，并在这一过程中学习知识与掌握技能。PBL 教学法已发展出五大基本要素：一是问题，二是解决问题所需要的技能和知识，三是学习小组，四是解决问题的程序，五是学生自主学习的精神。

2. PBL 教学法在思想政治理论课教学中的价值

由于 PBL 有以上特点，把其科学地运用于思想政治理论课，有利于转变教学活动中师生的角色，革新教学方法，实现教学目标，提升学生学习兴趣。其具体的价值有三：一是改革传统的教学方法。PBL 教学法在问题导向下，实现了思想政治课由单向的"注入式"教学向互动的"启发式"教学转变；由封闭的课堂讲授向开放式教学转变。二是提升了学生学习的兴趣。PBL 变以教师为中心为以学生为中心，学生在问题的探索中激发出强烈的求知欲望和浓厚的学习兴趣，增强了思想政治理论课的吸引力。三是强化了学生道德品质

的内化。思想政治理论课进教材、进课堂易，进学生头脑难。PBL 教学法以"现实问题"推进学生增强自主解决问题的能力，能有机地实现思想政治理论"知、情、意、行"的转化。

（二）高校思想政治理论课 PBL 教学模式的构建

把 PBL 教学法应用于思想政治理论课，关键是要建构出一套可操作的流程模式。结合 PBL 教学法与思想政治理论课的特点，这一模式应包括五个环节：设计问题、成立小组、自主探究、课堂讨论、总结评价。

1. 设计问题：教学内容和目标的分解与转变

设计问题，是 PBL 教学模式建构的前提和基础。高校思想政治理论课的课程框定了教学内容，这些内容随着马克思主义中国化成果的丰富不断更新。PBL 首先要做的就是把思想政治理论课教学的目标与内容分解与转变为一个一个设计科学的具体问题。

2. 成立小组：确定解决问题的攻关团队

成立小组，是 PBL 教学模式实施的重要保障。面对世情、国情、社情、民情的新变化，大学生不同程度地有着"政治信仰迷茫，理想信念模糊，价值取向扭曲，诚信意识淡薄，社会责任感缺乏，艰苦奋斗精神淡化，团结协作观念较差，心理素质欠佳"等共同的问题。为便于对所创设的问题展开探究，在思想政治理论教学课堂上，需要把学生按照兴趣爱好分成 6~8 人组成的小组。小组实行组长负责制，各学习小组在教师的指导下，内部分工合作小组相互竞争，共同完成对问题的探讨。小组的成立不仅有利于问题的分析，同时培养了学生的团队协作意识和精神。

3. 自主探究：寻求问题最佳的解决方案

自主探究，是指学生以小组为单位，通过明确问题、收集资料、分析问题，形成问题解决方案的过程。PBL，教学中，教师不是直接为学生提供创设问题的现成答案，而是负责为学生解决问题提供指导，引导学生思考。因此，学生成为学习的中心，老师成为问题的提出者与解决问题的指导者。这种角色定位，有利于学生主体性的充分发挥。

4. 课堂讨论：自主探究成果的现场交流

课堂讨论，是学生对自主探究所获得的问题的初步解决方案开展课堂交流。这一环节包括以下的内容：首先是各小组派代表上台汇报问题的解决过程，呈现解决问题的初步方案，小组内的其他同学可进一步补充发言；其次是各小组对其他小组解决问题的过程及解决问题的方案进行质疑和纠偏，通过不同观点的交锋，补充修正，加深每个学生对当前所学习理论知识的理解。在这个环节教师就像电影的导演，要协调和组织好演员（发言学生）的表演，控制时间和掌握局面。经过课堂讨论，学生在分享观点的同时相互启发、集思广益、碰撞出思想的火花。

5. 总结评价：对目标知识的梳理和归纳

总结评价环节，是指教师围绕教学目标和学生围绕问题的学习过程进行总结和评价，以加深学生对目标知识和理论问题的理解和深化。教师要对学生学习过程的经验加以总结，对理论知识进行归纳，对学生的片面观点纠偏，最终形成对问题较为细致的理解。

（三）在思想政治理论课中运用 PBL 教学法应注意的问题

尽管 PBL 教学法被实践证实是一种高效的教学方法，有利于学生对知识的学习和理解，有利于思想政治理论知识的内化，但为了让其更有效地运用于高校思想政治理论课的教学，还应注意和解决以下四个方面的问题。

1. 转变观念是前提

一些采用 PBL 教学法的教师，存在着机械套用 PBL 教学模式的倾向，没有考虑到思想政治理论课教学中应用 PBL 模式的现实性和针对性。因此，要把 PBL 科学地运用于思想政治理论课的教学，需要教师改变根深蒂固的传统教学观念，科学理解与创造性运用 PBL 于教学中。

2. 设计问题是关键

PBL 是"基于问题的学习"，教师的教和学生的学都是围绕着"问题"展开。对于思想政治理论课来说，问题要密切结合思想政治理论课课程的教学内容，设计出具有现实性、针对性的问题供学生探究。

3. 配套资源是保障

PBL 作为一种新的教学方法，除了需要传统教学需要的场所和设备外，还需要相应的教学资源作为配套。如丰富的图书资料、专门的讨论场所、专题性的文献数据库、相应的网络平台，这些在学生自主探究学习及讨论环境中不可或缺。但从目前思想政治理论课教学的 PBL 实践看，这方面或多或少都存在问题。

4. 提升能力是根本

作为一种全新的教学模式，PBL 对教师和学生的素质提出了较高的要求。在 PBL 教学中教师扮演着多种有别于传统教学模式中的角色，他们不仅仅是知识的传授者，也是学生发展的促进者、指导者、领导者和有效的合作者。这种角色的转变，要求教师更新教学理念，拥有更丰富的知识，能驾驭全新的教学流程。对学生来说，由于从小接受的就是应试教育，自主学习能力比较薄弱、缺少与他人合作的理念与技能，加之学校思想政治理论课作为大学生的公共必修课，学生普遍不重视，缺乏学习的主动性与积极性，这都对 PBL 教学带来了挑战。因此，需要"教""学"双方在相应能力及素质上都进行提升。

第三节　高校思想政治理论课教学模式的创新

一、"慕课"与高校思想政治理论课

（一）慕课运用于高校思想政治理论课的理论依据

慕课运用于高校思想政治理论课，受到学界和高校思想政治教育理论和实践工作者的极大关注。高校思想政治理论课为什么要引入慕课，慕课为何能够运用于高校思想政治理论课，是否具有合理性和必要性，这都需要一定的理论依据作为支撑。马克思主义关于人的全面发展的理论是慕课运用于高校思想政治理论课的根本出发点。同时，关联主义学习理论、行为主义学习理论、建构主义学习理论都是高校思想政治理论课应积极引入慕课的重要理论依据。

（二）传统模式、慕课模式中高校思想政治理论课的比较分析

慕课模式中的高校思想政治理论课，与传统模式中的高校思想政治理论课具有鲜明的区别。下面将从教学时空、教师、学生、教学反馈途径等方面对二者进行比较。

1. 教学时空的变化

在教学时间和空间上，两者的转变主要体现在从"限制性"转向"无限制性"。

传统模式中的思想政治理论课教学是以固定教室为空间、规定时段为时间的时空确定性教学。教师和学生必须在规定的时间和固定的教室中完成授课、学习。在这样的限制性教学中，教师需要付出"重复劳动"，学生的学习效率、学习需求难以保证和满足。首先，对于教师而言，他们每学期都固定为多个班级承担思想政治理论课的公共教学任务，因此在面对同一个教案时，第一次授课是充满激情的，但是在进行多次"重复劳动"后，教师对同一份教案的多次重复使用，难免会出现倦怠和抗拒的情绪。其次，对于学生而言，由于他们学习思想政治必修课的学习兴趣和能力水平参差不齐，教师很难顾及各种情况的学生。为了保证完成教学任务，教师无奈地选择让每一名学生"按照同样的分量进食"，其

教学也许只对 1/3 的学生有效，其他 2/3 的学生要么"吃不饱"，要么"吃不消"。思想政治理论课的课程内容还具有偏政治性严肃缺乏趣味性的特点，学生很难在一节课上对所有思想政治理论的教学内容保持兴趣和热情。

慕课模式中的思想政治理论课，基于互联网、人工智能、多媒体技术处理、云计算等技术的发展，可以不受时空限制，其教学时空表现与传统模式恰好相反。首先，对于教师而言，其讲授内容只需要提前精心准备并录制成为片段式视频即可满足所有教学班级的上课需求，可避免其倦怠情绪，并在一定程度上减轻教师的工作量。其次，对于学生而言，学生在任何时间和任何地点都可以参与慕课教学中的片段式教学视频、阶段性小测验、网上辅导反馈、网上提交批改作业、网上社区讨论等环节，实现了学习的"无限制性"，是时间的无限制性。在慕课环境下，教学录像视频主要为片段式，每段约 8~12 分钟，学生可以根据自己的时间、学习节奏安排学习，"吃不消"的学生则可以重播和后退观看，"吃不饱"的学生节奏可以快些，或者根据慕课提供的大量延伸性学习资料，进行深度学习，各得其所。另外，是学习空间的无限制性。例如，当学生需要进行思想政治理论课的学习时，无论他们是在学校食堂、在公车上，还是在旅途中，都可以利用移动设备获取各种形式的学习资源，也可以与教师或者其他学生进行交流。无论学生身在何处，他们都可以根据自己的学习意愿和需求，并结合周边的实际环境和情况使用一定的电子设备，灵活地选择学习资源和学习策略。

2. 教师的变化

教师是课程实施的组织者和促进者，也是课程的开发和研究者之一。任何一项教学改革，其实施的成功与否，与教师有着直接的关系。

（1）授课形式的变化

传统模式下的思想政治理论课，其面对的学习内容是相对固定和特定的，具有非常明确的思想政治教学指向与稳定的教学体系。传统的思想政治理论课教师，根据教学大纲的要求，以教材内容为依托，借助其他辅助性工具，以课堂传授为主，辅以课堂讨论和实践性教学，进行思想政治理论教育。因此，教师的讲授和课本的内容构成了授课的主要因素。此外，由于思想政治理论课具有其他学科不可比拟的特殊政治性，教师在授课过程中必须遵循一定的既有要求和准则。在常规的思想政治理论课中，最主要的授课方式采用直线型授课方式，即从概念、原则、意义等出发，直接给出结论，将思想道德、党和国家的政策方针灌输给学生。虽然这几年高校思想政治理论课的教学方法在不断创新，如使用多媒体教学、实践性教学、探究式教学等手段，但"教师在课下费尽心思地准备，在讲台上积极尽力地讲授，却仍无法得到满意的课堂效果"的局面还是部分存在，而这种局面正是当前思想政治理论课教师面临的最难应对的问题，急需通过改革教学模式来解决。

慕课模式下的思想政治理论课，在教学模式方面有较大的创新。课程前期，教学团队要进行课程内容、教学过程、学习探究活动、社会实践的设计。主讲教师在教学团队的配合下录制高质量的教学视频并将课程视频切割成数个独立的"微课程"，重点在于理论和知识要点的讲述。教学团队在平台上介绍课程的教学计划、课程设置及学习考核等事项。课程中期，辅导老师和助教按照教学进度和课程内容有计划地组织若干次讨论、社会实践，把讨论成果和实践成果进行转化并展示。主讲教师与辅导教师、助教一同合作，组织、监控整个教学活动进程，并及时观察学生的思想表现、心理变化。课程后期，教师布置作业并进行结业考核。一般来说，一门慕课的课程周期约为 12 周。

（2）职业角色的变化

教师职业角色最主要的变化是由"知识的传授者"转变为"学习的指导者和促进者"。从"讲台的圣人"，转变为走到学生中间，巡视、观察和帮助学生学习的"启发者"。

传统模式下的思想政治理论课一直都是知识的传播者，他们以言语和板书/多媒体为手段，进行思想政治理论的讲授。在这种传统的授课方式中，教师基本上仍保持了一种施教者，而非互动分享者的授课角色，教师常常把学生当作接受教育的被动者，课堂讲什么、怎样讲，讲得深、广、多、寡，对学生的要求等，主动权始终在教师手里。思想政治理论课具有意识观念教育的功能，形式单一、原则性强，教师对于政策理论的讲授，难免会给学生留下一种"教条维护者"的形象，从而导致学生不敢，也无兴趣与其进行更多的沟通、交流。这样的教育是单向性的知识传输，而处于该状态下的教师，美其名曰"知识传授者"，实则"知识的传输带"。

慕课模式下的思想政治理论课，教师不再只是思想政治理论的呈现者，而是更加注重学生思想行为、道德素质、政治表现的观察者和指导者。课前，学生已经借助网络，通过微课程进行纯理论、纯知识的学习，课内，学生提出自己的疑惑点和问题，与辅导老师或者同伴进行大规模互动和讨论，以求解疑。并且在互动过程中，由于个体经验背景差异，不同学生对于某一现象或某一问题的理解常常各异，而这又源源不断地成为宝贵的课堂生成性学习资源。因此，在慕课环境下，教师已经不是单纯呈现知识，而是根据学生对各种现象的认识和理解，进行调整、引导或强化。

此外，职业角色的变化还体现在群体分化上，会出现思想政治理论课明星教师与普通教师的分化。慕课不断发展，教师群体的职能不断分化、重组。那些教学能力突出、科研能力显著的著名教授肯定是学生的首要选课对象，而大部分教师则有可能由思想理论的线上讲授者转变为线下的辅导老师或助教，从事辅助性的工作，如解答大学生的疑难问题、组织学生讨论、教学内容收集及幕后制作编审等。

（3）职业能力要求的变化

当代教育正从"知识本位"走向"综合素质本位"。毋庸置疑，随着慕课的发展，国家、学校、社会对思想政治理论课教师队伍的职业要求必将不断提高，并成多元化趋势。

传统模式下的思想政治理论课，对教师职业素质最基本的要求是，具有坚定的马克思主义信仰和社会主义信念，善于运用马克思主义的立场观点开展世界观、人生观、价值观教育，能把握学生思想品德形成、发展规律，分析、解决学生思想问题与实际问题。归根结底，这主要包含马克思主义理论素养、教师基本职业技能两方面。符合这两项要求，就具备了成为一名合格的思想政治理论课教师的基本条件。

慕课模式下的思想政治理论课，教师仍然需要具备较高的马克思主义理论素养和教师基本技能，能够正确引导学生情感态度价值观发展，并以自己的言行促进学生道德的发展，这是思想政治理论教育工作者应具备的素质和本领。除此之外，慕课对教师提出了更高的能力要求。首先，现代网络信息技术能力。目前，我国大部分思想政治理论课教师在教学中都运用了形式多样的多媒体教学手段，积累了较为丰富的技能和经验。但是慕课这种全新的教育模式，不再仅仅局限于简单的课件制作、内容开发，而是囊括了一系列在线互动、在线考评等技术环节过程。其次，多元的知识背景和渊博的知识储备。在互联网里，人人平等，教师能使用的素材和资源学生也同样能接触到。现在更多的情况是，学生还能掌握教师所没有了解到的知识、信息。而且，在慕课环境下，互动性越强，学生提出的问题就有可能越多、越复杂，这些情况教师难以做出准确的提前预估。为了很好地应对以上提到的这些情况，也就意味着，教师不仅要将整个课程内容烂熟于心，还要掌握更为多元的知识，并且能够根据社会发展的实际情况和发展进行拓展性地解读与回答。

3. 学生的变化

教育的本质是学习，"学"才是教育的本体，"教"原本就是用来帮助"学"的，学生居于教育活动的中心。在思想政治理论课的改革中，引入慕课模式，不得不探讨其对学生的影响和改变。

（1）学习态度的改变

思想政治理论课引入慕课，是否有效，关键点在于学生是否能够将被动的学习态度转变为主动的学习态度，从"要我学"转换到"我要学"。

传统模式下的思想政治理论课，尽管教师不断地改善教学手段，改善教学方法，但最终实效性都不大。究其原因，是学生在接受学习时的态度问题。一些学生对思想政治理论课持有一定偏见，学习热情较低，认为"思想理论与现实不符""课程内容枯燥无味"

"理论高大上"。因此，在课堂上消极被动，或是忽视教师，自顾自地阅览自己喜欢的书籍，或是索性逃课躲避。还有一些学生迫于这是公共必修课，勉强应付。

慕课模式下的思想政治理论课，要求学生以更为主动的姿态进行交互学习、自我学习。首先，开放的网络环境下，学习资源更为优质丰富，学习途径更为便捷，即使对思想政治理论课存在偏见，但总能从众多选择中找到自己喜欢的课。其次，慕课这种近乎自由的学习方式，要求学生有更强的自主性和自我控制力，在没有外界监督的情况下，自觉地屏蔽一切干扰因素、抵制互联网其他分散注意力的信息，冷静思考，专心学习。这一切对学生的自主性、理解水平和学习能力等要求较高。再次，需要学生从应试教育、被动式的"要我学"状态转变为积极、主动的"我要学"状态。

（2）学习方式的转变

学生的学习方式由"填鸭式学习"转变为"交互式学习和移动式学习"，由原来的"课上学习、课后巩固"变为"课前学习、课堂研究、课后巩固"，学生不再被动地接受知识，而是主动地带着疑问积极建构自己的知识体系。

传统模式下的思想政治教育理论课，学生接受知识的主渠道还是学校课程。通常况下，必修课占据了大部分课时，而且限于校园环境的相对封闭性，他们难以接收到外部的学习资源。思想政治理论课中的思想观点和内容几乎都是结论性的，学生只有在课堂上机械地、统一地、单向地接受。这样，学生对知识的吸收和掌握发生在课堂上，而对知识的内化过程则发生在他们课后对现实生活中观察、思考和感受中。但是，这样的方式容易导致学生在内化过程中的疑惑和问题，没能进行适时地解答和引导，而且内化过程中，学生思想、情感、心理发生的各种细微变化，教师无法及时感受到，这最终会影响思想政治教育的实效性和有效性。

慕课模式下的思想政治理论课，知识的吸收和内化过程发生了改变。布鲁姆的认知分类法由六种不同认知层次的思维水平组成，即识记、理解、应用、分析、综合和评价。其中，识记、理解、应用三个层次属于比较低层次的认知水平，对于具有一定学习能力的学生来说，在课前完成知识的识记、理解，以及简单的应用不成问题，处于大学阶段的学生由于知识储备和社会阅历有限，对于分析、综合尤其是评价，需要教师的适当引导。根据心理学研究，人的高效专注时间为15~20分钟，因此在慕课环境下，课程内容通常按照这个时长将一段完整的视频剪辑成多段微视频。课前利用碎片化的时间，并根据自己的学习水平有选择地学习。课中，针对课前发现的难点和疑问，学生之间进行充分的协作探究和互动交流，相互启发，使思想在一次次交流中升华。学生对知识的识得过程发生在课前，知识的内化与悟得过程发生在课堂上。学生"不再是张嘴待填的鸭子，而是积极主动觅食的小蜜蜂"。

（3）学习效果的变化

传统模式下的思想政治理论课，由于一些主观和客观因素的影响，导致学生的学习效果普遍不高。教师的授课内容与学生身边的现实需求之间缺少快速而直接有效的回应、对接，学生想听的教师没有讲授，学生不关注的事件，教师也没有努力引发学生的关注兴趣，这样教师和学生很难在感情上生共鸣。

慕课模式下的思想政治理论课，由于运作方式的新颖性、教学内容的丰富性、教学方式的多样性，其在学生范围内受到的欢迎程度和所能达到的课堂效果，与上述情况截然不同。学生通过慕课平台进行自由选择，可以获得来自不同大学的不同教学风格的不同教学版本，因而可以产生不同的教学感受。多元的选择，能极大地满足不同学生的兴趣差异，不同类型的学生都能从自己喜欢的慕课中寻找到自己的兴趣点。在兴趣的帮助下，教育内容中所蕴含的思维认知和价值判断的导向，就能够自然而然地以充分满足学生视听习惯和欣赏习惯的方式，对他们的思维与行为产生潜移默化地引导。

4. 教学反馈途径的变化

教学反馈贯穿于教学过程的始终，是教学的重要组成部分。在教学过程中，教师既要负责教学信息的传送，又要重视学生的反馈信息。学生也不是单纯地接受知识，他们要将加工与处理的信息通过一定的方式输出。对教师来讲，学生输出的信息就是对教师教学的反馈，教师必须根据这些合理的教学反馈信息分析自己的教学活动过程，并做出及时和必要的调整与修正。对于学生来讲，他们要从教师那里获得关于自己学习行为、学习效果的反馈，并根据教师的反馈，对自己的学习活动进行总结、反思，并及时改进自己的学习方法及方式。这样，教师和学生双方才能在教学中处于一种正常而积极的状态。可以说，没有教学反馈，就不是完整的教学。

传统的思想政治理论课，师生之间的教学反馈存在不对等、不平衡的问题。学生对教师的教学反馈体现出单向性、滞后性特点，教师对学生的反馈评价介质以纸质评价为主。首先，在目前思想政治理论课的教学反馈中，更多的是学生对教师的单向反馈，而教师对学生、学校教学分管领导的反馈少之又少，这是教学反馈单向性的表现。并且，通常是在每一门思想政治理论课结束后，学生才对教师的教学进行评价、反馈，这不利于满足学生某段时刻的利益诉求。课程结束后，教师接收到教学反馈并做出教学调整，但反馈信息的当事学生可能已无机会感受。而且，由于教育对象的更换，教师为上一批教育对象所做出的调整有可能无法适用于下一批教育对象。这是教学反馈滞后性的表现。其次，当前教师对学生的学习反馈，主要是以纸质的作业和期末考试为主，其间其他语言上或活动上的沟通反馈较少，这样的反馈是片面、单薄的。

慕课模式下的思想政治理论课，其教学反馈具有交互性、即时性的特点。互联网的社交平台是一个虚拟的学习社区，师生、生生之间的交流互动快速而便捷。首先，大数据能深入分析每个学生学习过程的各个环节，使教师随时掌握每个学生的状况并能及时、即时地进行反馈和指导，反馈时间大大缩短，对学生的潜在帮助会更大。其次，教师能在授课前、授课中、授课后的任一时间段接收学生的信息反馈，这有利于教师调整、改进教学内容和思路。

（三）慕课模式下高校思想政治理论课的建设策略分析

慕课以其自身独特的教育观念、教学理念和教学模式冲击着传统高校高等教育的授课形式、教学过程和课程设计。慕课为高校思想政治理论课的教学改革提供了良好的契机和平台。对于慕课运用于思想政治理论课表现出的不足和提出的挑战，我们要积极应对，扬长避短，为此，我们要努力做好慕课模式下高校思想政治理论课的课前、课中、课后三个阶段的建设。

1. 慕课模式下高校思想政治理论课的课前阶段

在课前阶段，需要达成"知识与能力目标"。因此，该阶段师生之间的活动主要围绕知识性内容展开，主要涉及微课程的设计与制作、学生的自主学习等环节。

（1）依托教学大纲，构建微课程教学逻辑体系

教学团队在对教学目标、教学内容总体认识和把握的基础上，围绕教学重点、难点、疑点，以提出问题、分析问题、解决问题为线索，细化主题层次，构建逻辑体系。教学团队根据教学大纲，对具体章节的内容进行梳理、归纳后，通过逻辑层次的细化，预设一级主题，然后把主题细化为二级、三级层次，如有需要可以再细化到第四级层次。围绕一级主题的二级、三级主题构成若干个微课程教学单元。

（2）录制微视频，制作微课程

慕课教学中主题设计这个最主要的部分已经解决，接下来就是微课程视频的制作。教师通过集体备课，选择擅长某一部分教学内容的教师分别录制四段微课程视频，每个微视频的时间各为 8~10 分钟，组成 1 个课时的教学内容。每段微视频的尾声均设置 1~2 道作为通关游戏的问题，只有通过上一段微视频的游戏关卡，才能进入下一段微视频的学习。最后将录制好微视频、课程的参考资料、时事政策、社会热点问题等学习资料，一并放到慕课平台以供学生学习。

（3）发布课程资源，开展线上自主学习阶段

教学团队将课程信息发布到学习网站上，学生通过浏览网站基本了解课程的内容和时

间安排，可以根据自身实际需要在网上注册。学生的注册信息将被汇总，由教师组成的教学团队根据注册人数进行分班管理。

线上自主学习的阶段，学生在教师的教学计划引导下，进行某一课时的自主学习。值得指出的是，在每一段微课程单元的视频中都会穿插小测试的游戏闯关环节，学生需要成功闯过上一关小测验才能开始下一关的学习，只有成功闯过 1 个课时内所有小测验，自主学习阶段才算完成，而测试的结果也会马上反馈给教学团队。这样，原来课堂上用于传授知识的时间就被节省了出来。

2. 慕课模式下高校思想政治理论课的课中阶段

此阶段主要包括线上的社区交流以及线下见面、小班讨论等。该阶段应特别突出学生的主体地位，教师只扮演学习活动的协调者和促进者角色。在此阶段，目前国内较为成熟的思想政治理论课的慕课教学中，分别按照 1∶50 和 1∶25 配备见面课和论坛讨论的辅导老师和研究生助教。辅导老师和研究生助教主要负责积极引导与组织学生就某个问题进行讨论，加深对知识的理解，让学生学会用理论分析和解决实际问题的方法，最后负责归纳、总结课堂讨论的观点。一方面，在讨论互动中，学生体验着感情、思想不断变化的过程，最终对抽象的政治理论形成新的认知；另一方面，课堂讨论为学生营造了一个快乐、轻松的学习氛围，将知识的接受变为知识的互动，这种思辨式、互动式的教学，比单一的理论灌输效果要好，能达到知识培育的最大优化。

（1）借助见面课，教师转变为学生学习的协助者

在慕课模式下的课中阶段，教师由决定者变为协助者，教师的实际工作量并未减少反而有所增加。教师要确保课程结构编排的合理性外，还要及时调整、优化课程内容，建立与学生的联系渠道，提供支持服务协助学生学习，并学会运用信息技术等手段收集信息，及时掌握学生的学习动态等。

课中阶段的见面课，主讲教师、辅导教师、助教的工作重点就是组织课堂讨论、对学生的问题进行实时的答疑解惑，这是传统教学所无法实现的。在传统课堂中，教师按照教学计划授课，为保证正常教学进度，无法在课堂上间断性地、及时地解答学生的疑惑，而思想政治课的主要任务就是帮助学生形成正确的世界观、人生观和价值观，因此，师生之间的实时交流对于思想政治理论课意义重大。利用慕课平台，可以实现学生有问题即时提、教师即时解答的模式。一方面，能够真正形成师生之间的良性互动，推动思想政治理论课的转型；另一方面，一般学科中慕课所体现出来的"教师人格魅力难以彰显"的劣势，就能得到有效解决，进而最大限度地发挥慕课的优势。

（2）利用交流社区论坛，学生开展自主讨论

学生在完成自主学习后，将自己对课程知识的疑问，以发帖的形式放到学习网站的讨论区，同时利用诸如贴吧博客、微博等网络平台，将自己的心得体会、学习笔记与其他学生分享。这种互动和讨论对人文类课程来说尤其重要，很多时候不同的观点在网络空间上的碰撞就会激发出新的灵感和火花。

学生的讨论与发言，成为学生最终考核的重要组成部分，有了分数的激励，大家会很积极地发言。在课堂上经过小组讨论和共同探究等环节，学生之间思想激荡、观点交锋，相较于令人昏昏欲睡的灌输式教学，无疑提高了教学效果，促进了学生思考，并有利于更好地培养学生的民主参与意识、合作互助精神等品格，这相较于照本宣科的道德教育更有现实意义。

3. 慕课模式下高校思想政治理论课的课后阶段

此阶段对于思想政治理论课而言，最适合的是安排实践教学，进行期末考试，颁发结业证书。

（1）进行实践性教学

该阶段，我们可以从无变有，从少变多，切实增加实践性教学的课时数，以弥补"一般情况下，慕课实践教学环节缺失"的劣势。这里所说的实践性教学，包括社会实践、校内实践，即将政治理论与实际相结合，指导学生到实践中去调查研究，分析和解决社会问题。学生可以围绕一个主题，组成社会实践小组，在教学团队的支持下开展各种形式的社会实践。这不仅有利于促进学生加深对马克思主义基本理论的理解，而且可以帮助学生建立起协作学习的关系网络，将知识学习变为社会协作化活动，学生将原本限于个体自身的知识培育变成了集体智慧的构建，同时，针对学生在课后继续学习所产生的新的认知，教学团队可以最终完善课程内容。为了更大地发挥慕课的优势，弥补其劣势带来的消极影响，建议在一般慕课流程的"进阶自主学习""见面讨论课"的基础上，增加一定课时量的"实践教学"环节。在课后阶段适当安排融入社会实践活动、系列的专家辅导报告辩论比赛、事实热点比赛、知识问答等实践教学环节。

社会实践方面。无论是在思想政治理论课的课内、课外，社会实践活动都是大学生了解社会、认识社会、深入社会的一个很好的途径。同时，大量的学术报告和讲座也在大学中开展，学生平时大多是基于自己的兴趣有选择性地听一部分，但若将一些与课程相关的讲座纳入课程的考核体系中来，则会督促和激励学生去听讲座和报告，从而拓宽学生思路，丰富知识。

校内实践方面。校内实践也是学生交流、学习的重要环节。在慕课的课程设计上，除

了小组内的讨论与交流之外，还可以在课后组织小组间的辩论赛，如对马克思主义价值观和非马克思主义价值观分别进行准备的小组就可以针对一些具体问题进行辩论。辩论的过程不仅是这两个小组受益，针锋相对、唇枪舌剑的辩论也会让课堂更有趣味，吸引学生的关注。同时，时事热点比赛和知识问答等活动形式也能达到类似的效果。

　　慕课模式下的思想政治理论课实践教学环节的具体操作仍然需要教师团队的统筹和安排，由主讲教师布置时间专题或设计调研内容，由助教带领小组参与社会实践或者开展其他第二课堂活动。将实践教学的精彩过程通过 PPT、视频、调研报告或其他载体形式表现出来，发布在论坛或社区上公开分享。

　　（2）进行期末考核

　　在慕课模式下，对学生的期末考核仍然采用线上测试的方法完成，这样可以不受空间的限制。但这要求教师和教学管理者必须建立一套完备的在线试题库，进行合理的试题管理。

　　期末考核，不仅要参考学生的期末测验成绩，更重要的是依据大数据，参看学生平时学习、交流的各项细节数据，从而对学生做出公正、合理的评价。

　　以上的策略建设分析，主要是运用慕课的教学理念和技术，从课前阶段、课中阶段、课后阶段三个方面对高校政治理论课的教学进行全方位地再造。目的是在一种轻松互动的非正式学习的氛围中，帮助学生在不同的阶段获得不同的学习体验，充分享受自我参与、自我组织的学习快乐，使得思想政治理论课的学习不再是一味地枯燥知识的搬运，而是知识的生成与增长。

二、"微课"与高校思想政治理论课

（一）相关概念

　　随着"微"时代来临，"微课"以碎片化的学习方式渗透到高校大学生思想政治教育的方方面面，我们必须要清楚地认识"微课"本体、特点的问题，将"微课"应用到高校思想政治理论课教学中，就必须对"微课"的基本情况有着全面的认识，只有这样，才能充分发挥"微课"在思想政治理论课教学中的作用。

　　1. 概念界定

　　（1）微格教学

　　微格教学是指利用现代化教学技术，在有限的时空内，培训师范学生和任职教师掌握某一技能技巧的教学方法。"微"是微小、碎片、奥妙的意思，"格"是推究、考察、讨论的意思。

微格教学是一个有控制的实践系统，它使师范生和在职教师有可能集中解决某一特定的教学行为，或在有控制的条件下学习，它是建筑在教育理论、视听技术的基础上，系统训练教师教学技能的方法。

（2）微视频

微视频应该定义为时长从 30 秒到几十分钟不等，适用于多种移动终端，制作周期短、制作成本低、内容和形式涵盖面广，展示非主流大众文化形态，受众可以广泛参与并表达自我的新媒体形式。

（3）"微课"

"微课"以在线学习或移动学习为目的，具体针对某一专题的学习内容和教学活动，以时长控制在 10 分钟以内的教学视频为主要载体。

2. "微课"的特点

（1）课程学习时间短

"微课"以"微"作为最突出的特征，无论从时间、内容还是形式上都要体出"微"的特点，要求必须短小精悍，"微课"教学时间有限，与传统意义上 45 分钟的课堂不一样，时间一般是在 5~8 分钟（最长不能超过 10 分钟）。由于"微课"时间短，相应的容量也很少，数据量在几十兆，大大缩短了学习者学习的时间，减轻了学生的学习压力和课后负担，当遇到难点时，可以在短短几分钟内将问题解决，提高了学生的学习效率，有益于促进学生高级思维能力和解决复杂问题能力的提高。

（2）课程内容选择灵活

"微课"的灵活性主要表现在课程内容的选择、组织和应用等方面，这是由它"微型"的特点所决定的。"微课"时间比较短，课程内容可以摆脱学科知识系统性和逻辑性的限制，只是围绕某一个知识点，内容是多种多样的。教育者以学生的兴趣和日常教学活动中常见的问题为出发点，结合现实的需要，开发形成"微课"。在应用方式上，在线学习、移动学习变得越来越普及，学生可以在不同的时间、不同的情景下自主进行学习，对于自己无法理解的重点和难点，也可以反复地进行学习，"微课"的灵活性使得高校大学生的学习变得越来越简单、便捷和及时，给传统的教学方式带来一定的挑战。

（3）课程之间相对独立

"微课"的课程单元是根据高校的课程标准、教学要求，学生的兴趣，教师的能力等来决定的，是来自教学中的某一个具体知识点，并不像长期课程单元那样，具有严格的逻辑性和系统性，"微课"各单元之间都是相互独立的，具有知识上的层次性，没有直接的联系。对于同一个知识点，"微课"设计者的能力和思维方式是不同的，每个人都可以充分利用自己的特长设计和开发"微课"，具有开放性和自主性，"微课"之间的相互独立性既可以让学习者节省学习时间和精力，也可以让高校大学生根据自己的需求有针对性地进行学习。

（4）课程主题性强

"微课"主要是为了解决教学过程中重难点、疑点等内容，所以，每一个"微课"都有自己明确的主题，教学目标相对单一，指向性明确，它的存在就是为了通过主题，明确本章的学习内容，让学习者一眼可以分辨出是否符合自己的学习需求。当在学习过程中遇到不明白的地方，可以通过鲜明的主题直接选取相关内容进行学习，明显能提高学习效率，因此，"微课"是传统课堂教学视频浓缩的精华。

（二）"微课"在思想政治理论课教学应用中取得的成绩

1. 拓展了思想政治理论课教学的内容和空间

高校开展思想政治理论课的目的就是选择丰富、有趣、正确的信息影响、熏陶、感染大学生的思想观点、道德观念和精神信仰，培养符合社会主流价值的人才。在这一过程中，信息的获取是大学生思想政治教育的基础，短小精悍、主题鲜明的"微课"极大地拓展了大学生思想政治教育的外延，丰富了思想政治理论课的教学资源。

传统思想政治理论课教育由于受主客观条件的限制，一般只能以报纸杂志、书本、广播等媒介进行传播，收集的信息有限，仅仅涉及思想政治教育的某些方面，内容缺乏时效性、吸引力和说服力，大部分是在课堂中进行面对面的交流沟通，难以达到预期的效果。随着互联网的发展，微时代的出现，网络成为大学生获取信息的主要渠道，"微课"的兴起为学生提供了一个方便快捷、及时有效的手段，成为当前大学生获取知识、了解动态的新窗口。网站上大量关于思想政治理论的"微课"资源，打破了传统思想政治教育中内容贫乏、资源有限的缺陷，能够使大学生开阔视野、增长见识，丰富知识体系。

在传统的思想政治理论课中，教育者由于受主客观条件的限制，资源储备较少、涉及面窄，影响了高校思想政治理论课的教学效果，现在，"微课"作为一种新兴的网络传播媒介，其最大特点是资源共享，高校思想政治教育者可以收集到来自不同地域和背景下的思想政治教育资源，并借助网络的互动性特点实现师生互动，从而最大限度地实现教育资源的共享，使原本狭窄、封闭的传统课堂教学空间变成了全社会、开放性的教育空间，思想政治教育的渠道变得畅通，思想政治教育工作者可以在任何时间、任何地点上传"微课"视频，学生能在任何时间、任何地点对这些资源进行观看、下载，丰富了思想政治教育的内容。

当然，面对浩瀚如海、良莠不齐的"微课"资源，思想政治教育工作者不能全盘接收，而应主动从网络上"去粗取精""去伪存真"，选择一些高质量、能引起青年大学生共鸣的学习内容，扮演好领袖的角色，引导大学生在开放的网络世界里明辨是非、正确应对和处理各种信息、提升分析问题和解决题的能力。"微课"在高校思想政治理论课教学中的运用，潜移默化地对大学生进行思想政治教育，真正使思想政治教育渗透到学生生活的各个方面。

2. 丰富了思想政治理论课教学的方式和手段

传统的思想政治理论课教学方式较为单一，多采用上课、听报告、参加讲座等面对面的一对多的形式，这种由上而下、被动式的灌输式教育方式会使学生言而不尽、言不由衷，不能全面而真实地体现受教育者的想法，思想政治教育的实效性日益下降。"微课"的出现，给高校思想政治教育工作者提供了改变这种局面的新契机，使传统的思想政治理论课教学转变成多样化的教育模式，能够实现双向、多向的交流与互动，注重以学生为主体，顾及学生的思想和情感。在"微"时代背景下，思想政治教育主客体之间的地位及其关系发生了相应的变化。在传统的思想政治教育模式下，教育者是思想政治教育活动的组织者、实施者，而受教育者则是被灌输的对象，面临投入多收效少的尴尬境地。通过"微课"教学，学习者从被动接受转变为主动学习，原有的主体地位得到充分发挥，师生之间架起了信任与尊重的桥梁，双方在平等、愉悦的情景下相互交流、角色相互转化。

"微课"推进了思想政治教育的"以人为本"，传统的思想政治教育以大班教学为主要模式，在统一教学目标、教学进度方面具有一定的优势，但是每一个学生的成长环境、教育背景、政治观点、道德发展水平各不相同。"微课"教学为大学生思想政治教育工作有针对性地开展，对学生进行层次性教育、因材施教、突出学生的个性品质提供了条件。思想政治理论课也是一门实践性较强的学科，不能只停留在课堂上，而是要在实际生活当中将理论转化为实践，并在实践中得到检验，"微课"作为传统课堂以外的第二课堂，克服了思想政治教育中对生活实际的隔绝现象，教师通过"微课"深入学生的日常生活，对他们潜移默化地进行影响。

传统大学生思想政治教育主要靠理论灌输，通过念文件、做报告、开大会等单调的教育方法对学生进行世界观、人生观和价值观的教育，容易引起高校大学生的反感情绪。"微课"以简洁的视频、微小的容量、方便的发布受到高校大学生的欢迎。通过"微课"这一方式增加思想政治教育内容的趣味性，以文字、音频和视频相结合的方式增强思想政治教育的吸引力，改变了传统的"强灌硬输"的教育方式，更多地采取示范、启发等疏导的方式，将强制性的信息灌输转变为指引大学生有效地选择和利用信息，增强受教育者的能动性。从长远来看，促使受教育者养成分辨、选择和利用有价值信息的能力，增进教育者和受教育者相互之间的了解，实现双效互动，教育者能够更加理解当代大学生的所思所想，受教育者也更能接受思想政治理论课所传达的教育理念。

3. 增强了思想政治理论教育的生动性和吸引力

在新媒体应用技术迅速发展和普及的形势下，将"微课"应用于高校思想政治理论课教学当中，有助于增强思想政治理论教育的生动性和吸引力。当代大学生在成长成才的过程中，崇尚自我，迫切想要展示一个不寻常的自我，强调自我价值，喜欢追求个性，乐于接受新鲜有趣的事物，这一时期的大学生在思想上和心理上可塑性很强，极易受到新事物的影响，以"微课"为载体进行思想政治教育，符合大学生喜欢追求时尚、潮流的性格特点，自然会受到大学生的极大欢迎。

高校思想政治教育工作者可以利用"微课"这一平台，搭建一条与大学生快捷交流的渠道，在"微课"上发布大学生感兴趣并且承载着思想政治理论课信息的教育内容，了解大学生的心理需求和思想动态，进而因材施教，在潜移默化中对大学生进行思想政治教育，可以明显增强思想政治教育的效果。教育者还可以针对一些社会热点、学生关注的话题制作"微课"，使理论课教学内容贴近大学生的实际，激发学生的学习和关注热情。当学生遇到困惑时，会通过各种方式发出求助信号，教育者通过及时浏览这些信息，准确掌握学生的学习困惑，第一时间发现问题，双向互动的交流过程不仅能促进学生学习和帮助其成长，更有利于教师掌握学生内心的真实想法，拓展了思想政治教育的时间和空间维度。

各大高校充分利用"微课"不断创新思想政治理论课的教学方法，引导大学生积极参与讨论、发表观点、获得知识，学生的学习不再受时间和空间的制约，扩大了学习的覆盖面。"微课"为我们提供了丰富的教学资源，可以随时获取自己所需要的信息资源，同时，"微课"还具有内容灵活的特点，能够接触到不同的观点，利于打破思想的局限性，拓宽视野，培养发散性思维。此外，随着"微课"制作技术的提高，可以设置多种多样的思想政治教育情境，营造图片、声音、视频结合的良好视觉效果。

（三）"微课"在高校思想政治理论课教学应用过程中的途径

"微课"作为网络新媒体出现，符合高校思想政治理论课教学要与时俱进的要求，作为一种新的教学手段，与思想政治教育的功能密不可分，如何有效解决"微课"在思想政治理论课教学中面临的困境，使"微课"的独特优势在思想政治教育中得到充分体现，从而提高思想政治理论课的教学效果，以此探讨提高"微课"在高校思想政治理论课教学中应用水平的措施，是当前高校教育者面临的一项重要任务。

1."微课"应用的原则

（1）实用性原则

实用性原则是指在设计与开发"微课"的过程中要坚持实用为主，够用为度。"微课"是依据高校思想政治理论课的课程标准和实际教学需要所开发的一系列具有针对性和独特性的主题，能够抓住具体学科知识点和重点，并结合实际的教学活动，设计与制作的系统化的基础教学资源。"微课"是为高校大学生的学习服务的，所以不管是哪种教学思路和模式，最终目的都是提高思想政治理论课教学的效率和将思想政治教育的实用价值最大化。课程设计之前，需要关注学习者想要的是什么，在看完本节"微课"后，能否将所学知识应用到现实问题的解决当中。

并不是任何知识点或教学内容都可以制作成"微课"，在课程标准的指导下，对知识点进行合理、适度地剖析和选取，并且与整个学科课程在整体上连贯一致，内容恰到好处，才能将其效益最大化，不然就是耗时耗力，做无用功。一切以学生的实用为中心，在实际教学过程中一定要追求实效，杜绝空泛。

（2）简明性原则

简明性原则是指"微课"在设计与开发的过程中坚持画面简洁，内容少而精，能够简单明确地反映客观事物，重点突出，一目了然，画面越简单，学习者的注意值也就越高，同时还要注意给学习者留下想象的空间，易被青年大学生掌握和使用。"微课"是能够让学习者的学习不受时间和地域的限制，能够实时地进行学习的教学资源，因此，教学视频要兼容不同的播放环境，既可以在电脑上播放，也支持各种移动终端设备。所以，视频界面的设计必须直观，既简洁又美观，便于学习者操作。

简明性原则主要体现在：首先，"微课"内容要简明，不要列入无关紧要或没有价值的信息，同时还要避免出现知识点的重复，力求以最小的容量最快地决问题，当学生对一个知识点不明确时，只需要观看相应的视频资源即可，而不牵扯其他的内容，针对性、目的性更明确；其次，"微课"时长要短，限于5~8分钟，符合视觉驻留规律和学生的认知特点，时间过长不利于受教育者注意力的集中，容易视觉疲劳，达不到预想的效果；最后，教师在录制"微课"时，语言一定要简洁凝练、清楚明白、诙谐有趣，同时还要插入相应的字幕，避免教师表述不清或学生没有听清的弊端，"微课"要便于学习者易读、易懂，既具有趣味性，又具有易学性。

（3）灵活性原则

灵活性原则是指在"微课"设计与开发的过程中做到技巧的灵活使用，内容的灵活调整，教师能够根据教学的不同内容选择相应的教学方法，激发高校大学生的学习动力，吸引学生的兴趣，牵引学生的思维和情感。坚持"微课"教学的灵活性原则，是为了解决在实践教学过程中随时出现的突发情况，避免出现由于缺乏灵活性而降低教学质量的现象，教师在课堂教学过程中，要预先设置多种组织方案，教学设计要留有余地，当出现突发情况时能及时修改和调整原定方案。教学内容和学生认识在教学过程中都是动态的不确定的、变化的因素，随时都有意料之外的情况发生，教师要随着课堂情况的变化对教学方法不断地进行调整，使教学能够顺利地进行下去，不至于偏离教学主题，从而达到启发学生发散性思维、多角度思考的作用。

"微课"可以灵活地应用到教学的任何环节，"微课"的开发与设计具有相应的配套课程，可以在课前、课中、课后任意地引入教学过程，"微课"因其时长短小的特点，不会对日常课程的教学活动产生干扰或影响。在课前，高校学生可以通过观看"微课"视频，自主进行学习，预习授课内容，直至掌握该知识点；在课中，"微课"只是课堂教学的一种辅助手段，课堂是答疑解惑的场所，当对知识有疑问时，集中统一播放，更加形象直观地理解该难点；在课后利用微练习、微反思等，通过反复观看课程视频，帮助学生自主补习、反复学习，直到能够熟练地应用到实践中为止。

（4）适度性原则

适度性原则是指在播放"微课"时要做到适量、适时，采用适当的方式和配以适宜的解说，简而言之就是要把握"微课"使用的"度"。只有做到"恰当""适量"，才能最大限度地将"微课"扬长避短，发挥其最大的教育作用。

2. "微课"在高校思想政治理论课教学过程中的应用方法

（1）创建长效激励机制

思想政治理论课最重要的一个特点就是内容的时效性，信息的高频、持续更新是"微课"应用于思想政治理论课的一个重要前提，内容老旧、过时信息，必然导致大学生思想政治教育的活性度和黏性度大大降低，造成思想政治教育手段和教育受众的脱节。利用一些外在的措施给予思想政治教育工作者们更大的鼓励，激励他们不断更新自己的理论知识和充实自己的理论框架，提高参与制作"微课"的积极性，高校应建立长效激励机制，促进"微课"持续更新，多方面多途径的促进"微课"在课堂教学中的应用。

教师、学生的肯定和赏识所产生的影响力和推动力，是保证"微课"在课堂中得以应用的重要原因。高校思想理论课的教师一般教学任务比较重科研压力很大，通过"微课"

进行理论课教学势必要占用教师更多的个人时间和精力。把"微课"纳入思想政治理论课教学的整体规划当中，制订切实可行的教学方案、教学大纲和课程内容，确保"微课"能够长期运用。在高校教师的绩效考核当中，建立一些相关的鼓励、奖励政策，建立配套的工作量计算和劳务报酬机制，调动教师的积极性，同时也必须建立相应的精神奖励，在各类职务评聘中，建立相应的关联机制，否则会挫伤教师的积极性。

高校还应建立相应的评价激励制度，定期或不定期地进行"微课"教学比赛，将"微课"上传到学校的网站上，采取在线投票的方法，对关注量和点击率进行统计和排行。设立多种奖项并配套一定数额的奖金或奖品，同时颁发荣誉称号等，以此激励教育工作者们能将这种热情和积极性保持下去，不断地创新思想政治理论课的教学方法。

（2）加强现代教育技术培训

建设一支政治素养高、业务水平精练、生活作风正派的思想政治教育队伍是"微课"应用于高校思想政治理论课教学的人才队伍保障。人才培养的关键在于教师，教师的理论水平和实践能力的高低决定了高校人才培养的成败，教师队伍的素质决定着"微课"在思想政治理论课教学中的实效性。但是当前高校的思想政治理论课教师队伍普遍地存在着对"微课"认识不够、理论水平不高、管理不到位、教学与科研能力不强等问题，实践能力受到一定的限制，鉴于此，我们必须加强对高校师资队伍的培训，保证大学生思想政治理论课的可持续发展。

建立和完善培训体系，为高校思想政治理论课教师制订培训规划，有重点、分层次、多形式地逐步进行"微课"培训，提高教师"微课"开发技能，使培训工作制度化、系统化，推动思想政治教育者职业化、专业化发展。提高教师的"微课"制作与理论研究水平。鼓励教师组织开展社会实践、外出考察活动，开展各高校教师间的交流与合作，大家相互学习，开阔视野，不断丰富"微课"素材，提高队伍的整体素质和教学能力。支持教师开设小班研讨课，运用研究性、探究式的教学方式，引入"翻转课堂"、慕课等新思路新方法，不断创新教学手段和方法在"微课"应用于高校思想政治理论课教学中发挥好引导人的角色。

开展专家讲座，加强教师对"微课"的理解，掌握"微课"开发与设计的原则，提高利用和管理的意识，进行与"微课"开发相关的课程培训，提高教师视频、文字信息的处理能力，包括如何搜索和采集素材，如何加工和整理成课程资源，能够熟练掌握常用制作软件技术。同时也对教师进行认知心理学和美学教育，使其能够从心理学的角度掌握学生的心理变化，了解他们的需求，开发出符合他们认知水平的微课程。另外，"微课"还要形式新颖，有较强的艺术感染力，能够牢牢抓住学生的兴趣，还需要从美学的角度巧妙设计。

（3）开发相应的教育平台

高校思想政治理论课教学方式的创新效果如何，在很大程度上取决于是否有相应的教育平台。大学生"微课"思想政治教育平台有利于打破传统思想政治理论课课堂教学在时间、空间上的限制，提高教学的效率和质量，对于实现真正的"微课"教学和灵活多样的教育有着重要作用。

平台的结构内容主要有以下几个方面：

第一，"微课"思想政治教育平台设计的理论研究和框架结构。包括思想政治教育目标的设计、教育环境的设计、教育资源的设计、学生自主学习的设计、指导性学习的设计、学习评价设计等。

第二，数字化教学环境。在现有多媒体教室的基础上建设数字化教室，数字化教室配备交互式智能白板、传感器、自动跟踪录播系统、实时编辑生成系统、网上直播系统等软硬件，满足以"学"为中心的新型课程组织形式的教学要求。

第三，丰富教学内容。一是要注意内容的质量，二是要以平台内容引导学生学习。保证教学平台内容的质量就是要提高资源的权威性和实用性。确保平台内容对思想政治理论课教学有帮助，与思想政治课教学目的一致，能够满足学生需要。教学内容要贴近生活、贴近实际以满足学生的实际需要，激发学生兴趣。同时在教学平台上设置自学材料、拓展材料和在线测试。自学材料是每个单元的课件，课件主要是基础知识和重点难点，拓展材料包括教学案例（视频案例、文字案例）和阅读材料，在线测试为单元测试，单元测试中客观题基本都在自学材料中，主观题从教学案例和阅读材料中选取。

第四，平台的管理和维护。平台的管理和维护主要是管理和维护平台资源、平台技术设施，以确保平台正常运行。首先是加强监控，防止不良信息的传播扩散，及时清除有害信息，净化网络教学平台环境，为大学生提供积极健康的学习环境。其次是定期对网络服务器检测，以确保教学平台正常运行，同时在网上设立报修系统，教师、学生在使用平台遇到技术问题时，随时报修或咨询，以尽快解决问题。

（4）深入开展相关理论研究

"微课"在思想政治理论课教学中应用的理论研究不够务实，应用理论研究应该具有鲜明的实践品质，主要是为"微课"的发展以及"微课"在思想政治理论课教学中的应用提供具体的理论支持与指导，着力于解决思想政治理论课教学实践中所出现的各种理论和认识问题，使理论能够真正转化为具体可行的实践方案与方法，解决各种实际问题。纵观发表在各种期刊杂志上的有关"微课"应用理论研究的成果，会发现教育研究者也是在近几年才开始关注"微课"的研究，主要还是在"微课"的概念及对当前的教育影响方面，它的设计、开发与在学科应用方面的研究还是比较少的，停留于表面现象的简单描述，不具备普遍适用的借鉴与指导意义，也谈不上理论的升华与总结。

"微课"在思想政治理论课教学中应用的理论研究应以"学习"为起点，重点放在如何借助"微课"这一新型教学手段促进学习上，而不是放在"微课"的概念、原理、"微课"的设计与制作上。虽然"微课"的优点和局限对于思想政治理论课教学的应用具有一定的影响，但是这并不是主要矛盾，重点是"微课"的运用能否对学习起到促进作用，能否达到教育目的。

"微课"在思想政治理论课教学中应用的理论研究要考虑学习者的初始能力。学习者的初始能力是对进行特定的学科内容的学习已经具备的有关知识与技能的基础，以及对有关学习内容的认识与态度。虽然明确了"微课"在高校思想政治理论课教学中的作用，但是对于不同初始能力的学习者来说，"微课"的作用也是不同的。对于同样一个学习内容，是用"微课"的形式还是传统的课堂讲授，对不同的学习者起到的作用是不同的。对于先前知识储备较少的学生来说，传统的课堂讲授更具明显优势，而对于先前知识积累较多的学生来说，差距不明显。因此，"微课"在思想政治理论课教学中应用的理论研究应考虑学习者的初始能力。

三、"翻转课堂"与高校思想政治理论课

（一）"翻转课堂"的概念界定

"翻转课堂"是相对于传统课堂而言，将课上学习新知、课下练习的教学过程进行翻转，学生课前通过老师提供的教学资源（以教学视频为主）进行知识的学习，课上通过问题讨论、课堂测验、教师答疑等方式实现知识内化的一种教学模式。

（二）"翻转课堂"在高校思想政治教育工作中应用的必要性和可行性

1. 教学目标

高校思想政治教育工作是培养大学生高尚思想品质和良好道德修养的主阵地，能够帮助大学生树立正确的世界观、人生观和价值观。高校思想政治教育工作开展得有效与否，不仅影响学生个体的综合素质，甚至关乎学生品性与道德的优劣。然而，目前高校的思想政治教育工作存在一些问题：教师存在满堂灌现象，教学方式单一，学生的主体地位未能体现，课堂积极性不高，教学效果不佳等。"翻转课堂"教学模式注重学生主体性的发挥，能够给学生提供自由支配的时间，课前自主学习，课上交流讨论并答疑指导，课后随时复习。这种教学模式注重师生和生生之间的交互，有助于提高学生的积极性，培养学生自主

探究、合作交流、分析问题、解决问题的能力，实现教学目标。同时，对于培养和提高当代大学生的创新创造能力也有促进作用。

2. 条件支持

目前，高校的教学资源丰富，网络便利，加之各种新媒体层出不穷，如 QQ、微信等，这些都为"翻转课堂"的实施提供了有利的条件。学生可以利用各种学习资源实现自主学习，通过网络平台实现交流互动以及资源共享。此外，我国高校也开始进行优质教学资源的建设，如精品资源共享课教育资源云平台、大规模网络公开课等网络教学资源共享平台，为"翻转课堂"的实施提供了丰富的教学资源，在一定程度上减轻了教师教学设计和教学资源的压力。

3. 师资力量

第一，高校教师知识层次相对较高，教学观念相对前沿，更容易接受新的教学理念；第二，高校教师很少存在学生升学的压力，更注重学生综合素质的培养，注重学生学习能力、问题解决能力、交流沟通能力等多方面的提升，这也符合"翻转课堂"的教学特点；第三，高校教师除了具备扎实的专业知识外，现代教育技术的应用能力和信息素养也较高，对于"翻转课堂"在实施过程中的技术层面能够起到支撑作用；第四，高校的教学评价机制相对灵活，赋予了教师更多的权利，教师可以根据学科特点制定合适的评价机制，根据学生的综合表现进行过程性评价和总结性评价。

4. 学生需求

首先，大学生的知识水平仍然存在参差不齐的现象，"翻转课堂"教学模式为学生提供课前学习资源，学生可根据自己的知识水平和理解程度进行自主学习，为接下来的课堂学习奠定基础。按照认知负荷理论，这种方式能够减轻学生的内在认知负荷，同时拉近师生之间的认知差距，更容易达成共识，在一定程度上降低了教师教和学生学的难度。其次，大学生相对成熟，具有一定的是非观念和分析判断能力，思维活跃，喜欢表达自己的观点，喜欢活跃的课堂气氛。"翻转课堂"教学模式能够满足学生的需求，给学生更多的时间和机会进行交流探讨，也给学生提供表达和思考的平台。

(三) 基于"翻转课堂"的高校思想政治教育工作的模式设计

1. 准备环节

准备环节主要是学习资源的制作，如教学视频、图片、文字资料、作业等的准备工作，学习资源制作的重要参与者是学生，教师加以指导和审核。让学生参与制作学习资源的原因有以下三点：第一，考虑到学生的特点和需求，大学生主观能动性较强，具有独立思考的能力和比较清晰的是非观，遇到问题具备一定的分析和解决能力，这是选择让学生制作学习资源的前提。第二，让学生制作学习资源，既能体现学生的主体地位，又能增强学生的主人翁意识，学生既是课堂的学习者，又是课堂的建设者。第三，在前期的调查中发现有的教师对于制作视频资源有畏难情绪，让学生制作视频资源能够减轻教师这方面的压力。

准备环节的具体说明：首先，教师按照合适的原则对学生进行分组，每组选择（或教师分配）主题。其次，每组合理分工，开始制作学习资源，在制作的过程中，如有疑问或困难，可向教师寻求帮助。最后，教师审查学习资源，学生进行修改，直至审核通过后，即完成了学习资源的制作。在此过程中，教师记录各组学生的整体表现并进行过程性评价。

2. 课前环节

学生课前自主学习所提供的学习资源，同时，可借助网络平台进行交流讨论。教师对学生的问题进行总结分析，对于共性问题和个性问题设计解决方案。教师需适时抛出讨论问题让学生发言讨论，并对学生的讨论情况进行记录。本环节的过程性评价，主要是对学生的学习进度、学习资源点击或下载次数、网络交流讨论情况等方面的评价。

学生课前自主学习环节，没有教师的监督，如何了解学生的学习情况和效率，这也是"翻转课堂"在实施过程中的一个难题。结合这一问题和学校的教学条件，教师需要观察和记录学生的学习状态，其目的是：第一，能帮助教师了解学生的学习情况；第二，能对学生的表现起到实时的激励和督促作用；第三，能发现学生在课前学习过程中存在的问题。这方面的解决方案可以根据学校的教学条件和学生的实际情况确定，如果学校有Blackboard或类似的学习管理系统，教师可以利用这些平台收集学生在课前学习的相关信息。

3. 课中环节

基于"翻转课堂"教学模式的课堂中，教学活动的主体是学生。在课前自主学习的过程中，学生已经根据所提供的学习资源对本节的知识进行了初步学习，并且借助网络平台进行交流讨论，同时，教师也将问题进行共性个性分析。因此，在课中环节，教师的角色是辅助和引导学生学习的"导演"，学生是完成整个活动的"演员"。

课中环节共分为七部分：检测自主学习情况、组内/组间交流分享、教师讲解并点评、完成课堂任务、组内/组间互评、师生共同总结、过程性评价。在教学实践中教师可以根据实际情况对这七部分进行顺序或形式上的调整。

4. 课后环节

学生课后通过观看学习资源或完成教师所布置的任务实现对所学内容的巩固，实现知识的进一步内化。学生对本节内容的教学资源、教学设计、学习效果等内容进行反馈，教师收集学生的反馈和建议，并实时查看学习资源下载量，对学习资源和教学设计进行修改和完善，对教学进行反思和总结。在此环节教师可进行过程性评价，主要是对学生学习效果的反馈和提出建议的积极性以及学生所制作的学习资源等方面进行评价。

（四）"翻转课堂"与高校思想政治理论课的协同耦合

思想政治理论课在中国的高校普遍开设，是由中国的社会主义制度性质决定的，指导思想是在高校传播实施党的执政理念，培养学生树立科学的世界观。高校思想政治理论课有感悟的启迪、知识的传授、信念的确立、行动的引导等作用。这与大学生世界观的形成、人生价值的选择和高素质人才的培养有密切关联。思想政治教育内容是在实践中产生，服务于实践，在创造中实现发展的。传统的课堂教学模式已经跟不上时代的变化，"翻转课堂"的实践可以弥补传统课堂的不足。

"翻转课堂"突出了学生的自主学习，把知识的迁移和内化放在课堂上。这种课堂教学模式具有良好的互动与合作，学生提出的问题更为中肯。"翻转课堂"的学习模式，满足了学生自主学习的需要。这种学习方式，学生可以根据自己的学习情况掌握进度，既可以紧随教师的学习进度，又可以前进式进行学习，为学生学习知识内容提供了很大的灵活性。这种教学模式使学生能够满足自学的需要，高校思想政治理论课教师可以根据自己录制的教学视频以及借鉴慕课视频，给学生进行知识的传授，使"翻转课堂"与传统教学相互结合。慕课平台能使思想政治理论课教学对象的范围扩大，传统思想政治理论课教学的对象主要是在校大学生，主要讲授高校思想政治课内容，但是大学之外也有很多人需要了解、学习这些知识内容。由于慕课具有开放性等特征，使得思想政治理论课讲授对象的范围不再仅仅局限于在校大学生，这样就为广大社会成员学习思想政治理论课内容提供了便捷的渠道。学分互认使慕课背景下高校思想政治理论课建设成为了可能。随着我国高校学分制的推行，特别是全国高校思想政治理论课教材使用上具有一致性，为慕课的发展提供了便利。思想政治理论课作为中国高校特色的课程体系，各级各类高校在课程学分设置、具体课程开设以及考核评价等方面存有很多共性。在此情况下，学生通过慕课平台，可以自由选择相关课程学习，从而避免了因学分认可上的差异性等因素而导致学习无效问题的发生。因此，高校学分制的推进与发展，为慕课的跟进、发展提供了便利。

（五）"翻转课堂"在教学实践中的问题导向

面对一个新鲜事物，不能过于乐观，要理性地看待。"翻转课堂"为传统教学模式注入了新活力，但在实践过程中要认识到其可能出现的不足之处。知识建构需要有系统的学习资源，在碎片化与系统化之间需要找到一个契合点，才能发挥"翻转课堂"的最大优势。教师在选择"翻转课堂"教学材料时应以生动有趣的事例为教学题材，正确引导学生运用网络平台进行学习。但是大量的视频制作和问题分类需要花费很多时间。在实际教学中，教师不仅承担正常的教学任务，还需要进行精心准备，包括录制和上传视频，学生的课堂参与。这些都要求教师付出大量的精力同时也挤占了教师进行科学研究的时间。另外，教学软件程序缺乏人性化，教室使用的软件设备在程序设置上与实际脱节，软件程序过于复杂，教师和学生不习惯进行操作，影响了教学进度，限制了信息课程资源的开发和课程的实施，使得在慕课模式之下教育主客体之间缺乏情感碰撞，最终影响了教育效果。思想政治理论课作为高校思想政治教育的主要方式，其根本目的就是帮助大学生树立社会主义理想信念，增强对实现中华民族伟大复兴中国梦的信心。要完成这个任务，授课教师只单纯地传授知识是很难奏效的。因为在讲授的过程中，教师与学生之间的眼神互动、情感之间的碰撞等也是非常重要的。但是，这些都是在慕课平台中思想政治理论课教学里所欠缺的。为了保证课程视频的质量，在录制过程中没有学生参与进来，从而使得课程视频中缺乏传统课堂上教师与学生之间的情感交流，难以实现教师学生之间的心灵沟通。

慕课背景下高校思想政治理论课相关内容很难及时更新。思想政治理论课的特点之一在于授课教师须将党中央的路线方针以及重大决定等内容及时准确地传递给学生。如在新常态下，要将加强社会主义生态文明建设，建设美丽中国等内容纳入大学生思想政治教育当中去。在传统课堂教学中，授课教师可以简单及时地更新自己的授课课件。但在慕课背景下，很难及时地更新相关课程的视频，从而使得这些重要的内容不能及时有效地传递给学生。当前，我国高校思想政治理论课的相关课程主要以大班形式展开教育，尽管授课教师采取了如签到、点名、抽答问题等形式来避免学生逃课，但在现实中逃课现象仍然存在。慕课对于我国来说还是一个新鲜事物，相关平台建设还处于初级阶段，若将其运用于高校思想政治理论课相关课程教学中，在监控学生的学习、考核方面还存有一定的难处，甚至会影响思想政治理论课本身的知识传授、坚定理想信念等功能的发挥。

第六章 高校思想政治教育工作机制创新

第一节　加强大学生思想政治教育的保障机制

一、物质保障

（一）基本建设

推进当代大学生思想政治教育工作，必须依托一定的场所、设备和设施。

1. 开展大学生思想政治教育工作，需要固定的办公场所

在影响大学生价值观教育的因素越来越多、需要单独进行思想交流的学生越来越多的今天，学生工作中新增加的心理辅导职能、就业指导职能等，需要有专门的办公场所。

2. 开展大学生思想政治教育，需要准备多样化的办公用品

在新形势下的大学生思想政治教育形式越来越丰富，既有传统的互动性不够强的讲座报告，也有丰富多彩的参观访问、观看电影录像，还有各种各样的社会实践活动和社团活动。因此，除了必要的办公场所及办公所需的电脑、打印机外，还应配备照相机、摄像机等音像器材设备，以增强教育活动的趣味性和实效性，同时便于资料的存档备查。

3. 开展大学生思想政治教育，需要合适的教育活动场地

大学生思想政治教育是与各种各样的活动结合在一起的，既需要各种规模的会议室、报告厅用来举行座谈、讲座、报告等活动；同时，还需要建设一定的宣传设施和场所，如文化长廊、宣传栏、校报、校园广播站、网络中心等，以有利于开展大学生思想政治教育工作。

（二）经费投入

思想政治教育的经费开支必须纳入大学生培养成本的核算体系之中，否则，经费保障

就是一句空话，各项工作就达不到预期的工作目的：国家财政拨款预算必须合理确定拨款比例，保证大学生思想政治教育工作的正常进行。但就目前的状况来看，大学生思想政治教育并没有得到充足的经费，导致思想政治教育各项活动的开展受到了制约。就经费来源而看，高校不能只依赖国家拨款，还应积极地拓宽筹款渠道，适当开源。

我国是实施社会主义制度的国家。社会主义必须为那些出生时经济条件处于劣势的公民创造平等的受教育条件和平等的就业机会，以实现富人与穷人的子女处于同一起跑线，以保障每个公民处于公平竞争状态二因此，在措施方面，必须打通和建立高校与社会各类慈善资助机构的联系，切实健全和完善大学生助学贷款、奖学金与助学金制度体系。

（三）活动基地建设

在新形势下，大学生思想政治教育需要不断创新工作模式，要拓宽教育渠道，丰富教育方法，充分利用各种社会活动基地，深化教育内容，拓展教育实践。

1. 加强社会实践基地建设

社会实践是当代大学生最为欢迎的教育方式，加强社会实践教育活动，能够全面提升大学生的素质。教育行政部门和高校要建立各种类型的教学科研基地、大学生职业技能和创业能力实训基地、社区活动基地、勤工助学基地等，通过社会实践教育，切实培养大学生的综合素质和能力。

2. 要加强爱国主义教育基地建设

爱国主义教育基地以历史博物馆、红色纪念馆为主体，是向大学生传授历史文化知识，进行爱国主义、集体主义、社会主义教育的重要资源。高校要充分利用爱国主义教育基地，在节假日和重大历史纪念日组织大型的参观访问活动，通过图片、文字、建筑等对大学生进行深刻的大学生思想政治教育。

3. 加强实训及素质拓展基地建设

实训和素质拓展是大学生非常感兴趣的活动形式。通过基地的专业技能、创业能力的实际培训，不仅可以提升学生的实际动手能力，培养其创新意识，而且能够培养学生克服困难的勇气、团结合作的精神、与人交往的能力。在当前高校注重加强内涵建设的形势下，各级教育行政主管部门和高校都应积极建立各种形式的大学生能力、素质实训基地，以此推动大学生思想政治教育工作。

二、组织保障和人力保障

(一) 构建大学生思想政治教育组织保障机制的必要性

大学生思想政治教育工作虽然是在教育主客体之间展开的，但不单纯是主客体之间的事，其他因素也会对教育活动产生一定的影响。尤其是作为规范教育主、客体地位的组织过程和组织机构，直接影响着教育活动的内部机理，是保障机制的重要组成部分，是各种教育机制运行的前提。在多年的思想政治教育过程中，我国建立起相应的教育组织保障体系，但是随着国内外社会环境、高校办学模式和大学生的思想观念、行为方式的变化，大学生思想政治教育需求已然发生了改变。在社会转型期的大环境下，我们必须对我国的思想政治教育的组织体系进行必要地调整。一方面，要重新判断大学生思想政治教育的功能和优势；另一方面，要遵循大学生思想政治教育的内在规律，在此基础上对教育组织结构进行调整。

(二) 组织保障机制的构建思路

大学生思想政治教育组织机构改革的总体思路应当是"全员育人"。要摒弃过去那种单纯依赖马克思主义理论教学部门和学生工作管理部门开展大学生思想政治教育的传统，在思想认识与实际行动上进一步强化高校"育人为本，德育为先"的育人理念，坚持把大学生思想政治教育融入学校工作的各个方面，贯穿于教育教学的各个环节，努力形成全员育人、全程育人、全方位育人的新格局、新组织、新机制。

学校党委要从总体上把握大学生思想政治教育的根本方向，确定全新的工作理念和工作目标，推动大学生德育工作与智育工作一体化进程。从具体实施来看，马克思主义理论教学部门应抓好理论教育；学生工作部门与共青团系统应帮助大学生树立社会主义价值观；各院（系）专业课教师应该把思想政治教育融入教学环节；学校管理部门和服务部门在各自的岗位上，应带头示范，树立榜样；学校宣传部门应建立起弘扬社会主义主流价值观的文化阵地。

(三) 人力保障

按照提高素质、优化配置、稳定结构的要求，大量选拔德才兼备和工作热情较高的中青年干部，充实思想政治教育工作队伍；注重专家化、职业化的专职政工干部的培养，以专兼职相结合为基本原则，采取切实措施，培养一批政治立场明确、理论功底扎实、勇于开拓创新、善于联系实际、具有奉献精神的教育工作者和社会活动人士。同时，思想政治工作志愿者作为一个潜力最大的群体应当得到重视，使之成为壮大政工队伍的后续力量和储备军。因此，要建立和完善思想政治教育专职队伍的激励和保障机制，免除他们的后顾之忧，同时提供更多发展机会，注重人才储备和培养的长效性。

第二节　改进大学生思想政治教育的环境机制

一、大学生思想政治教育环境的概念

无论是人的生存发展还是思想品德的形成和发展，都离不开一定的环境。政治主张、道德教化、理论学说的传播，都不是靠政治压力，而是作为一个思想信息在得到环境的验证之下才会被受教育者所接受：特别是在经济全球化、科技现代化、社会信息化的今天，大学生思想政治教育所面对的宏观环境、微观环境等差变化都非常巨大，要做好大学生思想政治教育工作就必须要研究各类环境因素对教育的影响，不仅充分重视和利用环境，更要有意识地去改造环境、优化环境，创造有利的环境氛围来实现教育目的，从而做好教育工作。

大学生思想政治教育的环境是指影响大学生思想道德素质形成和发展以及大学生思想政治教育活动开展的具有内在逻辑联系的一切外部因素的总和。这有三点含义：一是指环境对大学生的思想道德素质形成和发展的影响；二是指环境对大学生思想政治教育活动的影响；三是指环境的各种外部因素之间具有内在的逻辑联系。这些因素包括政治因素、经济因素、文化因素和思想因素等。

大学生思想政治教育环境是由诸多因素构成的。这些环境因素都会对大学生思想政治品德的形成和发展以及大学生思想政治教育活动的开展产生影响，并且影响的内容和方式也会不一样。研究大学生思想政治教育环境的类型，对大学生思想政治教育活动的开展具有重要的意义。

二、大学生思想政治教育环境的分类

（一）自然环境和社会环境

1. 自然环境

由一定的自然物质，如大气、水、生物、土壤、岩石、太阳辐射等组成的综合体。例如，日月星辰、江河湖海、山川平原等，就是这种综合体的具体体现。自然环境是大学生赖以生存和发展的物质基础，它为大学生的健康成长提供必需的各种物质和进行活动的场所，对大学生思想政治品德产生一定的影响和作用。

2. 社会环境

人类社会在长期的发展过程中创造和积累的物质文化以及社会成果的总和。它包括政治环境、经济环境、文化环境、虚拟环境等。社会环境对大学生思想政治素质的影响是社会的经济关系、政治关系和文化关系等与大学生发生相互作用的过程中形成的。

（二）宏观环境和微观环境

以环境构成范围的大小为标准，可以将大学生思想政治教育环境划分为宏观环境和微观环境（也有学者将环境分为宏观环境、中观环境和微观环境）。宏观环境，又称为大环境，包括国际大环境、国内大环境和地区大环境，它是指国际或我国某一地区内各种环境因素的总和。微观环境，又称为小环境，一般是指与人们的活动直接相关的局部环境因素，如家庭环境、学校环境、社区环境、同辈群体环境等。一般认为，在宏观环境和微观环境中，既有自然环境的因素，也有社会环境的因素。例如，在宏观环境中既有山川、河流、平原、草地等自然环境的因素，也有经济、政治、文化等社会环境的因素。与自然环境相比较，宏观环境和微观环境中的社会环境因素对大学生思想政治教育活动以及大学生思想政治品德的形成和发展施加的影响是主要的。

宏观环境和微观环境有着密不可分的关系，一方面宏观环境制约着微观环境，另一方面微观环境对宏观环境具有反作用，影响着宏观环境，它们之间相互联系，相互作用，共同对大学生思想政治教育和大学生的思想政治品德产生影响。

（三）良性环境和恶性环境

以环境影响好坏性质为标准，可以将大学生思想政治教育环境划分为良性环境和恶性环境或不良环境。良性环境是指有利于大学生良好思想政治品德形成和大学生思想政治教育工作开展的环境。相反，阻碍大学生思想政治品德发展和大学生思想政治教育工作进行的环境为恶性环境。"入芝兰之室，久而不闻其香""入鲍鱼之肆，久而不闻其臭""近朱者赤，近墨者黑"等都形象而深刻地说明了环境好坏对人的影响。大学生思想政治教育者是要善于利用和创造良性环境，引导大学生正确地对待恶性环境。

（四）物质环境和精神环境

以环境构成的内容来看，可以将大学生思想政治教育环境分为大学生思想政治教育的物质环境和精神环境。大学生思想政治教育的物质环境是指影响大学生思想政治教育的各种物质因素的总和，它包括未经过人类加工改造的纯粹的物质环境和经过人类加工改造后的物质环境（即人化的自然环境），它涵盖了自然界中的属人环境、社会中的经济环境等。例如，名山大川属于前者，人文景观、爱国主义教育基地则属于后者。精神环境是指影响大学生思想政治教育和大学生思想政治品德形成和发展的各种社会精神因素的总和。例如，社会制度、社会文化、社会风尚、社会舆论等都是精神环境构成的要素。

三、大学生思想政治教育要顺应国际国内的宏观环境

（一）要充分利用全球化环境的有利因素，更好地发挥大学生思想政治教育工作的意识观念教育功能

1. 经济全球化的发展利于促进人们解放思想、更新观念

经济全球化所带来的多元文化、多元观念和多元生活方式，不仅拓宽了大学生的视野，而且打破了他们的封闭局限观念，使得大学生对世界各国经济、政治、文化等方面的优点和缺点有了更全面地了解，在比较中有目的地借鉴、吸收，做到洋为中用。同时，也使大学生对什么是社会主义和怎样建设社会主义有了更加深入和正确地理解，能够促使他们逐渐摆脱原有的错误认识，在对社会主义本质、特征和体制的认识上，都发生了巨大的飞跃，使建设社会主义的理论、方针和政策融会到经济全球化发展的大背景之中，打破了学生禁锢着的思维模式，形成了开放的新观念、新思维，实现了观念的变革和理论的创新。

2. 经济全球化的发展有利于为大学生思想政治教育提供更为丰富的内涵

全球化中多元化的意识观念在对立和差异中并存、相互交流、相互融汇的局面，为我国主流意识观念吸收全球化时代的合理养分丰富自身提供了良好的机会；也有利于大学生开阔视野，看到传统与现代的差距，找到长处和不足，寻求加强和改进我国主流意识观念建设的新的着眼点，增强主流意识观念的包容性和吸引力；还有利于学习和借鉴各国在对意识观念教育、管理手段以及管理方法等方面的先进做法，为我所用，增强大学生思想政治教育工作的生机和活力，切实提高大学生思想政治教育工作的实效性。

（二）充分发挥党和政府的主导作用，创建和谐稳定的社会环境

政府是社会改造的组织主体，理所当然也应是优化思想政治教育环境的主体。20世纪德国著名社会学家诺贝特·埃利亚斯认为：国家削平了人与人之间的多样性……虽然国家

机器以这样的方式将单个个人置入一种规范网络中，这种网络总的来说对所有的国家公民都一视同仁，但现代国家并不是将人当作姐妹或叔伯，当作某个家庭组织或其他前国家整合形式的成员来对待的——现代国家这种组织形式考虑的是其成员的国家公民的权利和义务，因此，毋宁说，乃是把人当作单个者，当作个体人来对待的。在这个迄今最近的发展阶段上，此种国家的发展进程以它自己的方式推动了一种大众个体化的到来。由此可见，政府是构建思想政治教育社会大环境的主体，政府对社会环境的调控和改造对大学生思想政治教育工作意义重大。

放眼世界，开展国家间的交流与合作，构建资源整合的三角模式。思想政治教育环境不是单一的、封闭的，而是多维的、开放的。思想政治教育工作者可以利用改革开放、市场经济等有利环境，加强国家间的交流与合作。当前，很多国家基本上都采取政府、社会组织和个体三者间双向联结的三角形模式，实现对个人社会角色的管理。当然这种三角模式的三级并非固定，也可以设计为国际组织、国内组织、个体，等等。

最早源于20世纪70年代创立的欧洲青年中心和欧洲青年基金会，该机构定期召开国际研讨会和工作会议，设立常设机构，督促各国青年思想政治教育工作的规划和具体落实，是一种国际组织、国内组织、个体之间的三角模式。又如，由英国、美国、丹麦、瑞典、日本、巴西等国家的十几所著名大学及德国青年研究中心发起的以青年群体为中心，研究不同群体与个体的思想和行为问题，优化组合环境资源的国际研讨会议，以整合环境资源，影响受教育者，形成一种政府、研究组织、个人之间的二角模式，等等。构建资源整合的三角模式，可以开阔视野、增长见识，更好地把握国际环境，了解国外思潮，深化环境认识，为更好地整合各种环境资源，为受教育者的角色自觉创造更加开放、多元、有利的环境条件。

（三）大力发展文化事业，优化文化大环境

优化文化大环境，就是要引导人们去寻找与建立同经济体制改革、政治体制改革相适应的新的思想观念和新的文化观念，将价值观教育持久地渗透到文化活动载体之中。要用科学的理论武装人，用优秀的作品鼓舞人，努力地繁荣文学艺术事业，大力发展哲学社会科学事业和其他文化事业，坚持各类博物馆、纪念馆、展览馆、烈士陵园等爱国主义教育基地的构建，培养学生的爱国情操。在进行参观的过程中，要对全社会进行开放，针对学生集体参观，应实行免票制度；如果是学生个人进行参观的情况，应实行半价制度。另外，处于不同地位的各级政府和企事业单位，要专门拨出一定的人力和物力，对大学生的公益性文化活动进行全面的支持。

四、优化思想政治教育的学校、家庭、社区环境

(一) 优化大学生思想政治教育的学校环境

学校是专门培养人才的特殊单位,是建立在一定社会关系基础上的社会组织体系。在学校中接受教育的青少年,他们的很多时间都是在学校中度过的,因此在对学生进行文化教育的同时,对他们思想道德的教育也不能放松,这对未来高品质人才的培养具有重要的作用。学校环境指的是由学校的教职工、教育内容、校园文化、校风、教风、学风等诸多因素构成的境况。因此,想要提高对学生思想政治的教育水平,为他们提供一个良好的学校环境也是必不可少的,这是当前学校工作的重点。

想要提高学校对学生的思想政治,就必须要引起学校的重视,这样才能为学校思想政治教育提供足够的资金和硬件设备,在整体上为学校的教学环境创造一种健康向上的校园环境,这样才有助于实现思想政治教育工作内容和形式的统一,从而获得良好的教育成效。也只有在这种情况下,才能鼓励广大教师对思想政治教育不断进行研究和探讨,提高自身的教学方法和模式,全面提高学生的思想政治水平。

积极地进行校园文化环境的建设,这对于大学生思想政治素质的提高能够起到潜移默化的作用。

(二) 优化大学生思想政治教育的家庭环境

在所有的教育方式中,家庭教育是最有影响力和感染力的一种。这是因为,家庭成员之间具有特殊的血缘、依赖和亲情关系,其对青少年教育的人格形成和发展具有重要的影响作用,甚至会影响孩子的一生。家庭这种微观环境对教育对象具有启蒙奠基、信赖易感、潜移默化、连续不断的特点。从家庭教育的特殊性来看,其既是一种启蒙教育,是青少年最先接触的"老师",同时也是一种终身教育,是孩子的"终身教师"。优化家庭教育环境,学校要保持与家长的沟通和联系,对家长进行思想政治、教育学、心理学等方面的理论教育,从整体上让家长认识到家庭环境在子女成长过程中所承担的重要责任,实现子女教育的科学性。在对孩子进行教育的过程中,还要不断提高自身的思想素质,为子女的教育起到良好的榜样作用,为孩子的教育创造一个和谐、民主、进取的家庭环境,以促进青年大学生的健康成长,促使教育效果的实现。

(三) 优化大学生思想政治教育的社区环境

社区环境与家庭环境和学校环境相比,具有很大的不同之处,它犹如社会的一个缩

影，成分复杂、良莠不齐，良好的社区环境既可以为家庭生活、学校工作提供必要的物质和精神保障，也可以成为家庭教育和学校教育的有益补充。著名教育家苏霍姆林斯基就曾经说过，单单在儿童上学和回家的路途上，他们受到的思想教育就比在学校里待几个小时所受的教育都强烈鲜明得多。其原因就在于这些思想是包含在形象里，包含在生活的各种画面和现实中的。由此可以看出，在大学生思想政治教育过程中，社区环境起着不可替代的作用。

1. 创建导向正确的社区文化

在为大学生思想政治教育创造优秀的社会文化的过程中，应充分发挥大众媒体和社区宣传栏等的宣传作用，树立正面典型，宣传先进人物、先进事迹，创造积极健康的良好的社会氛围，引导大学生树立正确的思想观念、价值取向、行为方式、生活情趣。

2. 优化社区的文化环境

社区环境中对大学生影响最大的是社区文化环境，因此，必须切实加强社区文化环境的建设和管理，为全面实施思想政治教育创造条件。对社区内已经存在的文化设施要不断进行完善，同时还要不断增加新的文化设施，保证社会环境的新鲜性、趣味性与教育性的结合，提高娱乐活动的质量，丰富人们的精神文化生活，使社区文化真正起到教育、调节当代大学生身心健康的良好作用。还要加强社区文化设施的管理，维护社区正常的文化环境，从而保证社区文化设施发挥良好的教育作用。

在对学生进行自我保护教育的过程中，还应当重视教师的正确地指引和教导，主要表现在三个方面。一是教师要教育学生不要接触不良网络和录像，防止暴力和色情对自身精神的荼毒；二是教师要告诫学生远离对自身身心健康发展有害的娱乐场所，避免自身的思想或是身体受到侵害；三是教师应与学生之间建立良好的师生关系，经常与学生进行教育与沟通，帮助学生解决生活或是学习上的难题，教育学生珍爱生命、关爱他人。

第三节　优化大学生思想政治教育的评价机制

一、大学生思想政治教育评价机制指标的创新

（一）教育过程的协调性

1. 看具体施教过程的协调性

思想政治教育过程协调性的一个重要表现是具体施教过程的协调性。因为不论是前面

谈的要素之间的协调，还是对要素的调节控制、都要落脚于施教过程的协调，或者目的是实现施教过程的协调，否则，前两者的协调就变得没有意义了。具体施教过程的协调表现在多个方面，如教育内容的协调性，教育内容与教育方法和教育手段之间的协调性，教育内容、教育方法和教育手段与教育环境的协调性，教育者与受教育者以及受教育者之间活动的协调性，施教活动各环节的协调性，教育活动与教育目标之间的协调性，等等。把握和评价具体的施教过程的协调性，评价者除了听被评价者的汇报和查验书面材料外，更为重要的是参与被评价者的具体教育活动过程，体验、感受具体教育活动过程。因为"参与""体验""感受"才是最直接的，才是最有说服力的。

2. 看各要素之间的协调性

过程的协调性是由过程中各要素间的协调性决定的。所以，把握和评价好思想政治教育过程的协调性，首先就看思想政治教育过程中各要素之间的协调性，思想政治教育过程中的要素众多，看各要素之间的协调性，主要应看到教育内容、教育方法、教育环境与受教育者以及它们之间的协调性。教育内容、教育方法作为教育过程中的介体，教育环境作为教育过程中的客观条件，对受教育者作用、影响最大，它们决定着受教育者接受教育的程度与状态。当然，其他要素之间的协调性也要看到，如教育载体、教育手段与受教育者之间，教育载体、教育手段与教育内容、教育方法、教育环境之间等。

3. 看对各要素的调节控制

教育是一种自觉的可控影响，它可以对各种环境影响做出选择和调节，可以利用环境中的有利因素，协调各种自觉影响，也可以有意识地抵制环境中的消极影响，甚至能转移环境影响的某些因素，使其纳入教育的正常轨道，从而创设一种良好的教育条件和情境。思想政治教育过程中的各要素都是变动的，特别是受教育者、教育环境要素变动性更为突出。总之，思想政治教育过程的协调性有赖于对思想政治教育的要素进行调节、控制，以使各要素之间保持协调。特别是在我国社会转型时期，社会处于急剧变化之中，种种社会现象、价值观念对人们的影响异常强烈，人们多方面的观念也出现了很大变化，这就更需要重视对教育要素的调节、控制。教育者能积极主动地对教育要素实施调节、控制，教育过程的协调性就可能好些，否则，教育过程就很有可能矛盾、冲突多发，教育成效低下。对教育要素的调节控制是实现教育过程协调的手段和保障，体现着教育者的协调意识，反映着教育者的协调能力，是从动态角度对教育过程协调性的把握和评价。

（二）教育内容的适切性

所谓教育内容的适切性，即教育内容适应、切合教育对象和社会的发展需要与现实状况。

教育内容的适切性是思想政治教育评价的首要指标。这是因为教育内容对教育对象适应、不切合，教育对象才有可能积极接受，才有可能便于接受，从而才可能有好的教育成效。否则，教育对象就不感兴趣，不愿接受。现实思想政治教育中，不是根据教育对象的需要和情状安排的教育内容比比皆是，这正是思想政治教育没有吸引力、成效不佳的主要原因。教育内容适应、不切合教育对象的发展需要和现实状况的评价指标，是思想政治教育的本质和思想政治教育以人为本基本原则的要求。

教育内容的适切性的另一要求是教育内容对社会发展的需要和现实状况的适应、切合。思想政治教育内容的建构，依据阶级社会对其成员的根本要求、时代条件发展变化的客观要求、思想政治教育内容的继承借鉴和结构要求，形成思想政治教育内容体系。思想政治教育毕竟是以社会的要求来教育人，目的是实现人的社会化，让受教育者成为适应和推进社会持续发展的人。所以，教育内容的适切性不能仅谈适应、切合受教育者。但是，在受教育者和社会两者中，适应、切合受教育者必须摆在第一位。因为不适应、切合受教育者的教育，其效率、效益都不会高，甚至是负效益。无论多么适应、切合社会的教育都将没有了意义因而，较长时期以来我们以社会为本位的思想政治教育必须进行适度地调整。

把握和运用好教育内容的适切性指标，就要注意以下几点。

1. 把握现实社会要求

教育内容的适切性，包括适切现实社会的要求。因此，在评价教育内容的适切性时，评价者要把握现实社会的要求，现实社会对不同的群体有不同的要求，评价者必须清楚现实社会对所评价教育对象的要求，并将这些要求与施教内容相比照，从而做出"适切"程度或等级的评价。在这里，把握好现实社会对不同群体的要求是做出正确评价的关键。在现实评价中，并非所有的评价者都清楚现实社会对自己评价的教育对象的要求。因此，评价的针对性、准确性往往存有问题。

2. 了解施教具体环境

具体来说，教育内容的适切性还应包括适应、切合施教的具体环境。所谓施教的具体环境，包括施教单位面临的主要职责（工作或学习任务）、思想政治状况、思想政治教育的条件等。不同的施教单位有不同的职责、思想政治状况、思想政治教育条件等，这些因素对思想政治教育的内容也有影响或决定作用。思想政治教育不能脱离具体的施教环境而确定教育内容，恰恰相反，应根据具体的施教环境选择、安排教育内容。否则，教育内容也没有或者适切性不强。因此，运用好教育内容适切性指标，评价者还需要认真了解被评价对象的施教环境。

3. 熟知教育对象情况

教育内容的适切性，是指适合教育对象的需要与特点。因此，在评价教育内容适切性时，首先要看的就是这一点。正因如此，评价者要熟知教育对象。这里的"熟知"包括许多内容，如教育对象的思想品德状况及发展需要、教育对象的知识和阅历、教育对象面临的环境等。真正把握住教育对象的这些情况，将教育对象的这些情况与施教的内容相比照，从而做出"适切"程度或等级的评价，也不是容易的事，需要评价者做深入细致的工作。

4. 倾听教育双方意见

真正地掌握好教育内容的适切状况，除了了解、把握上述情况外，还需要倾听教育双方的意见。教育者和受教育者是思想政治教育活动的主体，教育内容是否具有适切性或适切程度如何，教育主体具有重要的发言权。教育内容适切性高，受教育者就喜欢，就乐意接受，受教育效果就好；否则，受教育者对教育就没有兴趣，不愿接受，教育效果就差。同时，教育者选定教育内容也必有其理由，倾听教育者的意见，了解其理由的适切性，便于评价者做出正确的判断。

（三）教育效果的知行统一性

教育效果的知行统一性，即思想政治教育从效果上看，既能让受教育者掌握一定的思想政治道德理论规范，又能让受教育者将掌握的思想政治道德理论规范指导或转化为行为，实现认知与行为，特别是行动的一致性。

人的思想政治道德从本质上讲是个行为，特别是行动的问题。因为人的行为特别是行动才会产生有利于还是有损于他人或社会的后果，人们主要是依据行为特别是行动去评判一个人的思想政治道德面貌的。判断一个人思想品德是否高尚，既要听其言，更要观其行。一个人的行为表现往往综合地反映了其思想品德的面貌……思想政治教育总是要求人们表里如一、言行一致，引导人们践行社会要求的思想品德规范。如果只停留在社会要求上，而不注重人们的行为表现，思想政治教育就不能真正发挥其育人作用。因此，在思想政治教育上，教育者应注重知行统一，特别注意引导受教育者将已有的思想政治道德认知转化为行为，落实到行动上。

在现实的思想政治教育中，往往是仅注意思想政治理论的灌输，对教育效果的评价也往往是仅有书面的纸笔测试，以纸笔测试成绩的高低，确认一个人思想政治道德水平的优劣。这样的教育和评价是不妥的，这也是导致思想政治教育效果欠佳的重要原因。在思想政治教育评价中必须突出知行统一，将知与行的统一性作为思想政治教育重要的评价指标。

把握和评价好教育效果的知行统一要注意以下几点。

1. 既注重认识，又注重行为

人的思想品德的形成，以知为基础，以行为归宿，良好的行为是思想政治教育的最终目标。所以，把握和评价思想政治教育效果，就既要注重受教育者对思想政治道德理论知识的掌握，更要注重受教育者的行为特别是行动，把两者统一起来。不可仅看一点，特别是不可仅看认知。否则就不是思想政治教育的评价。

2. 注重被评价者的本职工作状况

人的思想政治品德的高低会从多方面表现出来，但行为是主要的，而在行为中，更为重要的是自己本职工作或者叫作分内之事完成的状况。因为本职工作或者分内之事是自己的本业，是自己与他人、与社会交往的基本职责。将自己的本职工作或分内之事做好了，才承担了自己的基本责任，才尽到了自己与他人、与社会交往的基本义务，才表现出了自己基本的，也是应有的思想道德素养，否则，思想政治道德素养就难以合格。因此，把握和评价思想政治教育效果的知行统一性，要注重被评价者的本职工作状况。

3. 注重被评价者已获取的成绩、荣誉

知行统一，不是虚拟的，而是真实的、可见的客观存在。因此，在把握和评价思想政治教育效果知行统一时，要注重被评价者已获取的成绩、荣誉。这些已获取的成绩、荣誉是知行统一的最好见证。

4. 注重被评价者的口碑

由于种种原因，有的人的良好的思想道德行为获得了荣誉，而有的人的良好的思想道德行为没能获得荣誉。在现实社会中有的荣誉也并不"荣誉"。但是不容置疑的是荣誉是有的，那就是口碑。"金杯、银杯，不如老百姓的口碑。"评价者要深入到群众之中，收集口碑，注重口碑。我们认为，在评价权重中，口碑重于可见的荣誉。

二、大学生思想政治教育评价模式的创新

(一) 质与量相结合的评价模式

所谓质与量相结合的评价模式，即将定性评价与定量评价相结合的模式。也就是说，在思想政治教育评价中，既要对评价对象进行整体和性质的分析综合，以鉴别和判定思想政治教育实践效果性质，也要对评价对象"运用数据的形式，通过对评价对象表现出来的

一些数量的关系的整理分析，从数量上相对精准地把握思想政治教育实践效果状况"的评价模式。

1. 质与量相结合评价模式的优势

思想政治教育评价主张采用质与量相结合模式的主要理由有以下几点。

第一，事物都是质与量的统一。唯物辩证法认为，事物都包含一定的质，也都有一定的量，是质与量的统一。因此，思想政治教育评价，就既看其质，也看其量，这样才符合事物的发展规律，才能使评价客观、准确、和谐。

第二，量的评价必须以质为前提。"数学、统计学和计算机科学的发展，为思想政治教育量化评价奠定了基础"，量化评价在现实中逐渐被采用。但是，"离开定性的定量评价，毫无疑义……定性是定量的前提和结果"。

第三，仅有质的评价难以精确。质的评价是我们传统的评价方式。这种方式"容易过多地依靠经验和印象，导致主观随意性"。即仅有质的评价是难以进行精确的评价的，因此是不科学、不和谐的。

第四，质与量结合的评价才准确。质是不同事物相互区别的规定性，量是保持事物性质的规定性。质量评价以便区分优劣，认识其性质；量的评价以便区分优劣的程度，对同性质的对象做出准确的鉴别。可见，质与量结合的评价才准确、和谐。

2. 质与量相结合评价模式的程序

一般来说，质与量相结合评价模式的操作程序如下。

第一，看、听、问—形成初步印象—有了初级的质。对思想政治教育对象的评价，不论是对个体的评价抑或群体的评价。一般来说，评价者首先通过看、听、问等活动：看评价对象的面貌、状态；听评价对象汇报；问评价对象的教育安排、效果等，通过这样的看、听、问，评价者对评价对象会形成初步的印象——好，或者比较好，或者不够好，或者比较差，或者很差，以及类似程度的初级质的判断。

第二，查、调、访—深入了解分析—获取足够的量。在有了初级的质的判断后，评价工作进入了重要的阶段——深入了解分析。一般来说，深入了解分析主要是通过查阅资料、调查、访问的方式进行的。查阅资料即查阅评价对象提供的反映本次评价情况的文本资料；调查即对文本材料、"看、听、问"阶段了解的情况等加以查证、核实；访问即深入受教育者之中，了解、掌握更具体的情况。通过这样的查、调、访，获取足够的量。

第三，依据量研究质—质与量相结合。在有了初级的质，获取了足够的量以后，依据量分析、研究质，起初的质的判断是否妥当；对质做出更为精确的判断，依据量研究的质，即质与量的结合，才是更客观、真实的评价。

3. 质与量相结合评价模式的基本要求

思想政治教育运用好质与量相结合评价模式的基本要求有以下几个方面。

第一，质的判断必须以量为基础。在质与量相结合的评价模式中，初级的质的判断，可能没有充分的量的支撑，但是，这时的质的判断，也是以通过"看、听、问"获取的一定的量为基础的，否则，质的判断就是无据的。在获取了足够的量以后进行的质与量相结合的评价时，质的判断不论对一定质的程度的判断抑或不同质的判断，都必须以量为基础，否则，对质的断定就难以客观、准确，就难以服人，因此，就没有评价预期的好结果。

第二，进行量的分析要充分。在质与量相结合的评价模式中，量也是重要的：它规定着质——或者精确质，或者确定质。因此，进行量的分析时，要脚踏实地，认认真真，要了解足够的量、真实的量，对量的分析、研究要充分、要精细，防止形式主义、走马观花。

第三，进行质的判断要谨慎。起初的质的判断对整个评价起着基础的、导向的作用；最后的质的判断是对评价对象的质的判定。不论前者还是后者在评价中都是至关重要的，因此，在进行质的判断时要谨慎，尽力使判断客观、准确。否则，不仅评价失真，对评价对象可能会造成很大的不利。如若这样，评价就是消极的了。

第四，量的分析必须以质为前导。在质与量相结合的评价模式中，虽然量的分析是重要的和必要的，但是，对于量的分析必须以质为前提和指导，即必须看清是什么质上的量。否则，离开定性评价的定量评价，毫无现实意义。

（二）自评与他评相结合的评价模式

所谓自评与他评相结合的评价模式，即将被评价对象自己评价与其他评价主体的评价结合起来进行的评价模式。具体地说就是，被评价的教育者或受教育者（现实评价中，较多的是评价受教育者，因为受教育者的情况，特别是受教育者的表现，是思想政治教育效果的直接呈现，即便是对教育者的评价，也主要通过评价受教育者的情况来进行）对自己进行评价，另外的其他评价主体——或者教育者，或者领导，或者专家，或者相关人员对评价对象进行评价，并将两个方面抑或多个方面的评价相结合，得出最终判断的评价模式。

1. 自评与他评相结合评价模式的优势

思想政治教育之所以倡导自评与他评相结合的评价模式，主要是因为以下几个方面的理由。

第一，自评与他评相结合的评价有利于激发、调动被评价对象的积极性。正因为被评价对象最清楚思想政治教育的情况，而既往的思想政治教育评价没有或者很少让被评价对象参加，致使评价难以准确并且难以为被评价对象积极接受。因此，运用自评与他评相结合的评价模式，让被评价对象参与到评价过程中去，有利于激发、调动被评价对象的积极性，使他们易于接受评价结果，更使他们积极地投入到持续的思想政治教育过程中去。

第二，自评与他评相结合评价才客观、准确。评价是为了掌握思想政治教育的情况和促进教育活动深入地开展。谁最清楚思想政治教育的情况？被评价对象。被评价对象是思想政治教育的主体、亲历者，他或他们对教育的过程及其效果心知肚明。所以，被评价对象要自评。但是，现在有些人不那么坦诚、谦逊了，不仅如此，还喜欢自夸或者夸大其词，甚至弄虚作假者也不鲜见了；还有"不识庐山真面目，只缘身在此山中"的制约；再加上人们看自己时往往看到的优点多，缺点少，而看他人则相反，因此，不能仅有自评，还需要有他评。他评可以保证评价的客观性。这样，自评与他评相结合，评价才会客观、准确。

第三，自评与他评相结合是对既往思想政治教育评价的改革和创新。

上面已经谈到，应该让被评价对象参与评价。特别在当代社会，我们倡导以人为本，人们的自主意识、民主意识、参与意识普遍增强，仅有他评，把被评价对象看作机械的客体，这样的评价是很难让被评价对象接受的。所以，思想政治教育提出自评与他评相结合的评价模式，以改革既往的、不合理的评价模式。

第四，自评与他评相结合评价才和谐，虽然被评价对象最清楚思想政治教育的情况，但是，较长时期以来，在现实的评价中，被评价对象难以参与评价，盛行的仅有他评。这往往导致评价仅关注了那些显性的东西，甚至形式，对教育过程、对受教育者思想认识的提高、心理的变化等难以顾及，而这些却是思想政治教育中的重要方面。正因为这样，对于评价给出的判断，被评价对象往往有意见，甚至影响了思想政治教育的持续进行：所以，坚持自评与他评相结合的评价模式，评价才会和谐。

2. 自评与他评相结合评价模式的基本程序

第一，被评价对象自评。不论是对教育者的评价，还是对受教育者的评价；不论是对个体的评价，还是群体的评价，被评价对象自评，即让被评价对象对自己的思想政治教育工作（对教育者而言）或接受思想政治教育的过程与效果（对受教育者而言）做出评价。被评价对象的自评，可以采用定性评价般是定等级；也可以运用一定的量的表达——定分数，不管运用哪种方式，都必须有依据，即对判断的足够的支撑，以防止自评的虚假。

第二，其他评价主体评。其他评价主体的个数难以确定，有可能就是一个主体；有可能是多个主体，如教育者（对被教育者的评价）、受教育者（对教育者的评价）、领导者、专家学者、思想政治教育的职能部门、知情者（或同事，或同学，或家长，或朋友，或与被评价对象有较多交往者，等等）。参与评价的其他主体越多，评价的结果就越客观、准确。其他主体的评价，一般是定性与定量相结合的评价。参与评价的主体务必带着对被评价对象、对社会负责任的态度，认认真真地进行评价，不可草率从事，搞形式主义，弄虚作假。

第三，自评与他评相结合。在自评与他评的基础上，将自评与他评相结合，即将两个评价结果进行整合。所谓整合，并不是将两个结果简单相加或按一定的权重计算出最后的结果，而是要认真地对比、分析、研究各评价的客观、合理之处，对各评价结果进行"去粗取精，去伪存真"，然后由各评价主体的代表协商出最终的评价结果。

3. 自评与他评相结合评价模式的基本要求

第一，动员被评价对象如实自评。较长时期以来，在思想政治教育评价中，自评未被重视，或者未被采用，原因是多方面的，如教育观念问题——没有把评价对象当作主体以及社会理念问题——没有以人为本理念等。但是，更为主要的原因可能还是不相信被评价对象。现实社会条件下，弄虚作假者有之，自评很可能有一定的"水分"。因此，在采用自评与他评相结合的评价模式时，评价领导者、组织者要对评价对象加以动员、引导、指导，让他们有求实的态度和作风，要告知他们除了自评还有他评，虚假迟早会暴露，弄虚作假者最终要吃亏。

第二，各评价主体独立进行评价。为保证各主体评价的真实、准确，在采用自评与他评相结合的评价模式时，各评价主体要独立进行评价，自主地表达自己的意见，否则，就等于没有了多个评价主体，还是一个主体主宰评价。特别是对于自评，要确实保证被评价对象不被控制、操纵、愚弄，成为某个人或某些人的玩偶。

第三，其他主体评价要客观、公正。评价中的客观、公正非常重要，否则，就违背了评价的初衷——总结经验教训，推进思想政治教育持续、深入开展。其他评价主体的客观、公正，首先取决于态度的客观、公正，其次取决于工作的认真、扎实，特别是那些平时与被评价对象接触较少、了解较少的评价主体，要保证评价的客观、公正，必须深入到被评价对象的日常教育、工作、生活中做细致的观察、了解、调研核实。否则，难以保证评价的客观、公正。

第四，对评价结果的整合要科学。由于种种原因，例如，对评价对象的了解程度，评价者先入为主的成见和评价中的态度，评价者的水平，评价中工作的认真程度等，各评价主体的判断肯定是有差别的。对于各个主体的评价如何赋以权重、整合？这是个复杂的问题，需要认真研究。一般来说，谁更知情，谁更懂得评价，谁获取的证据更有力，在赋以权重时谁的意见就更为重要些，在整合中，要充分发扬民主，各评价主体平等地表达自己的意见、阐述自己的理由，通过民主协商得出最终的评价结果。

第七章 高校思想政治教育工作中实践路径创新

第一节 思想政治教育的实践活动创新

一、强化实践教学

(一) 实践教学的地位与价值

1. 实践教学的重要地位

实践教学在思想政治教学中的重要地位主要体现在以下两个方面。

一是实践教学与理论课教学在教学手段、组织形式和教学方式上有着重要的差别，这直接决定了实践教学有着理论课教学所不具备的优势，因此在思想政治教学之中实践教学是不可替代的。

二是实践教学与理论课教学在教学目标和理论支持上具有共性。

实践教学和理论课教学都是以马克思主义理论为支持，以培养全面发展的四有新人为目标。

实践教学与理论课教学的差异与共性决定了在思想政治理论课教学中实践教学的地位是不可替代的。在高校思想政治理论课今后的发展中要形成实践教学与理论课教学相互促进的机制，更好地完成思想政治课理论教育的任务。

2. 实践教学的重要价值

理论联系实际既是党思想路线的重要内容，也是思想政治教育教学改革的一条主线。思想政治教育要实现与时俱进不断创新，就必须要重视实践教学。具体来说实践教学具有以下两点重要价值：实践教学是思想政治理论课教学改革的战略选择；实践教学是思想政治理论课与时俱进的客观要求。

(二) 整合实践教学资源

1. 实践教学资源的构成

思想政治理论课实践教学的资源要素众多，构成丰富。一方面包括以自然形态存在的非生命的自然资源，另一方面包括实践教学所用的人力、文化、科技、信息等社会性资源。其中，社会性资源是大学生思想政治理论课实践教学资源的主要部分。通常社会性资源主要包括社会活动中与学生生活体验和思想政治理论相关的各种实物。通常有学生的生活体验、革命历史遗址遗迹、各种多媒体影视资料、蕴涵着丰富教育价值的人文景观、社会生活以及网络生活。这些都是开展思想政治理论课实践教学的宝贵资源。

2. 实践教学资源的开发、利用和管理

实践教学资源的开发、利用和管理是影响实践教学活动实施效果的重要因素。因此，在实现思想政治理论课实践教学发展的过程中，除了要积极拓展思想政治理论课教学所需要的各种实践教学资源，还需要对实践教学资源进行有效的开发、利用和管理，为实践教学的顺利开展提供在质和量上有保证的实践教学资源。

第一，校内实践教学资源的开发、利用和管理。校内实践教学资源是思想政治实践教学资源的主体。这一资源包括与思想政治实践教学相关的各种校内资源。这些资源主要包括思想政治理论课修读学生、学校党政干部和共青团干部、学生辅导员和班主任、实践教学对象地区的干部群众等。校内实践教学资源是开发利用实践教学其他资源的主体，在思想政治理论课实践教学之中具有一定程度的主导性。因此，思想政治理论课实践教学的校内资源的管理水平直接决定着思想政治实践教学工作开展的水平。总之，要加强思想政治理论课实践教学校内资源的开发、利用和管理。

第二，实践教学基地资源的开发、利用和管理。实践教学基地是校外实践教学的重要元素。实践基地开发水平的高低实际决定了校外实践教学开展的水平。因此，为实现课外实践教学的顺利开展，学校应积极与校外单位合作建立一个长期稳定的实践教学基地。校外实践教学基地可以是实验室、博物馆、历史遗迹、名人故居等。

实践教学基地应按照环境友好、主题鲜明、功能完善、管理规范、相对稳定的思路建设，最终实现课外实践教学的全面推进。实现以上的要求需要从以下几个方面做起。

第一，实事求是，做好实践教学基地的合理规划。实事求是地做好校外资源的规划是建设好实践教学基地的第一步。在建设实践教学基地之前，首先要了解学校自身的需要，其次做好规划，对实践教学基地建设的可行性和实践教学基地的有用性展开全面地讨论。发挥学校所有实践教学基地整体的育人功能。

第二，把实践教学基地建设与学生现有生活实际结合起来，开发现有实践教学基地的育人功能。有一部分高校存在着现有实践教学基地利用率不高的现象。这些学校建设新的实践教学基地已经显得没有必要，而且在对实践教学基地开发、利用、管理中，最重要的是实践教学基地的利用，不能只开发不利用，做政绩工程和面子工程。因此，学校要认真调查学生的实际需要，提高现有的实践教学基地的利用率。

第三，加强实践教学的综合管理，展开校际共享与社会共享。实践教学基地的开发需要很大的经费支持，因此，如果能够加强实践教学基地的重复利用，则能够实现实践教学基地建设经费的节省。这对突破思想政治实践教学的经费困境具有重大的意义。

二、加强社会实践

（一）加强宏观管理

大学生社会实践活动的宏观管理关键在于大学生社会实践活动领导机制、指导机制、激励机制和保障机制的建设。

1. 建立领导机制

建立校、院（系）两级领导机构。在此基础上，建立和完善包括责任制、督查制、报告制等在内的领导机制。每种类型的社会实践活动都要明确责任部门和责任人，形成齐抓共管、一级抓一级、层层抓落实的工作局面。校级领导机构要在明确责任分工、优化资源配置、协调工作冲突、进行督促检查、开展专题培训等方面发挥主导性作用；院（系）级领导机构要在策划部署、人员配备、考核评定、社会实践基地建设等方面发挥关键性作用。教学管理部门要抓好属于"第一课堂"的专业实习类、训练类社会实践活动；学生管理部门、党群组织要抓好属于"第二课堂"的生产劳动类、社会调查类、勤工俭学类、科技服务类、志愿服务类和挂职锻炼类社会实践活动。

2. 建立指导机制

没有高水平的专业指导，就不可能有高质量的社会实践活动。建立校、院（系）两级指导教师团队，在此基础上，要进一步完善指导机制。一是通过加强课程建设，建立和完善大学生社会实践培训课程体系及课酬制度，推进校级指导教师团队的知识化和专业化；二是通过建立大学生社会实践指导教师进修培训制度和活动补助制度，来推进院（系）指导教师团队的建设。

3. 建立激励机制

社会实践活动的最终受益者是学生。如果学生在活动中没有积极性，只是被动地参与，那么这样的社会实践活动就没有什么实效性可言。因此，必须从学生在社会实践活动中可以获得什么，或者说作为施教者可以通过社会实践活动给予学生什么这个根本问题出发，建立完善的激励机制，才能实现学生从"要我参加"到"我要参加"的转变。对于专业实习、军事训练、生产劳动、社会调查等"必修科目"，除了要根据不同情况给予学生一定的交通补助和生活补助外，同时还要通过总结表彰大会这种形式，对表现优秀的个人和集体进行公开表彰。对于勤工俭学、科技服务志愿服务和挂职锻炼等"选修科目"，要建立学分奖励制度。一是探索和建立勤工俭学、志愿服务和挂职锻炼时数与学时之间恰当合理的换算关系，为进行学分奖励提供可靠的基础；二是根据科技服务时间以及科技项目获奖情况，对学生进行学分奖励。

4. 建立保障机制

开展大学生社会实践活动是有成本的，也是有风险的，因此，有必要建立大学生社会实践投入机制和风险机制等保障机制。一是要建立学校、学生和社会三方共同参与的多元投入机制；二是要建立社会化的风险保障机制。学生在参加社会实践活动中存在着各种各样不确定的因素，容易发生这样那样的安全事故。因此，除了对带队老师和广大学生进行安全教育、采取必要的安全措施之外，还要为每一位学生购买商业保险。实践表明，购买商业保险是一种规避风险的比较稳妥可行的办法。

（二）关注基地建设

实践基地是专门为学生社会实践而成立的一个基地或者机构。"三维实践基地"则着力从社会实践、科技实践、创业实践三个方面大力推进大学生社会实践基地建设。如果将"社会实践基地"和"科技实践基地"比作培养学生基本实践能力的 X 轴和 Y 轴，那么"创业实践基地"就是培养学生整体综合实践能力的 Z 坐标轴，故将此称为培养学生综合素质的"三维实践基地"。

1. 社会实践基地

一方面，大学生可以充分结合区校、村校、校企共建服务活动，在区县、农村企业建设基地；另一方面，大学生还可以以班级、院系、社团等组织为单位，就近建立实践基地，各实践队伍与各实践对象可以建立长期的合作关系。同时，不同年级的学生还可以采取以老带新的方式组团开展活动，增强实践基地的传承性，为更多大学生经常性地参与社会实践活动提供机会和渠道。这种校外结合专业特点、自身优势参加社会调查、实际生产、企业管理的方式，不仅能为社会和企业提供技术服务，也可以帮助大学生通过社会实践提升专业技能，锻炼适应社会的能力。

2. 科技实践基地

高校通过开展诸如全国"挑战杯"科技竞赛、国家大学生创新性实验计划等活动，并结合科学商店项目（大学生科普志愿者进社区）在校内建立大学生科创中心作为科技实践基地。同时，高校可以开展各项科技文化活动为巩固科技实践基地奠定基础，提高学生参与科技实践基地的积极性，并鼓励完成一定创新实践并取得成果的大学生，由学校组织专家审核认定后，奖励一定的学分。从科技创新的角度承认大学生的科技成果，这样学生科技创新能力的提高反过来激发学生进一步学好科学文化知识和积极参与科技实践基地建设的兴趣，形成了良性循环。

3. 创业实践基地

学校不仅要满足学生创业实践的基本要求，还要通过开展系统的创业教育、选修课程和个别指导对学生进行创业知识培训，鼓励学生把自己的所学所思运用到创业活动中去。不仅如此，在学校统一指导下，学校相关部门与社会相关企业建立创业实践基地，学生就可以将在创业计划竞赛、大学生课外科技作品竞赛等各种竞赛中的作品和创意应用到创业实践中去，从而提高理论与实践结合的主动意识，增强学生创业的积极性。

（三）加强社会实践的育人功能

1. 正确地认识实践活动在思想政治教育中的重要作用

要使各种社会实践活动顺利而有序地开展，必须对社会实践活动有正确的认识。在大学生思想道德建设中，既要认识到社会实践活动的重要作用，积极开展各项有意义的活动，还要做好活动的各项保障工作，避免安全事故的发生。尤其要避免盲目的活动，例如媒体报道的某些大学生自发进行的探险活动，由于缺乏对活动的可行性的策划和安排，参与者的人身安全就没有保障，也给国家行政管理资源造成不必要的浪费。特别要克服两种错误倾向：一种是认为活动越多越好，结果是活动太滥太频繁，参与者感到疲惫不堪，既影响了中心工作，又冲淡了大学生的参与热情；另一种是因为在活动中出现问题而不敢开展活动，谈活动色变的倾向，产生"一朝被蛇咬，十年怕井绳"的心理，认为开展社会实践活动越多，出问题就越多，出了问题不是去思考出现问题的原因，总结社会实践活动的经验教训，而是把问题简单归咎于活动本身，认为不开展活动事情都不会发生。这两种倾向对于充分利用社会实践活动载体都是有害的，必须在大学生思想道德建设中加以克服。

2. 设计和安排时效性强的社会实践活动

开展社会实践活动，要精心设计，合理安排，加强组织领导，力求解决实际问题，突出实效。以社会实践活动为载体开展大学生思想道德建设，不仅要考虑社会实践活动的必要性，而且要研究社会实践活动的可行性和针对性，力求社会实践活动有意义并取得好的效果。开展什么样的活动，应当在事前做好精心设计，做出科学合理的安排，要处理好中心工作与活动之间的关系。特别是要避免为搞活动而活动、放弃中心工作的做法。在活动中，尤其是具有一定规模的活动，如果缺乏有效的组织领导，就会使活动混乱不堪，不但收不到预期的效果，而且会使参与的大学生产生抱怨情绪，再有意义的活动也收不到应有的效果。是否能发挥社会实践活动的有效作用，关键看活动的内容和形式是否为大学生所需要。也就是说，各种活动都要坚持以人为本，以满足大学生的物质生活和文化生活需要作为出发点。

3. 开展丰富多样的社会实践活动

第一，主题意义明确。实践团队应结合学校特色、社会热点、市场需求，从本专业实际出发，确定实践主题。各基层实践单位可以在主线不变的情况下根据自身实际情况设定分主题。同时，社会实践是学生接触社会了解现实、主动学习、自主发展的有效途径。社会实践主题的确定重在调动学生自主参与的积极性，增强他们参与活动的浓厚兴趣。主题应简单易行，便于操作，让学生在探究与实践过程中增进知识，开阔视野，提高团队意识和合作精神，切切实实成为学生在实践中接受教育的有效途径。

第二，实施方式灵活。为实现让大学生通过社会实践这种方式，更真实客观地观察社会，主动接受外部世界的考验的目标，社会实践在实施过程中应注重实施方式的灵活性与实践形式的多样性。在实施过程中宜以院系、班级团支部、专业、课题组、社团、兴趣爱好等方式组团，拓宽实践活动领域、丰富实践活动内容，因地制宜，可采用理论宣讲、社会调查、学习参观等方式。

三、深化创业教育

（一）开设创业课程传授创业知识

通过创业教育教学，使学生掌握创业的基础知识和基本理论，熟悉创业的基本流程和基本方法，了解创业的法律法规和相关政策，激发学生的创业意识，提高学生的社会责任感、创新精神和创业能力，促进学生创业就业和全面发展。文件要求各高校把创业教育教学纳入学校改革发展规划，纳入学校人才培养体系，纳入学校教育教学评估指标，创造条件面向全体学生单独开设"创业基础"必修课，并支持有条件的高等学校根据办学定位、人才培养规格和学科专业特点，开发、开设创业教育类选修课程（含实践课程）。

（二）宣传创业典型营造创业氛围

随着越来越多的大学生投身创业实践，不少成功创业的先进典型人物不断涌现，成为高校开展创业引导、营造创业氛围的宝贵案例资源。教育部、各地教育主管部门组织开展了创业先进典型评选活动，各高校通过参加评选，全面梳理了近年来表现突出的自主创业典型案例材料，通过"创业校友面对面"、自主创业案例集、自主创业宣讲报告会等形式，不遗余力地宣传创业事迹，激发在校大学生的创业意愿，取得了很好的实际效果。

（三）搭建实践平台加强创业实践

为鼓励大学生积极开展创业活动，培养创业能力，高校可以建立联通青春创业社，为大学生创业项目提供场所和经费支持，同时为拓展大学生就业空间，提高大学生就业能力，学校相关部门可以积极与就业指导中心密切联系，搭建大学生与单位之间接触的平台，组织各学院大学生通过企业参观、座谈交流、走访校友、问卷调查等方式了解就业单位、就业人才市场需求，明确自身努力方向，从而起到良好效果。

（四）举办创业活动强化创业实践

各高校以"第二课堂"为辅助，广泛开展创业计划竞赛、创业讲座、创业实战赛、创业见习、企业家论坛、创业者沙龙和企业参访等活动，推出了"企业家进校园"、创业成功人士访谈、暑期创业实战赛、创业成长训练营等精彩纷呈的品牌活动。同时，不少高校探索开展创业骨干培训，面向有创业意愿的学生开设"创业骨干培训班""创业训练营""创业大课堂"等，挖掘、培育创业苗子，对具有相对成熟创业意向的学生进行"一对一"指导。此外，以"挑战杯"全国大学生课外学术科技作品竞赛和中国大学生创业计划竞赛为代表的各级、各类创新创业赛事也是高校开展创业教育的重要平台。

四、鼓励科研创新

（一）积极鼓励科研实践

各高校鼓励教授、研究生导师尽可能接纳本科生参与科研实践、学术讲座与学术研讨，指导本科生的课余科技兴趣小组活动：以校内高水平的重点实验室、各学科的科研机构、工程基地为依托，将创新教育融入科研训练、毕业论文、课外活动等教学环节中，提升创新教育的水平；鼓励师生以携手发表论文、申请专利、参与竞赛等方式，提高成果的显示度和辐射效应。

（二）深入推动产学研合作

产学研合作不仅仅是促进科研成果的转化和加强社会多元主体联系的动力机制，更是创新人才引进和培养的重要途径及实现人才强国战略的动力机制。主要形式包括校企自主联合科技攻关与人才培养，共建研究中心、研究所和实验室，建立科技园区实施科学研究与成果孵化等。

（三）大力加强教学科研互动

高校不断以国家级、省级、校级精品课程建设为抓手，及时将科研成果转化为教材和教学内容；高校哲学社会科学工作者坚持科研反哺教学，将科研理念、科研方法、科研成果引入课堂教学、实践教学、教材（讲义）编写、毕业论文（设计）的指导等人才培养环节中，实现了教研互动教研相长。

（四）搭建学术交流平台

高水平学术讲座活动对学生把握学术前沿、开阔学术视野、提高综合素质具有重要意义。高校积极构建完整的学术报告和讲座制度，通过不断加强品牌论坛建设，开展多种形式的学术活动，繁荣发展校园文化、提升大学生科学素质和人文素养。一些高校经过多年打造，形成了独具影响的学术论坛品牌。

第二节　思想政治教育的校园文化创新

一、校园文化的内涵和特点

（一）校园文化的内涵

校园文化，实际上就是除了课堂以外的所有与教师和学生相关的教育活动。校园文化是一个内容复杂、形式多变的综合体：思维活动、文化环境、道德关系以及人际关系都有可能成为校园文化的一部分，从而直接或间接地对教师以及学生产生影响。校园文化是高校不可或缺的一部分，它是在长期教学与实践过程中逐渐形成的具有自身鲜明特色的标签，更是彰显该校学生思想观念区别性的重要标志，是学校最生动最鲜明的名片。

（二） 当前高校校园文化的主要特点

随着我国改革开放和全球化步伐的日益加快，随之而来的是文化多元化、意识观念多元化、生活方式多元化等，呈现由"一"到"多"的特点，且当下信息高速传播，渠道日趋丰富。外来文化冲击着原有的文化模式和思维方式，使当下的校园文化呈现出新的特点。

1. 丰富与多样的校园文化内容

全球化带来了物质和文化上的极大丰富，新的观念和方法也随着文化一同被注入人们的生活。不同文化之间不可避免地互相渗透、吸取，这种互相吸收和补充，形成了"你中有我，我中有你"的局面。但这也对原有的文化观念提出了挑战。如何做好不同文化的相互融合，做出正确的价值判断，需要较高的判断力和分析力，这对个人素质提出了要求。当前在校的大学生正处在身心快速发展的阶段，他们涉世未深、阅历较浅，对很多社会现象还不能很好地把握，且极容易受鼓动和影响。加上国际上社会思潮的进入，这为大学生的成长提供了机遇的同时，也给各高校提出了培养的难题。高校需要提升大学生的文化甄别能力，这样才能尽可能地避免负面效应。

2. 传统与开放的文化理念交融

校园文化作为校园里的一种精神文化，对学生的教育引导功能是十分明显的，因而它必须是在长期的实践检验中不断完善和延续而形成的。校园文化元素本身就包含了相对稳定和传统的成分，在历史的积淀中，逐渐被广大师生所接受，具有一定的社会影响力。但现代社会，新的文化思潮带来了与许多传统不太相同的理念，若一味地因循守旧，延续陈旧的做法，必然会和学生当下的生活理念发生冲突，容易遭质疑。校园文化必然要兼收并蓄，广泛吸收新文化理念，进行加工改造，以更具时代色彩的新形式出现，从而为己所用。因此，校园文化本身又必然具有一定的开放性，应主动融入大学生的学习生活中去，实现双向互动。

3. 多元化的文化选择

当下的文化交融日益增多，学生在校园里接受各种文化气息的熏陶，思维活跃，长于思考，因此不同类型的文化在大学校园里很容易引起共鸣，产生作用。要进行选择，做出适宜的价值判断，学生必须进行全面的了解，凭借敏锐的观察力，通过缜密的分析，根据自身实际情况做出取舍这样才能促进个人的健康发展。如先前在一些学生中出现的拜金主义享乐主义等，即是对一些外来文化的盲目追求、片面理解、曲解和误解，形成的一种不良风气。在当前多元文化背景下，本土文化被越来越多的国外文化观念影响，不能简单地沿用和吸收这些异域文化，而要对其进行甄别。校园文化建设是对学生进行思想引领的重要方面，对学生的世界观、人生观和价值观有着深刻的影响。

4. 创新性的校园文化评价标准

校园文化建设的目的是要实现育人的效果。不同的时代背景和社会需求，对人才的要求也是不同的。学校培育的人才要能适应社会发展、实现自我的完善，因此，育人的理念不是一成不变的，要能与时俱进，适当地进行调整。当今社会，全球联系广泛加强，高新技术快速更新，经济发展日新月异，文化交融错综复杂，这对学校育人提出了更高的要求，要求高校培育出满足社会多元需求的复合型人才。这同时也要求学生要有国际化视野，与经济全球化、教育国际化和文化多元化等时代特点相适应，全面提升综合素质，因此，校园文化的评价标准也会随之发生变化。

二、高校校园文化对思想政治教育的作用

（一）校园文化建设是社会主义精神文明建设的重要组成部分

高校校园文化是社会主义文化的一部分，是社会主义精神文明建设的重要内容。确立校园文化之中的共产主义信念，以共产主义信念引导大学生的发展方向。高校校园文化作为我国社会主义精神文明建设的一个重要组成部分，同社会精神文明建设之中的其他优秀文化成分是统一的，因此在高校校园文化之中积极地引入社会精神文明建设的其他优秀成果，使得大学校园文化会同其他精神文化引导大学生思想观念的发展，保证社会精神文明建设目标的实现。

（二）校园文化是大学生思想政治教育工作的重要途径

首先，高校校园文化具有追求务实、追求崇高的凝聚力。在当代，这种崇高的精神境界就是"以人为本"的人文精神，"求真务实"的科学精神，"着眼未来"的超越精神和"自强不息"的奋斗精神。正是由于这些精神因素的存在，才聚集成建设有中国特色社会主义的共同理想，把师生的智慧和力量团结到构建和谐校园的共同事业之下。

其次，校园文化对大学生具有重要的教育导向作用。正是通过校园文化丰富多彩的方式，让大学这个特殊群体的人们都得到一种文化品位的熏陶和大学精神的培育，从而形成了志存高远、爱国敬业、为人师表、教书育人、严谨笃学和与时俱进的优良教风；勤于学习、奋发向上、诚实守信、敢于创新的良好学风；以及崇尚科学、严谨求实、善于创造的具有时代特征和学校特色的良好校风。正是具备了优良的教风、学风和校风，大学文化才

能够实现培育、塑造人的作用，促进人们自觉追求和谐相处，大学生才会从这种教育的耳濡目染中感悟到社会主义、爱国主义和集体主义教育的真谛。

最后，校园文化具有源源不断的创造力。大学作为思想最活跃、最富有创造力的地方，以及新知识、新思想、新文化的策源地，其创造力主要来自担当社会责任的知识分子群体追求真理、体现公平正义的社会理想，他们发挥着文化对社会进步的强大影响作用。

文化可以作为一个维系民族、社团、集体的共同价值取向，使更多大学生在对这一共同认知追求中，走向"真、善、美"的人格道路。

（三）校园文化建设有利于提升青年大学生的素质

大学生主体的全面自由发展是高校校园文化建设实践中的价值目标。在校园文化建设中，大学生承担着主客体合一的身份。校园文化为大学生借鉴他人经验进行自我教育提供了一个良好的场所，因此从这个意义上说，校园文化是基于大学生的自主选择性的大学生的自我教育。因此在校园文化建设的过程中，各级领导部门坚持弘扬主旋律，要对大学生进行世界观、方法论的教育，提高他们分辨是非的能力，自觉抵制不健康文化的影响，为青年大学生的全面发展提供更为广阔的空间。

三、校园文化的建设途径

（一）遵循校园文化建设原则

1. 坚持主旋律与尊重多样性的统一

大学是人类文化传承、创新与发展的重要基地。大学不但要传承和创新知识，更要熔铸、守望人文精神，肩负起文化传承的历史使命。校园文化建设是实现这一使命的必然途径，是学校精神文明建设的重要基础和重要前提。

学校必须建设一个文化层次较高的校园文化环境，传承大学精神，使广大青年学生能养成良好的思想道德品质。

当今社会处于文化井喷时代，各种类型的文化层出不穷，相互交融并得以发展。随着社会这种发展趋势，社会发展必将呈现出更大的开放性和适应性，文化多样性将成为一种必然趋势。历史无数次证明，保守和封闭只能走向停滞和僵化，建设高水平的校园文化必须使校园与社会联网，走开放之路，尊重主体多样性的发展。

尊重校园文化多样性也不等于忽视主旋律建设的精神引领作用。文化主旋律和文化多样性是相互促进的关系，也就是必须坚持主旋律与尊重多样性的统一，这才是对校园文建设应该持有的态度。

2. 坚持积淀传承与创新发展的统一

文化是历史形成的。不经过一定的历史积淀和传承，文化的优秀品质难以体现。在学校长期发展的历史积淀中形成的、具有相对稳定性的文化传统意识是现代校园文化传统中最宝贵的部分，是大学抵抗挫折、谋求发展的顽强生命力的底蕴所在，是一所学校的灵魂，是一个学校精神与氛围的集中体现，也是学校赖以生存的根基，更是学校可持续发展的精神动力，对于稳定大学的风格和水准具有至关重要的作用。

大学能够得以持续健康发展的推动力源自优秀的学校校园文化。学校校园文化的建设与创造，既是一个继承、借鉴、创新的综合过程，也是一个德育与智育、科学与价值以及人与人相互作用、相互促进的复杂过程，需要精心构建，要在理念上精心提炼，在实践中长期培育。传承学校的特色与优势文化依靠学校师生的共同努力与不懈创造。

3. 坚持立足国情与面向世界的统一

面对经济全球化的挑战，校园文化不能回避，而应积极主动地融入世界大潮之中，通过与大风大浪的搏击，使自己的羽翼逐渐丰满，从而实现国际化与民族化的统一，实现自身的完善和发展。

从根本上说，对待面向世界和立足国情的态度与我国对外来文化和传统文化的态度是完全一致的。对外来文化和传统文化，校园文化的基本原则是采取分析、辩证的态度，积极利用其合理成分，并结合具体情况加以批判继承、消化吸收。因此，这也是我国在看待面向世界和立足国情时的总方针。但长期以来，校园文化在实际发展中，往往偏离或忽视了这个方针，完全凭主观臆断，感情用事，这是制约校园文化发展的重大问题。

（二）加强组织领导建设，完善校园文化建设机制

1. 加强组织领导

所谓大学校园文化建设的合力与共谋，除了内部合力问题之外，对于外部应该从两个方面予以考察：一方面强调大学校园文化建设要与外部环境相适应，另一方面还要强调外部环境促进大学校园文化的建设与发展。

在大学校园文化建设方中，政府可以从自身职能出发，利用间接的宏观管理方式促进其建设发展。具体方式包括以下四种：一是政策方式，即通过制定相关政策来引导学校进行文化建设的行为；二是经济方式，即在拨款、资助、投资、奖励和招标等教育经费分配过程中通过合理的倾斜来调整提高文化方面的投入；三是信息服务的方式，即通过提供信息服务来使学校有选择地决策自己的行为；四是监督评价方式，政府教育部门通过检查、

鉴定、评估等活动来对文化建设情况进行检查监督。

只有内外兼修，调动多方面的积极性，才能整合资源，凝聚力量。

2. 完善校园制度

大学校园文化需要制度框架的支撑，大学校园文化是娇嫩的花朵，高贵的理念也只有在与之相容的正式制度下才能存在并得以发扬。因此，只有完善各项制度措施，大学校园文化的凝聚力和创新力才能竞相迸发，大学校园文化才能卓尔不群、历久弥坚。

具体来说，各项制度措施的完善必须着眼于以下几个方面。

第一，在起点上，一项制度措施的制定与完善首先要建立在民主和法制的基础之上，反映在大学校园文化中，就是依法治校和民主管理，有这样一个逻辑前提，才有可能营造一个宽松和谐的学术环境，发扬批判和独立的精神，鼓励教师进行开创性的研究。

第二，在转变学校行政职能方面，要更多地体现"精神性"而非"物质性"，"全员性"而非"科层性"，加强教授治学、教师参与学校学术事务管理的权力，唯有如此，学术权力才能超越行政权力。

第三，各学科的高度交叉和融合是当前全球语境下学术发展的必然选择，因此，要改革现有的学科和科研管理的组织模式，不断地提高大学的学科和科研的管理水平，以更好地适应现代学科的发展，促进学科的交叉和科技创新。

（三）加强校园物质文化和精神文化建设

1. 校园物质文化

建设校园物质文化主要是指学校的基础设施建设。一所好的高校一定是拥有良好校园文化精神的学校。在物质文化层面，就是校园整体布局科学、合理，注意校园绿化建设，体现人文关怀，教学区、实验区、宿舍区、活动区等建设合理协调。高校可以利用公共场所的名人雕塑，陶冶大学生日常的精神生活。这些标志性建筑应该体现出"真""善""美"的价值理念；可以将名人警言张贴于公共场所或室内。同时，高校的校广播电台、校内网络、校报、校刊、校电视台也应大力宣传社会主义核心价值观，使学生在潜移默化中受到社会主义核心价值观的教育。总之，高校要加大对校园文化的"硬件"设施投入，充分利用好校园中的各种文化载体，增强大学生思想政治教育的影响力和辐射度。

2. 校园精神文化

校园精神文化是大学的内隐文化，是在长期的校园物质文化、制度文化创造过程中积淀、整合和提炼出来的。校园精神文化包括学校所有成员的群体意识、舆论氛围、精神风貌、人生态度、心理素质、价值取向人际关系、思维方式和教风学风等。高校要通过大学精神来体现出大学生思想政治教育的目标。在具体实施上，高校可以将道德教育体现在校训、校歌、校徽、校标上，以一种奋发向上的精神鞭笞大学生、激励大学生，这同时也是良好的校风建设。高校要使大学生形成自我教育的习惯，要尊重学生的首创精神，要使民主之风在学校中蔓延，要完善评价激励机制，要高调表彰先进、树立典型，使良好校风浸染每个大学生的心灵。

（四）加强对优秀传统文化和国外文化的吸收和借鉴

1. 积极地弘扬传统经典文化

中国传统文化，指的是以中华文化为源头、中国境内各民族共同创造的、长期历史发展所积淀的文化。积极弘扬传统经典文化，首先，必须坚持马克思主义的指导地位。马克思主义理论是指导中国特色社会主义建设的理论基础，为我党代表先进的文化指引了方向。因此，我国高校校园文化建设中必须坚持马克思主义的指导地位不动摇。坚持马克思主义的指导地位，在新时期就是要用社会主义核心价值观教育人民，在社会中形成共同的理想追求和精神支柱。其次，应传承和发扬中华民族的优秀传统文化和民族文化。民族的就是世界的。中华文化作为世界文化的重要组成部分，自身的繁荣发展是世界文化繁荣发展的根基，中华文明的发展进一步促进着世界文化的发展。除了营造良好的传统文化教育环境，借助现代各种媒介进行大力宣传，积极地引导他们学习、了解传统文化的相关内容外，高校还应帮助大学生提高对中国传统文化和历史知识的重视程度，从而更好地把自己塑造为适应社会和时代前进所需要的复合型人才。

2. 吸收借鉴国外文化精髓

高校校园文化建设应注意帮助大学生树立正确的民族意识与国家意识，对本民族和民族文化保持高度的自豪感和自信心，同时引导学生正确认识国外文化，避免大学生对国外文化的盲目崇拜。

第一，建立现代大学制度，形成与国际接轨的大学管理体制。

第二，加强学生的各种国际交流，开展各种国际学术交流与合作。我国高校应进一步适应自身国际化发展需求，努力创造条件增加出国留学和来华留学的人数，有效地创造我国高校学生到国外学习的机会，增加出国留学的人数。面对国际化的迅速发展，我国高校校园文化建设另一个非常重要的任务和内容是要大力加强国家间的交流，在国家间进行合作研究。一方面有助于我国高校校园文化建设培养国际化的人才；另一方面也将强化我国高校的国际学术研究。

第三，吸取国外文化的精髓。高校校园文化建设应在各种国际交流活动中，注意剔除国外文化的糟粕，把握其民主、法制、自由和平等、宽恕与博爱等西方主流文化的精髓，并将之贯穿于校园文化建设之中，与传统文化交叉融合，相互补充、相得益彰，培养学生更加健康的人格和素质，以充分发挥高校校园文化的教育功能。

第三节　高校党团工作模式创新

一、加强党对高校的领导

（一）把握住党管办学方向的坚定立场

1. 要坚持不懈地传播马克思主义科学理论

高校是孕育思想、发展理论、传播文化的地方。在历史和人民的选择中，马克思主义成为我们立党立国的根本指导思想，也成为中国特色社会主义大学的鲜亮底色。长期以来，高校在学习研究宣传马克思主义、培养马克思主义理论人才方面发挥了重要作用，为推进马克思主义时代化、中国化、大众化做出了重大的贡献。

改革教学内容、方法和手段，提高马克思主义理论教学的针对性和实效性。注重综合改革和整体思维，使各学科专业的学生、不同学段的学生都要学好马克思主义理论，掌握科学的世界观和方法论，为学生一生的成长奠定科学地认识世界和改造世界的基础。举个例子来说，上海高校探索构建全员、全课程的大思政教育体系，加强课堂主渠道建设，以"从思政课程到课程思政"的理念，构建"思想政治理论课""综合素养课""专业教育课"三位一体的教育体系，主渠道贯通效果显著。

高校要加强马克思主义理论研究，建设好马克思主义学院和马克思主义理论学科，发挥高校的学科和人才优势，对马克思主义经典理论进行深入研究和阐释，同时立足中国特色社会主义实践，解读和回答重大理论和现实问题，推动发展 21 世纪马克思主义和当代中国马克思主义。要重视理论人才的培养，下大决心大力气培养一批功底扎实、经验丰富、立场坚定的马克思主义学者，特别是要培养一大批青年马克思主义者。要加大马克思主义的宣传和普及力度，通过有效的改革举措和行之有效的方式方法，向广大民众宣传和普及马克思主义，使马克思主义基本原理由抽象到具体、由深奥到通俗，由被少数人掌握到被广大人民群众理解、接受和信仰，推动中国马克思主义大众化。

坚持以马克思主义为指导，最重要的是坚持马克思主义基本原理和贯穿其中的立场、观点、方法。研究各门具体学科，要善于运用马克思主义的立场、观点、方法去辨明研究方向、掌握科学思维，得出合乎规律的认识，而不是照搬现成结论，更不是代替具体学科的研究。在马克思主义指导下，应该提倡对各种思想文化广纳博鉴、各种学术思想和学术派别切磋交流，形成百花齐放、百家争鸣、创新发展的生动局面，要旗帜鲜明地抵制以所谓"学术自由"为名诋毁马克思主义、否定马克思主义指导地位的言论。

2. 要坚持不懈地培育和弘扬社会主义核心价值观

社会主义核心价值观有深厚的历史底蕴和坚实的现实基础，是当代中国精神的集中体现。它所倡导的价值理念具有强大的道义力量，所昭示的前进方向契合中国人民的美好愿景。培育和弘扬社会主义核心价值观，增强中国特色社会主义道路自信、理论自信、制度自信、文化自信，是保持民族精神独立性的重要支撑。用社会主义核心价值观教育学生，引导他们扣好人生的第一粒扣子，是高校思想政治工作的使命所在，是落实立德树人根本任务的核心要求。

总体来说，就是要采取各种有效方式形成培育和践行社会主义核心价值观全面融入、整体推进的良好态势。各地各校认真探索、积极实践，社会主义核心价值观"进教材、进课堂、进头脑"，特别是"促行动"的态势基本形成。比如，北京市委教育工委在高校实施"思想引领"工程，广泛动员、精心组织、充分调动首都地区专家学者资源，帮助广大青年学子树立正确的世界观、人生观、价值观，探索出一条引领学生成长成才的新路径。山东省致力于"学生德育一体化"的综合改革，探索建立基础教育与高等教育纵向贯通，学校、社会、家庭横向协调推进的大德育体系，坚持有机统—"四位一体"思想政治理论课主导、学科专业课融合渗透、校园文化熏陶培育和实践活动感知体悟，引领推动全省高校德育综合改革热潮，为社会主义核心价值观在高校落地生根提供了保证。

3. 要坚持不懈地促进高校的和谐稳定

高校不是封闭的孤岛，高校发生的事情会影响社会，社会上发生的事情也会影响高校。高校和谐稳定是社会和谐稳定的重要组成部分，也是国家安全稳定的重要风向标。准确把握国家安全形势，牢固树立和认真贯彻国家总体安全观，以人民安全为宗旨，走中国特色国家安全道路，努力开创国家安全新局面，为实现中华民族伟大复兴中国梦提供坚实的安全保障。充分了解国家安全形势，尽力维护国家安全，要立足国际秩序大变局来把握规律，立足防范风险的大前提来统筹，立足我国发展重要战略机遇期大背景来谋划，突出抓好政治安全、经济安全、国土安全、社会安全、网络安全等方面的工作。高校的安全稳定则直接关乎着国家的政治安全、社会安全和网络安全，所以我们要从增强核心意识和维护党中央的权威地位的要求，理解维护高校和谐稳定的重要作用；要从国家政治安全和意识观念安全的高度，认清维护高校和谐稳定的重大意义；要从加强和稳固共产党执政地位的责任，完成高校和谐稳定的重要任务，把高校建设成为安定团结、和谐稳定的模范之地。

思想活跃是高校的重要特征，各种价值观念在这里碰撞，各种思想观点在这里交汇。我们既要秉持尊重差异、包容多样的态度，在多元中立主导，在多样中谋共识，在多变中定方向，让一切有益思想文化的涓涓细流汇入主流意识观念的浩瀚大海。同时，要增强政治敏锐性和政治鉴别力，对鱼龙混杂的思想观点，要辨析甄别、过滤净化；对各种错误思潮，要保持警惕、有效防范；对别有用心的人和事，要主动出击、果断亮剑，防止各种形式的错误意识观念在高校抢滩登陆，同我们争夺阵地、争夺师生、争夺人心，确保高校的政治安全稳定。

培育理性平和的健康心态是高校育人的重要方面。高校应该成为使人心静下来的地方，成为消解燥气的文化空间。学生要静心学习，教师要静心从教，通过研究学问提升境界，通过读书学习升华气质，以学养人、治心养性。目前，社会焦虑心态逐渐蔓延，不同群体不同年龄有不同的焦虑，对就业的焦虑、对健康的焦虑、对升学的焦虑、对成长的焦虑、对住房的焦虑、对收入的焦虑、对养老的焦虑等，各个阶层各个年龄段几乎都处于焦虑之中，焦虑的心理极其脆弱、一触即发，是引起社会不稳定的重要因素。一些学生在校期间出问题，往往也是由于抑郁、焦虑、烦躁等不良情绪的困扰和心理问题所致。这些问题不仅直接影响到他们在校期间的学习和生活，还将影响到他们毕业后的成长成才。正因为这样，心理健康教育与高校的和谐安全稳定直接相关。要把大学生心理健康教育工作纳入学校重要的议事日程，进一步明确高校心理健康教育的目标、任务和方向，帮助学生改善心理机能，培养良好的心理品质，塑造健全的人格，避免和减少各种心理问题、心理疾病的发生。要帮助学生锤炼坚强的意志和品格，培养奋勇争先的进取精神，历练应对困难和挫折的心理素质，保持乐观向上的人生态度。要加强人文关怀和心理疏导，把解决思想问题同解决实际问题结合起来，多做暖人心、得人心、稳人心的工作，在关心人、帮助人中引导人、教育人。高校在保持和谐稳定方面把工作做好了，就能产生很强的辐射力，为社会和谐稳定注入正能量。

4. 要坚持不懈地培育优良校风和学风

教风和学风构成了一所学校校风的核心内容。一所高校的校风、教风和学风，犹如阳光和空气决定万物生长一样，直接影响着学生的学习和成长。好的校风、教风和学风，能够为学生学习成长营造好气候、创造好生态、提供好营养，好的思想政治工作也能润物无声地实施，给学生以人生启迪智慧光芒、精神力量。

学习是学生的主要任务，学习过程也是学生锤炼心志的过程，学生的思想、品行、能力都要在学习中形成。高校思想政治工作必须同鼓励学生端正学风、严谨治学统一起来，让学生在刻苦学习中锤炼品行情操、确立科学精神。假如学风不好、学校管理混乱、教师心神不宁、学生心思不定、教书没有兴致、学习没有精神、歪门邪道的东西大行其道，那思想政治工作也是难以发挥作用的。

教风是校风的重要组成部分，没有好的教风就不会有好的学风。从某种意义上讲，好的教风也是一个学校崇高的精神旗帜，它对学生可以起到熏陶、激励和潜移默化的教育作用。传道者自己首先要明道、信道。高校教师要坚持教育者先受教育，要加强师德师风建设，把教育培养和自我修养结合起来，坚持教书和育人相统一，坚持言传和身教相统一，坚持潜心问道和关注社会相统一，坚持学术自由和学术规范相统一。要引导广大教师以德立学、以德施教、以德立身，以良好的教风带学风。

好校风来自师生共同努力，而其基础在于学校办学方向和治理水平。没有高质量的育人体系，没有高水平的管理体系，没有良好的学习风气，就不可能有科学的制度规范，就不可能有细致的思想政治工作引导，就不可能形成好的校风。要按照高等教育法和学校章程，用法规去规范办学方向和基本制度，依法依章运行，执行校规校纪，做到治理有方、管理到位、学术繁荣、风清气正。

（二）把握住党管改革发展的目标任务

1. 全面领导学校发展规划的科学论证和制定实施

学校的发展方向和最终成败是由高校的发展定位所决定的。要围绕着办什么样的大学、怎样办好大学和培养什么样的人、如何培养人以及为谁培养人这些问题，坚持立德树人根本任务，根据国家和区域经济和社会发展的需要及自身条件和发展潜力，找准学校在人才培养中的位置，确定学校在一定时间内的总目标，培养人才的层次、类型和人才的主要服务方向，科学制定学校的发展规划，切实避免办学特点不够鲜明、不够突出，规划制定中定位不够准确，办学目标不够清晰、不够科学等问题。

2. 全面领导学校内部治理结构的健全完善

积极探索构建以党组织为核心的高等学校科学化治理体系，把党对高等学校的领导落实到把好办学方向、推进依法治校、促进内涵发展、深化综合改革、建设一流大学的全过程。要严格遵守国家相关法律法规，依据学校章程，加快完善中国特色现代大学制度，着力完善内部治理结构，切实加强自律机制建设，自觉履行社会责任，维护校园和谐稳定。

3. 全面领导学校综合改革的统筹推进

全面贯彻党的教育方针，遵循教育规律，以立德树人为根本，以中国特色为统领，以支撑创新驱动发展战略、服务经济社会为导向，强化问题意识，聚焦顶层设计，突破思想束缚，凝聚改革共识，破除体制机制障碍，领导和推动学校综合改革发展。要深化内部管理体制改革，完善内部治理结构，加快推进学校治理体系和治理能力建设。深化人事制度改革，坚持以人为本，建立科学的聘用、评价、激励、考核和分配机制，努力形成广纳群贤、人尽其才、能上能下、充满活力的用人机制，要努力发挥好教师、管理人员、教辅人员和后勤保障人员四支队伍的作用，充分调动他们的积极性，使大家在各自的领域为学校发展积极贡献力量。深化人才培养体制改革，探索教学模式改革，进行创新创业、招生制度和党建思想政治教育改革，通过体制机制改革激发高校内生动力和活力。要切实增强改革定力、保持改革韧劲，加强思想引导，注重研究改革遇到的新情况、新问题，锲而不舍、坚韧不拔，提高改革精确发力和精准落地能力，扎扎实实地把改革举措落到实处。

（三）把握住党管干部人才的根本原则

想要牢牢把握党对高校工作的领导权，就需要坚持党管干部、党管人才这一个根本原则。在干部选拔任用、监督管理及人才培养使用、交流引进等方面把好关口，为高校的改革发展和立德树人提供坚强的组织保障和人才保障。

1. 选好配强学校领导干部和领导班子，确保高校领导权牢牢掌握在忠于马克思主义、忠于党和人民、忠于党的教育事业的人手中

要按照社会主义政治家、教育家的标准要求，选用那些既有正确的教育思想、深厚的学识学养、强烈的事业心，又有崇高的理想信念、坚定的政治立场、服务国家和人民的价值追求，既掌握教育工作规律，又善于从政治上看问题、把方向的优秀人才担任高校的党委书记和校长，不能仅看重高校领导职位的某级级别，把高校的党委书记或校长的岗位作为解决干部级别待遇的中转站，把高校作为解决地方干部积压的消解地。

要注重选拔政治强、业务精的优秀人才担任高校各级党组织负责人，选强配好各级领导班子。严格党的干部工作原则、程序、纪律，坚持德才兼备、以德为先，靠严格的标准选好人，坚持信念坚定、勤政务实、敢于担当、为民服务、清正廉洁的好干部标准，着力打破"四唯"，从严落实"凡提四必"要求，坚决防止干部"带病提拔"，围绕事业需要选拔忠诚、干净、担当的好干部，配备结构功能强的好班子，进一步增强班子整体功能。

2. 要健全制度机制，从严监督管理，努力营造真管真严氛围和良好政治生态

全面从严治党，贵在久久为功，重在狠抓落实。加强和规范党内政治生活，加强党内监督。坚持真管真严、敢管敢严、长管长严，教育引导广大干部严规守纪、干净干事。以党纪为基本准绳，以党章为根本遵循，利剑高悬，让铁规发力、让禁令生威，让高校各级

领导干部要心有所畏、言有所戒、行有所止，为办好一流大学打造风清气正的管理环境。

3. 着力完善人才工作机制

要落实党管人才原则，发挥党委在人才工作中的领导核心作用，建立健全人才工作领导体制和工作机制，完善教师评聘和考核机制，切实加强人才队伍建设和师德师风建设。高校的人才工作目标为学生，关键是教师，教书育人是教师的第一要务。目前，教师队伍总体是好的，信念坚定、爱生敬业、以德施教、学识扎实的教师成为我国高校教师队伍的主体，培养了一批又一批社会主义合格建设者和可靠接班人。但是，有的现象是不可以被忽视的，如有的教师只教书不育人，有的教师把科研当主业、把教学当副业，有的教师学术造假、道德缺失，等等。为此，要下大力气加强师资队伍建设，把政治标准放在首位，严格教师准入资格，探索建立教师淘汰制度，特别是思想政治理论课教师的准入和淘汰制，完善教师职业道德规范，引导广大教师以德立学、以德施教、以德立身，把师德规范要求融入课题申报、职称评审、人才引进、导师遴选等评聘和考核各环节，实施师德"一票否决"。认真做好党外知识分子工作，加强思想引导和团结教育，促进他们对党的理论和路线方针政策的内心认同，要探索完善外籍教师和海外引进人才使用管理办法。

二、加强大学生社团建设

（一）建立制度完善、管理有效的社团组织

1. 加强社团的制度建设

社团建设应纳入共青团的组织体系和工作体系，努力构建以共青团组织为主体，以学生会和学生社团组织为两翼的"一体两翼"共青团组织体系；进一步建立健全社团成立、注册审批制度，社团活动审批、考核制度以及相应的激励约束机制等一系列有利于社团健康发展的制度。社团主管部门要进一步增进对社团常规运作的监督工作，增进社团与社团之间的合作与支持，进一步规范社团活动的组织流程，使得每项活动都在社团规范范围之内进行，杜绝由于管理不到位而出现的越轨现象。

2. 加强社团团支部建设

共青团要主动参加社团中的各项活动，增进团组织对社团的领导作用，做到在思想上引领高校社团建设，这一点关系着高校社团的性质和发展方向，是不容忽视与放松的关键问题。与此同时，要充分发挥社团团支部的德育作用，督促其不断开展与团组织相关的主题活动，增进团组织与社团之间的沟通与联系，用团建带动社团不断向着更加健康的方向发展。

3. 加大对社团的支持力度

因为学生社团属于高校的"民间"组织，不具备官方性，所以他们无法像学生会一样较为容易地取得社团活动资金，尤其是对于刚刚创立的社团来说，资金问题特别明显。一些积极向上的社团活动因为缺乏资金的支持而最终夭折，是大学社团经常遇到的难题。对此，高校应该予以足够的重视，并给予一定的支持，要加大力度从多渠道筹措资金，给校园社团划拨专项拨款，用于保障其活动场地和设施的正常使用。除此之外，高校应定期举办"校园文化艺术节""校园科技活动月"等大型学生活动，在活动期间给各个社团分派不同的子活动，这样既能够让大学生社团活动内容更加丰富多彩，也能够在一定程度上拓宽社团的经费来源，为其以后的发展奠定基础。

(二) 培养能力强、业务精的社团骨干队伍

1. 建立科学合理的社团干部选拔任用制度

高校中各个社团的骨干力量保证了社团的战斗力，也为社团注入了鲜活强劲的生命力。社团干部在社团中起着重要作用，作为社团领袖的他们，在社团中拥有较强的号召力，其优秀的道德素质能够对社团成员起到重要的影响作用。社团部门要关注校内社团的发展状况，大力支持与扶持社团建设，吸纳社团骨干进入学生干部队伍，对其进行严格的考核与选拔，保证社团干部队伍的高素质与优秀业务能力，最终通过社团干部潜移默化的影响，对社团成员起到思想政治教育的目的。

2. 深化社团指导教师制度

为了进一步加强高校领导部门对学生社团的建设与管理，可以选派社团指导老师进入社团指导具体工作，让社团指导老师和社团干部一起，带领社团向着更加健康、更加优秀的方向发展。在选择指导教师的时候，要进行严格的选拔，保证社团指导教师整体的业务素质、政治素质过硬，并且拥有强烈的责任心，这样能够使学生社团的活动层次大大提高，使社团起到更加良好的思想教育作用，引导学生向着更加全面、更加健康的方向成长。如果高校具备相应条件，最好保证每个学生社团配备一名指导教师。高校可以通过适当的奖励考核制度来肯定指导教师的工作，促使其在将来的社团指导工作中更加积极。

3. 建立以团校为中心的社团干部培训网

各高校应该结合实际，由团委牵头，充分发挥业余党校和团校的作用，针对社团骨干开展教育培训和实践锻炼，使他们坚定理想信念，不断提高综合素质，促进他们全面发展、健康成长。每学年组织举办若干期和学生干部培训班管理一致的社团干部理论学习班，把学习班当作培养社团理论学习骨干的根据地和辐射源，努力通过社团干部的表率作

用，带动更多的学生加入理论学习的队伍中来。

（三）坚持与时俱进，打造社团思想政治教育新媒介化

1. 充分利用各项新媒体技术手段

第一，面对当前高校中社团影响力有待提升的局面，高校应该增加先进网络技术在社团中的应用范围，通过更受当前大学生群体欢迎的渠道进行宣传，以在更大程度上提升社团宣传的效力与范围。其中，一是在社团建设过程中，社团负责人注意向学校相关管理部门申请先进的技术与设备支持；二是社团负责人注意吸收新鲜血液，尤其注重对新媒体专业学生的吸收。

第二，理论宣传也是学生社团思想政治教育的一种方式，通过在新媒体客户端上传或分享理论信息，让社员及社员以外的大学生更为容易地接收和查看理论信息，大学生可以自由选择想要了解的理论信息，了解之后还可以在客户端上发表评论或开展讨论，增强教育效果。

2. 促进社团新媒介化资源整合

高校学生社团思想政治教育媒介化建设必须整合各种媒介资源，融合传统媒介及现代媒介的优势，加大社团的宣传和影响。

首先，应重视报刊、文集、宣传栏等高校传统媒介的宣传作用，将社员的理论学习心得、理论研究成果以及经过甄选的思想政治教育相关信息，通过定期制作社团理论刊物和理论宣传报刊、文集、展板，形成制度化、常态化的社团日常工作，加强对内对外的理论宣传，保护好学生社团的理论创设园地。其次，开辟互联网理论学习新阵地，打造开放式和互动式的学习方式，要求学生社团要加大网络阵地建设，创建形式多样、外表美观、内容新颖的理论性网站，并设置思想政治教育信息专栏或主页，充分满足大学生的思想需求和理论需求。再次，加强社团新媒体终端建设，在新媒体平台上设置互动板块，邀请专业理论教师作为互动的嘉宾，在线解答学生在理论问题上的疑惑，打造理论学习双方在线上的实时互动。建成一支专门的网络和新媒体平台管理团队，选拔既具备较高理论素养又精通新媒体技术的社团成员，对学生社团的网络和新媒体进行管理维护，确保互动平台的畅通。最后，在媒介整合的过程中，学生社团应重视发挥各种媒介资源的人性价值，充分关注大学生的反应和需求，争取大学生信任，使学生在互动平台上有话想说、有话敢说。

3. 重视新媒介化建设的意识观念性

首先，学生社团应不断增强网络阵地的意识观念，突出社会主义意识观念在网络阵地的主导地位。学生社团的理论宣传不仅是为了提升社团的知名度，更是为了以理论宣传加

强主导意识观念渗透，由"点"到"面"拓宽高校意识观念教育路径，打造一个有利于主导意识观念建设的良好的高校网络环境。其次，以"弘扬主旋律，传播正能量"为基本方向，做好学生社团的意识观念宣传。学生社团的信息传播应当注重甄选那些与主导意识观念建设相关的信息，结合大学生的思想行为特点，把握好理论宣传的时、效、度，更要使社团意识观念宣传"接地气"，向大学生传递意识观念宣传的真情实感。

（四）增强社团活动的针对性与实效性

1. 围绕"中国梦"主题举办系列精品活动

中华民族的伟大复兴是自近代以来全体中国人民的夙愿。当前社会与经济形势下，中华民族伟大复兴的两个保证是全面建成小康社会与建设社会主义现代化，这两个阶段性目标是"中国梦"最重要的内容。当代马克思主义中国化的一个重要体现是"中国梦"系列精神。与此同时，新时代高校思想政治教育的关键性、重要性的一项内容也是"中国梦"精神教育。将"中国梦"精神融入学生社团活动内容中，能够帮助大学生树立远大的理想与坚定的信念，有助于提升大学生的思想道德品质，使大学生的精神面貌更加积极向上、更加健康，同时具备强烈的社会责任感。

学生社团要举办以"中国梦"为主题的社团活动，将"中国梦，我的梦"贯穿在系列活动中，创设适应大学生心理与思想的教育情景，举办形式多样的主题活动，突出活动的专业水平和精品品质，让社团成员从更深层次上理解"中国梦"的内涵与现实意义，通过社会实践活动培育成员的爱国情操，引导大学生通过努力奋斗，将知识与实践结合起来，向着自己的理想不断前进。

在青年大学生中发现与"中国梦，我的梦"相关的优秀学生和励志事件，充分发挥榜样人物与榜样事件对大学生的教育作用，引导大学生在遇到困难时不轻言放弃，能够为了自己的理想坚持到底。

高校要充分意识到专业指导教师的重要作用。在社团建设过程中，高校既要不断充实与创新学生社团的活动内容与活动形式，也要增进社团活动的理论深度，将理论结合在社团活动的日常运作之中，让学生对理论的理解更加透彻，更加彻底，从根本上提升社团活动的质量。

2. 紧扣全球化发展新问题开展活动

当前，全球化趋势不断加深，国家和国家、人和人之间的距离变得越来越小，国家间的问题逐渐上升为全球性问题。要解决全球性问题，各个国家及地区的人们要团结起来，共同面对挑战，共同提出对策，这种情况下需要我们转变传统僵化的思维，从对立转向合作，从殖民转向平等。

全球化浪潮使我们面临着更多的机遇，也面临着更多的挑战，新时代大学生面临全新的国际形势，要时刻关注国际形势的最新动态，关注全球性问题，要在刻苦学习专业知识和积极参加社会实践的过程中，培养统观全局的战略思维，用全球性眼光看待时代发展，不断拓展视野、锻炼才干，通过不断努力成长为符合时代发展所需的专门人才。高校要在学生社团活动中融入思想政治教育，并保证其适应当前最新的时代发展形势，使学生掌握扎实的专业知识与技能，最终步入社会之后能够服务于我国的社会主义现代化建设事业。

学生社团要紧跟时代发展步伐，明确时代发展的方向与特征，引导青年大学生关心国内外社会及经济热点，以扎实的理论知识武装自己，用自身的专业素质从更深的层次看待国内外问题，对此做出更加理性的价值判断，指导学生客观看待中国社会改革和社会转型期的思想观念冲突和利益格局调整，不断提升他们对各种社会现象的分析判断能力。

3. 坚持理论与实践相结合树立活动品牌

首先，高校学生社团活动的一个重点在于发挥大学生"三自"教育在理论学习中的促进作用，并结合大学生的思想实际，开展理论性与实践性兼具的社团活动，活跃理论学习氛围，增强社团活动的思想政治教育的针对性和实效性。其次，学生社团积极开展社会实践活动，走理论联系实践、理论联系群众的道路，推动大学生向实践学习、向广大人民群众学习。鼓励大学生深入基层，开展校外实践活动，一方面促进大学生在服务社会的过程中宣传马克思主义理论和中国特色社会主义理论；另一方面促使大学生接受社会锻炼，独立思考、承受挫折，加速个体社会化进程。另外，充分发挥实践活动的思想政治教育作用，必须不断提升活动质量，树立有影响力的品牌活动。

参考文献

[1] 华建玲. 高校思想政治工作有效性研究［M］. 南京：河海大学出版社，2022. 02.

[2] 张伟. 高校思想政治教育建设与辅导员工作研究［M］. 延吉：延边大学出版社，2022. 03.

[3] 茹娜. 高校辅导员思想政治工作案例集［M］. 长沙：湖南大学出版社，2022. 02.

[4] 张枫. 中国优秀传统文化与高校思想政治教育工作融合研究［M］. 太原：山西经济出版社，2022. 08.

[5] 张永红. 高校思想政治工作育人体系创新发展研究［M］. 重庆：重庆大学出版社，2022. 11.

[6] 梅萍. 高校思想政治工作研究文库新时代大学生心理疏导模式创新研究［M］. 北京：人民出版社，2022. 02.

[7] 段晓芳. 高校党建与思想政治工作创新研究［M］. 北京：中国社会科学出版社，2022. 07.

[8] 高瑛，丁虎生. 新时代高校思想政治教育工作体系研究［M］. 北京：光明日报出版社，2022. 08.

[9] 朱尉. 新时代高校思想政治教育研究丛书新时代青年工作理论与实践研究［M］. 西安：陕西师范大学出版总社，2022. 11.

[10] 刘淑娟. 高校思想政治理论课混合式教学研究［M］. 北京：九州出版社，2022. 01.

[11] 杨化. 新时代大学生思想政治教育理论与实践研究［M］. 长春：吉林大学出版社有限责任公司，2022. 03.

[12] 董康成，顾丹华. 新时期大学生思想政治教育实践路径研究［M］. 长春：吉林大学出版社有限责任公司，2022. 05.

[13] 陆官虎. 高校课程思政工作建设研究［M］. 长春：吉林大学出版社，2022. 05.

[14] 黄快林. 新时代高校思想政治工作问题研究［M］. 北京：中国社会出版社，2021. 07.

[15] 刘邦凡. "三个倡导"视域下高校思想政治工作机制创新研究［M］. 北京：光明日

报出版社，2021. 06.

［16］张贻发. 铸魂育人新时代高校思想政治工作的理论探索［M］. 广州：中山大学出版
社，2021. 03.

［17］吕毅. 高校本科学生党支部思想政治教育工作研究［M］. 北京：知识产权出版社有
限责任公司，2021. 07.

［18］马雷，王歆. 新时代高校思想政治工作研究［M］. 天津：天津人民出版社，2021.
12.

［19］何丽新. 高校思想政治工作体系理论与实践［M］. 厦门：厦门大学出版社有限责任
公司，2021. 10.

［20］卢旭东. 高校思想政治工作路径多维探究［M］. 太原：山西人民出版社，2021.

［21］张树辉. 新时代高校思想政治工作创新与实践［M］. 北京：中国社会科学出版社，
2021. 03.

［22］吴玉程. 新时代高校思想政治工作"三全育人"探索［M］. 北京：知识产权出版
社，2020. 04.

［23］边慧敏，李向前. 新时代高校思想政治工作指导手册［M］. 北京：东方出版社，
2020. 01.

［24］吕媛媛. 新时代高校思想政治工作质量提升实际操作研究［M］. 北京：九州出版
社，2020. 08.

［25］姚彩云. 新时代高校思想政治教育工作研究［M］. 北京：中国财富出版社，2020.
07.

［26］李昌锋. 高校辅导员思想政治教育工作的守正与创新［M］. 北京：北京理工大学出
版社，2020. 08.

［27］黄恩华. 高校思想政治工作理论与实践探索［M］. 南昌：江西高校出版社，2020.

［28］边慧敏，李向前. 2020新时代高校思想政治工作指导手册［M］. 北京：东方出版
社，2020. 01.

［29］裴立媛. 高校思想政治教育工作理论与实践［M］. 秦皇岛：燕山大学出版社，2020.
07.

［30］钟亮. 高校思想政治教育工作探索与实践［M］. 长春：吉林出版集团股份有限公
司，2020. 10.

［31］张旭. 高校思想政治教育工作新视域［M］. 西安：陕西旅游出版社，2020. 08.